KB204198

이 책은 신약의 구약 사용 분야에서 최고 전문가로 평가받는 김경식 교수가 세상에 내놓은 역작으로 한국의 성경 연구를 위한 선물이다. 이 책에 실린 열 편의 연구 논문은 구약과 신약을 하나님의 권위 있는 말씀으로 전제하고 신약 저자들이 구약의 문맥을 정확히 이해하면서 해당 본문을 사용하고 있다는 저자의 일관된 관점을 빈틈없이 입증하고 있다. 독자는 본서를 통해 바울 서신과 요한계시록의 구약 사용에 대한 연구 동향을 한눈에 파악할 수 있을 뿐 아니라, 초기 유대교의 구약 해석, 신약 저자들의 히브리 성경 및 70인역 활용과 구약 사용 방식 등을 실제 예들을 통해 구체적으로 들여다볼 수 있다. 이 책은 성경을 사랑하고 연구하는 독자들에게 적극적으로 추천할 수 있는 세계적 수준의 논문들로, 우리 학자가 쓴 보화다!

강대훈 개신대학원대학교 신약학 교수

신약의 구약 사용 분야는 최근의 신약학계에서 가장 주목받는 분야 중 하나이자 가장 난해한 분야다. 이런 현실에 비추어 국내에서는 아직 미개척 영역인 이 분야의 탁월한 전문가인 김경식 교수의 저서가 출판되어 기쁜 마음을 금할 수 없다. 바울 서신과 요한계시록의 구약 사용을 중심으로 출판된 이 책은 훌륭한 가이드 역할을 충실히 감당하고 있다. 이 책에는 저자의 오랜 연구, 치밀한 분석, 독창성, 깊은 신학적 통찰력이 녹아 있다. 저자는 신약이 구약을 사용한다는 사실 자체에 머무르지 않고, 그것이 무엇을 의미하는지 깊은 신학적 고찰을 하고 있다. 신약의 구약 사용에 관심이 있는 분들은 반드시 이 책을 서가에 갖추시기를 강권한다.

김추성 합동신학대학원 신약학 교수

개혁신학의 특징인 구속사적 성경 해석과 설교를 시도하려는 설교자에게 신약의 구약 사용이라는 주제는 반드시 연구해야 할 분야다. 이 분야를 오랫동안 전문적으로 연구해온 김경식 교수의 연구물이 단행본으로 세상에 빛을 보게 됨을 축하한다. 본서는 구약 본문을 사용한 신약 본문 사이의 단어와 주제적 상응성은 물론이거니와, 신약에서 구약을 변용한 이유와 바울과 요한의 신학을 구약 마소라 본문과 70인역을 비교하면서 친절하게 설명한다. 본서의 큰 기여는 접하기 쉽지 않고 생경한 제2성전기 유대 문헌과 관련 신약 본문의 관련성을 설명한 점이다. 이 주제가 생경하고 어렵게 느껴지더라도, 독자들이 본서와 더불어 성경 소프트웨어 프로그램의 도움을 받아 연구한다면 귀한 결실을 얻을 수 있을 것이다. 본서가 다루는 바울 서신과 요한계시록을 넘어, 앞으로 복음서와 사도행전 그리고 일반 서신의 구약 사용에 대한 저자의 탁월한 연구물을 응원하며 기대한다.

송영목 고신대 신약학 교수

김경식 교수는 '신약의 구약 사용' 주제에 특별한 관심을 가지고 꾸준히 연구해온 학자로 익히 알려져 있다. 그간의 주옥같은 연구 결과들을 본서에서 한꺼번에 만날 수 있게 된 것은 참으로 반가운 일이 아닐 수 없다. 본서는 특별히 바울의 구약 인용 그리고 요한계시록의 구약 암시(allusion)와 반향에 초점을 맞춘다. 저자는 본서에 실린 논문들을 통해 바울과 요한계시록이 구약을 사용할 때 본문의 원래 문맥이나 의미를 무시한 채 임의로 사용하지 않고 원래 문맥을 폭넓게 그리고 신중하게 고려하여 매우 정교하고 적절하게 사용한다는 점을 면밀하게 입증해 보인다. 독자들은 본서를 통해 신약의 저자들이 구약에 심긴 씨앗에서 어떤 효과적인 해석의 열매를 맺는지 그 다양한 현장을 만나게 될 것이다.

양용의 에스라성경대학원대학교 신약학 교수

신약의 구약 사용 분야에서 국내 학자가 펴낸 전문 연구 서적이 아쉽던 차에 귀한 책이 출판되었다. 이 분야가 학계의 지속적인 관심을 끌 수밖에 없는 이유는 그것이 구약과 신약의 관계, 신약 저자들의 해석 방법과 원리, 나아가 기독교 신앙의 핵심적인 교리 및 윤리의 기원과 같은 주제들과 깊이 연관되어 있기 때문이다. 독자들은 이 책에서 다음의 유익들을 기대할 수 있다. 우선, 신약의 구약 사용 분야에 대한 학계의 최근 동향을 파악할 수 있다. 그리고 같은 구약 본문들에 대한 동시대 유대인들의 이해를 함께 소개받음으로써 신약 저자의 구약 사용 의도와 효과를 훨씬 더 입체적으로 이해할 수 있다. 나아가 신약의 중요한 신학적, 윤리적 주제들이 어떻게 구약 해석의 문제와 연관되어 있는지를 다양한 예시를 통해 확인할 수 있다. 저자는 이 분야의 집중적인 연구 대상인 바울 서신뿐만 아니라 최근 학계의 관심을 끌고 있는 요한계시록의 구약 사용에 대해서도 우리의 이해를 심화시킨다. 특히 '소돔' 모티프 사용에 대한 저자의 설명은 독자들의 관심을 끌기에 충분할 것이다. 일독을 권한다.

정성국 아세아연합신학대학교 신약학 교수

신약을 해석하고 설교하려는 자가 신약이 구약을 사용하는 방식을 연구하고 살피지 않는 것은 '마치 자동차의 사이드미러를 접고 운전하는 것과 같다'는 저자의 말에 백 번 동감한다. 신약성경 자체가 구약을 뿌리와 몸통으로 삼고 있기 때문이다. 하지만 불행하게도 '신약의 구약 사용'이라는 주제는 오늘날 성경을 하나님의 계시로 받아들이는 많은 보수적인 신학교나 강단에서도 너무 소홀히 취급되고 있다. 그래서 이 책이 출판되는 것을 더 반갑고 기쁘게 생각한다. 저자는 한국교회에서 이 분야에 심혈을 기울이는 몇 안 되는 준비된 신약학자다. 이번 논문집에 담긴 그의 성실하고 뛰어난 주해는 신약이 구약을 사용할 때 어떻게 진지하게 그 문맥을 고려했는지 그리고 어떻게 신약의 빛 아래서 재해석했는지를 설득력 있게 보여준다. 이 책은 신약의 구약 사용에 관한 최근 연구 동향과 더불어, 특히 바울 서신과 요한계시록의 구약 사용 연구에 있어서 신학생과 설교자에게 소중한 자료와 견고한 지침이 될 것이다.

채영삼 백석대학교 신학대학원 신약학 교수

구약을 품은 신약 본문 해석

구약을 품은

김경식 지음

신약 저자들은
구약을
어떻게 사용하는가?

신약 본문 해석

새물결플러스

목차

시작하는 말

이 책은 내가 구약을 품은 신약 본문 해석 즉 '신약에서의 구약 사용'이라는 분야로 영국 아버딘 대학교에서 박사학위를 받은 이후 지금까지 국내에서 썼던 논문과 글들을 수정하고 보완해 한데 모은 것이다. 숫자로 계산해보니 약 15년 가까이 연구했던 논문들이다. 내 연구 여정의 일부 열매들이 한 권의 책이 된 것이다.

신약에서의 구약 사용 연구 분야는 신약성경 해석에서 빼놓을 수 없이 중요한 해석 방법론이다. 신약 저자들은 복음서 저자들처럼 예수 그리스도의 메시아 됨을 설명하려고 하든, 혹은 바울 서신처럼 복음을 설명하고 성도들에게 권면하든, 그리고 요한계시록과 같이 천상의 환상과 종말론적 심판을 설명하든 끊임없이 구약성경에 호소한다. 구약은 신약성경에 감초와 같은 역할을 한다. 그렇다고 구약이 신약에서 종처럼 맹목적으로 사용된다는 의미는 아니다.

일전에 누가 나에게 신약의 구약 사용 연구가 교회 그리고 목회현장과 무슨 관계가 있는지 질문한 적이 있다. 그 질문에는 이 연구 분야가 너무 전문적이어서 실제적이거나 실용적인 주제가 아니라는 전제가 깔려 있다. 그분은 내가 상처받을까 봐 부드럽게 질문한 것이다. 아마 신학생들과 목회자들 대다수가 비슷한 생각을 하고 있을 것이다. 그러나 이 같은 생각은 좁은 생각이다. 거기에는 몇 가지 이유가 있다.

첫째, 신약 저자들이 어떤 방식으로 구약성경에 호소하고 이를 해석했는지에 관한 연구는 설교자들에게 중요하다. 만약 신약 저자들이 구약성경을 '코에 걸면 코걸이, 귀에 걸면 귀걸이' 식으로 사용했다고 가정해보자. 그렇다면 설교자들도 신약 저자들처럼 성경을 사용하지 말라는 법이 어디 있는가? 성경을 마음대로 해석할 수 있는 면허증을 받게 되는 것이다. 한국교회 강단에서 성경 본문이 오용되는 일이 너무 많다. 그런데 신약 저자가 구약성경을 자기 마음대로 해석했다고 결론을 내리면 오늘날 설교자들이 신약 저자들과 똑같이 한다고 해서 누가 비판할 수 있겠는가? 이런 의미에서 신약 저자들이 구약성경을 해석하고 사용하는 방식을 제대로 이해하는 것은 강단과 설교자들을 위해서도 매우 중요한 일이다.

둘째, 이 연구는 신약 본문의 타당한 해석을 위해서도 중요하다. 결국 성경 해석은 신약 저자의 의도를 파악하는 것이 일차적인 목적이다. 그러므로 신약 저자들이 신약성경에서 빈번히 호소하고 다양한 방식으로 사용하는 구약 본문 해석을 제쳐 놓고 신약성경을 해석하려는 것은 자동차의 사이드미러를 접어 둔 채로 운전하는 것과 같이 불안한 일이며, 더 나아가서 신약 본문을 충실하게 해석해야 하는 성경 해석자들의 직무 유기다.

마지막으로, 신약의 구약 사용 연구는 신약성경과 구약성경의 관계를 이해하는 데 중요한 역할을 한다. 잘 알려진 바와 같이 기원후 2세기에 등장한 마르키온은 구약성경을 그리스도인들에게는 더 이상 필요 없는 쓰레기 취급했다. 그리고 오직 신약에서 바울 서신과 누가복음 일부만을 정경으로 인정했고, 이것 때문에 이단으로 정죄되었다. 구약성경이 필요 없다는 주장은 신약의 복음을 완전히 곡해한 견해다. 신약 본문에 사용된 구약성경 연구는 신약과 구약 간의 관계 연구를 통해 예수께서 선포한 하나님 나라와 초기 교회 사도들이 선포한 복음이 구약과 분리될 수 없는 것임을 보여주는 작업을 한다. 결국 이 분야의 연구는 신·구약성경의 유기적 통일성을 보게 하는 역할을 한다.

그러므로 신약의 구약 사용 연구가 지나치게 전문적이고 강단과는 무관한 것이라고 말하는 것은 근시안적인 생각이다. 신약의 구약 사용을 연구하면 할수록 신약을 이해하기 위해서는 구약으로 돌아가야 할 필요성을 절감하게 된다. 반대로 구약을 제대로 이해하려면 궁극적으로 신약 저자들의 해석을 살펴야 한다는 사실도 이해하게 된다.

위에서 밝힌 대로 이 책에 실린 글들은 내가 그동안 여러 학술지에 기고했던 논문들을 한데 모은 것이다. 이미 출판된 논문들을 단행본의 형태로 출판할 수 있도록 허락해 준 여러 학회와 기관에 감사한 마음을 전한다.[1] 이 논문들을 가지고 함께 토론하며 나의 사고를 더 다듬어준 웨스트민스터신학대학원대학교의 신약학 석·박사과정 학생들과 이 글의 참고문헌 목록과 성구 색인을 수고롭게 정리해준 박사과정의 최중영 목사에게도 감사한다. 또한 국내 신학 서적 출판사들의 열악한 상황에도 불구하고 본서를 기꺼이 출판해주신 새물결플러스 대표 김요한 목사님과 원고 수정과 편집을 위해 정성을 다해주신 노동래 편집자께도 깊이 감사드

---

1   논문들의 정확한 출처는 각 장의 서두에 각주로 표기했다.

린다. 이 책이 국내에서 신약의 구약 사용 분야 연구에 더 많은 관심을 불러일으키는 기폭제가 되어 구약의 표현대로 큰비를 가져오는 "사람의 손만한 작은 구름"(왕상 18:44)이 되기를 기대해 본다.

살아가면서 하나님이 짝지어준 배필임을 더욱 실감하게 되는 소중한 아내 이은희에게 사랑과 존경의 마음을 담아 이 책을 헌정한다.

낮고 천한 자를 통해 일하시는 신실하신 하나님께 영광을 돌린다.

2020년 1월
웨스트민스터 신학대학원대학교
연구실에서
김경식

신약의 구약 사용에 관한
최근 학계의 동향[1]

신약에서 구약이 얼마나 많이 사용되고 있는지를 살펴보기 위해 신약 그리스어 성경을 펼쳐보면 우리는 신약 전반에 걸쳐 구약이 광범위하게 사용되고 있음을 발견하고 놀라게 된다. 신약의 구약 사용 분야에서 매년 쏟아져 나오는 해외 박사학위 논문은 말할 것도 없고 소논문 형태로 무수히 나오는 이 분야의 연구물 때문에 신약의 구약 사용에 대한 최근 학계의 동향이라는 제목으로 신약에서의 구약 사용을 개관한다는 것은 만만치 않은 작업이다.

구약을 품은 신약 본문 해석 분야, 다시 말해 신약 저자들에 의한 구약 사용이라는 분야는 정말 흥미 있고 연구할 가치가 있는 분야이면서 동시에 아직도 미개척지라고 볼 수 있다. 나는 미국 트리니티 복음주의 신학교(Trinity Evangelical Divinity School)에서 에베소서를 배우면서 에베소서 3장에서의 구약 사용으로 보고서를 제출한 일이 계기가 되어 이 분야에

---

1   이 글은 한국성서학연구소에서 발간하는 「성서마당」 98권(2011, 여름호): 79-91의 '최근 성서학 연구동향' 란에 수록된 "신약의 구약 사용에 관한 최근 학계의 동향"이라는 제목의 내 기고문을 허락을 받아 재출판하는 논문으로, 원래 글을 일부 수정한 형태다.

대해 본격적으로 관심을 기울이게 되었고, 그 이후 영국에서 박사과정을 하면서 신약의 구약 사용을 집중적으로 연구하기 시작했다.

우선 질문을 던져보자. 신약성경을 설교하거나 주해하기 위해 신약 저자들이 구약을 인용하거나 사용하는 대목을 공부하면서 어떤 생각이 들었는가? 혹시 신약 저자들이 구약성경을 자기 마음대로 해석하고 임의로 사용하거나 인용한다는 생각이 들지는 않았는가? 사실 이런 질문이 신약의 구약 사용 연구 분야에서 중요하게 다루어지는 해석학적 질문이다. 다시 말해 신약의 저자들은 기독교 신앙을 뒷받침하기 위해 구약을 어떻게 사용하고 있는지에 대한 해답을 찾기 위해 접근하면서 그 대답으로 그들은 구약 본래의 문맥과 의미를 왜곡하고 곡해해서 사용하고 있으며, 구약의 원래 의미와 문맥에 대해서는 별 관심이 없다고 보는 견해가 있다. 이런 견해에 의하면 신약 저자들의 주 관심사는 기독교 신앙이고, 구약성경은 단지 종에 불과하다. 따라서 이 견해는 신약의 저자들이 자기 마음대로 귀에 걸면 귀걸이, 코에 걸면 코걸이 식으로 구약을 사용하고 있다고 본다.

이런 현상을 보여준다고 여겨지는 본문이 있다. 마태복음 2:15에서 저자는 호세아 11:1을 인용한다. 이 본문에 의하면 예수가 이집트로 피신한 것이 구약의 예언을 성취했다는 의도로 마태가 구약을 인용하는데, 호세아서의 원래 내용은 이스라엘 백성들의 과거 출애굽 사건을 언급하는 본문이다. 그런데 마태복음 저자는 이스라엘 백성들의 출애굽 사건을 말하는 이 본문을 예수의 출애굽 사건을 예언한 것으로 이해하면서 이 호세아서 본문을 인용하고 있다. 언뜻 보기에 호세아서의 원래 의미와 마태복음의 문맥상 의미가 잘 맞아떨어지지 않는다. 이런 이유로 학자들은 신약 저자들이 구약의 원래 의미와는 관계없이 기독교 신앙을 뒷받침하기 위한 최우선의 목적을 위해 구약성경을 아무렇게나 끌어다 사용한다는 결론을 도출하는 것이다.

신약의 구약 사용 분야에서 신약 저자가 구약의 원래 문맥과 의미를 존중하며 사용하는가 그렇지 않은가의 논쟁은 보통 찰스 도드와 바나바스 린다스라는 두 영국 학자들의 논쟁으로 대변된다. 바나바스 린다스는 그의 책 『신약 변증: 구약 인용의 교리적 의의』(*New Testament Apologetic: The Doctrinal Significance of the Old Testament Quotations*, London: SCM, 1961)에서 신약 저자들이 기독교 신앙을 증명하고 변호하기 위해 구약 본문의 의미를 마구잡이로 가져다 사용한다고 본다. 다시 말해 그는 구약 본문을 기독교 신앙을 증명하기 위해 언제든지 달려와서 도와줄 준비가 되어 있는 "종"이라고 묘사한다.[2] 반면에 찰스 도드는 『성경에 의하면: 신약 성서신학의 하위 구조』(*According to the Scriptures: the Sub-structure of New Testament Theology*, London: Nisbet & Co, 1952)에서 신약 저자들이 구약 본문을 사용하면서 단지 한 구절이나 두 구절을 가져다 사용하는 것이 아니라, 구약 본문의 근접문맥 그리고 더 넓은 문맥의 의미까지 파악하면서 이 문맥을 끌어다 구약을 사용하고 있다고 주장한다.[3] 이 두 학자 사이의 논쟁은 1950년대와 60년대의 논쟁으로 그치지 않고 현재에 이르기까지 계속되고 있다. 최근 신약의 구약 사용 연구를 대변하는 두 사람은 영국의 스티브 모이스 교수와 미국의 그레고리 비일 교수다. 두 학자 모두 요한계시록에서

---

2   Barnabas Lindars, "The Place of the Old Testament in the Formation of New Testament Theology," *NTS* 23 (1977), 66.

3   C. H. Dodd, *According to the Scriptures*, 126.

의 구약 사용으로 박사학위를 받았다는 공통점이 있지만 모이스 교수는
신약 저자들이 구약을 사용하면서 구약의 본래 문맥과 의미에 관심을 두
지 않았다고 판단하며, 신약에서 저자들이 구약을 어떻게 사용하면서 수
사학적 효과를 내는지에 더 많은 관심을 가졌다고 본다.[4] 반면에 비일 교
수는 신약 저자들이 구약의 원래 의미와 문맥을 충분히 고려하고 있었
다고 본다. 그래서 신약에서 구약이 사용될 때 구약 본문으로 돌아가 신
약에서 사용된 구약 본문의 문맥까지 살펴보아야 한다고 주장한다. 특별
히 비일 교수는 신약의 구약 사용에서 구약의 의미와 문맥 존중에 관련
된 논쟁을 다룬 여러 소논문을 한데 묶어 1994년에 『그릇된 텍스트에서
올바른 교리가 나올 수 있는가?』(*The Right Doctrine from the Wrong Texts?*, Grand
Rapids: Baker)라는 제목의 책을 출판하기도 했다. 이 책은 이 분야의 논쟁
을 이해하려면 반드시 읽어야 할 책이다. 신약의 구약 사용에서의 논쟁
을 세 가지로 정리한 책이 2008년에 『신약의 구약 사용에 관한 세 관점』
(*Three Views on the New Testament Use of the Old Testament*, Grand Rapids: Zondervan,
2008)이라는 제목으로 출판되었다. 세 명의 성서학자들이 신약의 구약 사
용을 토론하며 각자의 입장을 주장하는데, 흥미롭게도 신약학자인 대럴
보크뿐 아니라 두 명의 구약학자(월터 카이저와 피터 엔스)가 이 논쟁에 뛰
어들고 있다. 이 책은 과연 구약의 원래 의미와 문맥을 신약 저자가 존중
하고 있는지, 심지어 구약의 원래 저자가 자신이 기록하는 구약의 의미를
알고 있었는지 등의 논의를 통해 신·구약의 연속성과 불연속성에 관한

---

4   Steve Moyise, *The Old Testament in the Book of Revelation* (Sheffield: Sheffield Academic
     Press, 1995), 140.

중요한 논쟁을 요약하고 비교 소개하는 유익한 책이다.

1. 방법론 관련

(1) 저자의 의도성, Parallelomania 그리고 Allusiomania

신약 저자는 구약 본문을 의도적으로 사용하고 있는가? 아니면 단지 구약의 표현이나 언어만을 가져다 사용하고 있는가? 신약의 구약 사용에서 중요하게 여겨지는 논쟁거리를 요약하는 말로 'parallelomania' 혹은 'allusiomania'라는 단어가 있다. '병행 본문 집착증' 정도로 번역될 수 있는 'parallelomania'라는 단어는 두 본문 즉 신약과 구약 사이에 유사점이 발견되기만 하면 신약 저자는 유사한 구약 본문을 의도적으로 사용하고 있다고 주장하는 현상을 가리키는 표현이다. 또한 'allusiomania'라는 단어 역시 병행 본문 집착증과 비슷하게, 유사한 개념이나 단어들을 가진 두 본문 사이의 공통점이 발견되기만 하면 이를 근거로 한 본문이 다른 본문을 의도적으로 사용한다고 주장하는 것으로서 '유사 본문 집착증'이라고 번역할 수 있을 것이다. 신약의 구약 사용 분야는 이 두 현상을 염두에 두면서 과연 신약 저자가 의도성을 가지고 구약의 특정 본문을 사용하고 있는지 아니면 단지 비슷한 개념이 직접적인 연관성 없이 존재하는 것인지 구분하려고 노력한다. 이런 민감성은 신약의 구약 사용을 다루는 모든 학자의 연구의 밑바탕이 되고 있다. 물론 논란은 이 분야의 연구자가 주장하는 것처럼 신약과 구약 사이의 직접적 연관성이 있는가, 아니면 단지 유사한 점만이 존재하는가를 판단하고 저울질하는 작업이다.

(2) 상호본문성(Intertextuality)

신약의 구약 사용 분야에서 최근에 주목을 받고 있는 개념은 상호본문성
이다. 이 단어는 쥘리아 크리스테바에 의해 처음으로 문학 이론에서 사용
되기 시작했다.[5] 그리고 신약 분야에 와서는 바울의 구약 사용을 연구한
리처드 헤이스에 의해 그의 책 『바울 서신에서의 구약성경의 반향』(*Echoes
of Scripture in the Letters of Paul*, New Haven/London: Yale University Press, 1989)에
서 사용되었다. 우리말로 이 단어를 번역하는 데 아직 의견의 일치가 없
다. 보통 간본문성, 혹은 상호본문성, 또는 상호텍스트성이라고 번역한다.
번역이 어렵다 보니 이 단어의 개념을 파악하는 데도 어려움이 있다. 이
단어는 두 개 이상의 텍스트들이 상호작용하는 현상을 가리킨다. 즉 시간
적으로 선행되는 본문이 시간적으로 후행하는 본문 안으로 들어와서 두
본문 사이에 상호작용이 일어난다는 원리를 의미한다. 현대 문학 이론에
서 사용되던 이 개념이 신약의 구약 사용 분야에 새로운 가능성을 열어
주는 개념으로 도입되었다. 비록 이 단어가 현대 문학 이론에서 처음으로
사용되기 시작하였지만, 상호본문성 현상은 이미 구약 시대부터 존재해
왔다. 이 단어를 이해하기 위해서는 '현상'과 '용어'의 두 개념을 구분할
필요가 있다. 용어는 존재하지 않아도 현상은 이미 존재할 수 있다. 그리

---

5   Julia Kristeva, "Word, Dialogue and Novel," *The Kristeva Reader*, Toril Moi ed. (Oxford: Basil Blackwell, 1986)에 수록된 글.

고 후대에 가서 이미 발생하고 있는 현상을 용어로 정리해 놓는 것이 통상적인 사회현상이다. 다시 말해 상호본문성이라는 용어가 만들어지기도 전에 구약성경 안에는 그 현상이 존재하고 있었다고 볼 수 있다. 모세 오경을 암시하는 본문들이 후대 구약 본문에 나타나는 현상 혹은 출애굽기에 기록된 사건이 후대의 시편 본문들에 반영되는 것이 그 예라고 할 수 있다. 그리고 주목할 것은 상호본문성이라는 '현상'은 시간적으로 선행하는 본문(여기서는 구약성경)이 권위 있는 본문으로 여겨질 때 발생한다는 점이다. 결국 신약의 구약 사용 연구에 이 방법론을 도입하는 것은 필연적인 과정이라고 볼 수 있다. 물론 이 개념은 그 시초가 현대 문학 이론이기 때문에 신약의 구약 사용 분야에서는 수정이 불가피하게 되었다. 현대 문학 이론과 신약의 구약 사용은 분명한 차이가 있기 때문이다. 우선 현대 문학 이론에서는 모든 것이 텍스트(text)다. 다시 말해, 사람도 텍스트이고 문화도 텍스트이며 상황도 텍스트다. 그러나 신약의 구약 사용 연구에서는 이 텍스트라는 개념을 글로 쓰인 텍스트만으로 한정한다. 또한 현대 문학 이론에서 상호본문성에는 '시간' 개념이 배제된다. 즉 어느 것이 시기적으로 먼저 기록되었는지가 중요한 것이 아니라, 저작 시기와 관계없이 두 본문 사이에서 일어나는 현상을 상호본문성이라고 한다. 그러나 신약의 구약 사용에서는 '시간' 개념이 배제될 수 없다. 즉 신약보다 먼저 기록된 구약 본문이 후대에 기록된 신약 본문에서 사용(인용, 암시, 반향)되는 것으로 전제한다. 너무나 당연한 구분이지만 상호본문성이라는 개념이 자주 사용되면서 이 구분이 모호해졌기 때문에 이 단어와 개념을 거부하는 학자들도 있음을 알 필요가 있다.

그렇다면 이 상호본문성이 신약의 구약 사용 연구에 어떤 공헌을 하는가? 왜 많은 학자들이 이 개념을 신약의 구약 사용에 도입해서 연구하려고 하는가? 이것은 그 개념의 두 가지 공헌 때문이다. 첫째, 이 단어는 기존 신약의 구약 사용 분야에서 사용하던 인용(citation), 암시(allusion) 그리고 반향(echo)의 구분을 극복하게끔 했기 때문이다. 인용은 보통 직접 인용 도입구가 있거나, 도입구는 존재하지 않아도 구약 본문과 거의 문자적으로 일치하는 신약 본문을 설명하기 위해 사용되는 단어다. 암시는 인용과는 달리 직접적인 도입구도 없을 뿐만 아니라 문자적 유사성이 그다지 강하지 않지만, 그렇다고 구약 본문과 전혀 관련이 없다고 주장하기에는 다소 애매한 신약에서의 구약 사용 본문에 붙여진 이름이다.[6] 반면에 반향은 구약 본문과의 연관성이 극히 미약해서 신약의 저자가 의도성을 가지고 구약 본문을 사용하고 있다고 볼 수 없는 본문에 붙여진 명칭이다. 최근 학자들의 논의에서 어느 선까지가 암시이고 어느 선까지가 반향인지의 기준이 논쟁의 대상이 되고 있다. 하지만 상호본문성이라는 단어가 이 분야에 도입되면서 직접적 '인용'뿐만 아니라 간접적 구약 사용으로 분류되던 '암시'나 '반향'이 자세히 들여다보면 실제로는 엄청난 효과와 의미를 가지고 사용된다는 점을 학자들이 인식하게 되었다. 상호본문성의 또 다른 공헌은 문맥의 중요성을 부각시켰다는 점이다. 신약의 구약 사용 분야에서 논쟁거리는 '과연 신약 저자가 구약을 인용하면서 구약의 원래 문맥과 의미를 얼마나 존중하며 사용하는가?'라는 질문이었다. 그런데 상호본문성 방법론이 도입되면서 구약 본문이 신약의 문맥 속으

---

6   allusion이라는 단어는 '인유'라고 번역되기도 하지만, 나는 이 책에서 일관되게 '암시'라고 번역해 사용한다.

구약을 품은 신약 본문 해석

로 들어올 때 구약의 문맥을 끌고 들어온다는 사실이 더 분명하게 드러나게 되었다. 상호본문성은 두 본문이 상호작용을 통해 과거의 본문이 문맥을 같이 끌고 들어와서 새로운 본문과 상호작용을 일으켜 또 다른 의미를 생성해 낸다는 개념을 포함하고 있다. 즉 상호본문성은 신약 본문과 구약 본문 사이의 연속성과 함께 불연속성의 문제를 다루도록 이 분야의 시야를 넓혀주었다고 볼 수 있다. 상호본문성의 방법론은 전통적 개념인 인용, 암시 그리고 반향의 구분이 더 이상 필요 없음을 의미하는 것이다. 대신 이 구분을 모두 포괄하는 개념인 상호본문성 혹은 사용(use)이라는 개념이 사용되기 시작한다. 최근 신약의 구약 사용에서 상호본문성이라는 개념을 모르고는 이 분야의 책들을 읽을 수 없을 만큼 이 단어가 보편화된 개념으로 사용되고 있다. 예를 들면 리처드 헤이스는 자신이 편집한 책의 제목을 『상호본문성을 고려한 성경 읽기』(*Reading the Bible Intertextually*, Waco: Baylor University Press, 2009)라고 붙였다.

(3) 초기 유대교에서의 구약 사용과 신약 저자들

신약의 구약 사용 연구에서 최근 들어 점점 그 관심과 중요도가 높아지는 분야가 초기 유대인들의 구약 사용과 해석이다. 신약 저자들이 구약을 사용할 때 구약에 직접 호소하는 경우도 있지만 많은 경우 그들은 이미 초기 유대교에서 해석하는 방식으로 구약을 해석하고 있다는 인식이 점점 확산되어가고 있다. 신약의 구약 사용에서 초기 유대인들의 구약 해석의 영향이 중요하다는 점을 부각시킨 인물은 브라이언 로스너다. 그의 책 『바울, 성경 그리고 윤리』(*Paul, Scripture and Ethics*, Grand Rapids: Baker, 1999)

에서 로스너는 바울의 윤리를 고린도전서 5-7장을 기초로 연구하면서 외관상으로 보기에는 바울이 구약을 사용하는 것 같지 않지만, 초기 유대교의 구약 해석이라는 렌즈를 통해 구약 본문과 신약 본문의 관계를 연결시켜 보면 신약 저자가 초기 유대교의 구약 해석을 통해 구약을 사용하고 있음을 발견할 수 있다고 주장한다. 로스너의 연구는 신약의 구약 사용 연구에서 초기 유대교의 구약 해석과 신약 저자의 영향을 진지하게 다룬 중요한 시도로 여겨지며, 이후로 신약의 구약 사용 연구 분야에서 초기 유대교의 구약 해석이 신약 저자들의 구약 해석에 어떤 영향을 미쳐왔는지에 관한 연구가 매우 활발하게 진행되고 있다. 신약 저자가 구약 본문을 바로 인용하거나 암시하거나 반향할 수도 있지만, 많은 경우 신약 저자가 사용하고 있는 동일한 구약 본문에 관한 유대교의 해석을 함께 연구하고 비교하면 신약 저자의 구약 사용 의도가 더 분명해지는 경우가 많다. 최근에 신약의 구약 사용 연구에서 획기적인 주석 시리즈로 평가받고 있는 『신약의 구약 사용 주석』(*Commentary on the New Testament Use of the Old Testament*, G. K. Beale and D. A. Carson eds., Grand Rapids: Baker, 2007)은 이러한 최근 추세를 반영하고 있는 이 분야의 필독서다. 또한 영국 아버딘 대학교의 교수로 있다가 영국 더럼 대학교로 자리를 옮긴 프랜시스 왓슨 교수의 『바울과 신앙의 해석학』(*Paul and the Hermeneutics of Faith*, London: T&T Clark, 2004)은 바울 서신에서의 구약 사용을 연구한 심도 있고 방대한 책으로, 바울 서신에서의 모세 오경 사용을 초기 유대교의 구약 해석과 비교 연구하고 있다.

2. 신약 분야별 학계 동향

신약의 구약 사용 분야는 서두에서도 언급했던 것처럼 최근에 봇물 터지듯이 셀 수도 없는 연구 서적들이 쏟아져 나오고 있다. 이런 복잡다단한 학계 동향을 연구 패턴과 신약학 연구의 분야별로 정리해 보는 것이 이 분야를 이해하는 데 도움이 되리라 생각된다.

(1) 신약의 구약 사용 연구 패턴

신약의 구약 사용 연구 방향은 몇 가지로 나눌 수 있다. 우선 구약의 특정 본문이 신약 저자에 의해 사용되는 경우를 연구하는 것이다. 예를 들면 "로마서에서 이사야 61:1-11의 사용 연구"와 같은 방식으로 구약을 연구하는 것이다. 이 형태는 구약의 특정 단락이 신약의 특정 저자에 의해 사용되고 있는 방식과 구약 본문이 그 해당 신약 본문을 이해하는 데 어떤 공헌을 하는지 연구하는 것이다. 이런 연구의 변형된 형태가 초기 유대교와 신약에서의 시편 62:13(우리말 성경은 62:12) 사용에 대한 나의 연구 같은 시도다.[7] 나와 함께 같은 대학에서 공부했던 프레스톤 스프링클의 경우 레위기 18:5이 초기 유대교 문헌과 바울 서신에서 어떻게 사용되며 이것이 바울신학에 어떤 신학적 함의를 가지고 있는지를 연구했다.[8]

---

7   Kyoung-Shik Kim, *God Will Judge Each One According to Works: Psalm 62 and Judgment According to Works in Early Judaism and the New Testament*, BZNW 178 (Berlin: de Gruyter, 2010).

8   Preston M. Sprinkle, *Law and Life: the Interpretation of Leviticus 18:5 in early Judaism and in Paul*, WUNT II (Tübingen: Mohr Siebeck, 2008).

두 번째 연구 방향은 구약의 신학적 모티프(motif)가 신약 저자에 의해 사용되는 방식을 연구하는 것이다. 마태복음에 등장하는 거부당하는 예언자로서의 예레미야 주제 연구가 이 방식으로 연구한 시도다[9]. 사도행전에 등장하는 이사야서의 출애굽 모티프 사용을 분석한 데이비드 파오 교수의 연구도 이런 유형의 논문이며, 구약의 헤렘 주제를 누가 문헌(누가복음과 사도행전)과 연결하여 연구한 시도 역시 이 유형의 논문이다.[10]

세 번째 신약의 구약 사용 연구 방향은 구약의 특정 책이 신약에서 사용된 방식과 그 공헌을 연구하는 방식이다. 이런 연구 패턴은 최근 영국의 스티브 모이스를 책임편집자로 한 『신약성경과 이스라엘의 성서』(*The New Testament and the Scriptures of Israel*)라는 시리즈를 중심으로 진행되고 있다. 그가 책임편집자로 있으면서 지금까지 T&T Clark 출판사를 통해 이 시리즈에서 출판한 책들을 보면 『신약에서의 시편 사용』(*The Psalms in the New Testament*, 2004), 『신약에서의 이사야서 사용』(*Isaiah in the New Testament*, 2005), 『신약에서의 신명기 사용』(*Deuteronomy in the New Testament*, 2006) 그리고 『신약에서의 소예언서 사용』(*The Minor Prophets in the New Testament*, 2009)이 있으며, 『신약에서의 창세기 사용』(*Genesis in the New Testament*, 2012)을 다룬 연구 서적도 출판되었다. 신약에서 구약이 어떻게 사용되고 해석되는지를 연구하는 작업은 매우 방대한 작업이기 때문에 학자 혼자서 할 수 있는 일이 아니다. 실제로 이 책들은 여러 학자가 신약

---

9   M, Knowles, *Jeremiah in Matthew's Gospel: the rejected-prophet motif in Matthaean redaction*, (Sheffield: Sheffield Academic Press, 1993).

10 David W. Pao, *Acts and the Isaianic New Exodus*, WUNT II (Tubingen: Mohr Siebeck, 2000); Hyung Dae Park, *Finding Herem? A Study of Luke-Acts In the Light of Herem*, LNTS 357 (London/New York: T&T Clark, 2007).

성경의 각 책을 할당받아 시편, 신명기, 이사야 등을 연구하고 있다.

(2) 분야별 구약 사용 연구 동향

이제 구체적으로 신약성경의 각 분야에서 구약성경이 연구되고 있는 경향을 소개하려고 한다. 신약성경 가운데 구약 사용이 활발하게 연구되고 있는 분야는 바울 서신과 요한계시록이다. 물론 복음서에서의 구약 사용 분야도 통찰력 있는 책들이 출판되고 있음을 부인할 수 없다. 예를 들면 리처드 헤이스의 『거꾸로 읽기』(*Reading Backwards*, Baylor University Press, 2014)와 『복음서들에 나타난 구약의 반향』(*Echoes of Scripture in the Gospels*, Baylor University Press, 2016)은 복음서의 기독론을 신약에서의 구약 사용 관점에서 고찰한 탁월한 연구다. 하지만 여기서는 내가 더 관심을 갖고 있는 바울 서신과 요한계시록 두 분야에서 신약의 구약 사용이 어떻게 진행되고 있는지를 대표적인 학자와 주요 서적을 중심으로 간단히 소개하겠다.

가. 바울 서신

바울 서신에서의 구약 사용 연구에 코페르니쿠스적 변화를 가져온 사람은 앞서 언급한 리처드 헤이스다. 서두에서 언급한 그의 책 『바울 서신에 나타난 구약의 반향』에서 헤이스는 바울의 구약 사용은 단지 그의 신학적 논증을 뒷받침하는 작은 역할만 하는 것이 아니라 심지어 그의 논지를 이끄는 역할도 한다고 주장한다.[11] 더 나아가 신약에서 직접 인용되지도

---

11 이 책은 『바울 서신에 나타난 구약의 반향』(서울: 여수룬, 2017)이라는 제목으로 국내에

않고, 별 볼 일 없어 보이는 구약 본문에 대한 암시나 반향이 사실은 엄청난 목소리를 내는 효과를 가지고 있다고 주장한다. 이 책은 앞서 언급했듯이 신약의 구약 사용 연구에 획을 긋는 연구로서, 헤이스는 이 분야의 신약학자로는 최초로 '상호본문성' 개념을 도입했다. 하지만 이 책은 신약의 구약 사용에서 초기 유대교에서의 구약 사용 분야를 다루지 못한 한계가 있다. 이러한 취약점을 보완하는 사람은 영국의 프랜시스 왓슨 교수다. 그는 앞서 소개한 『바울과 신앙의 해석학』에서 바울의 율법관을 신약의 구약 사용 관점에서 다루면서 초기 유대교 문헌에서의 구약 사용을 함께 다루고 있다. 바울의 구약 사용 연구에서 빼놓을 수 없는 또 한 사람은 크리스토퍼 스탠리다. 2004년에 나온 『구약성경으로 논쟁하기: 바울 서신에 나타난 인용의 수사학』(*Arguing with Scripture: the Rhetoric of Quotations in the Letters of Paul*, New York: T&T Clark, 2004)에서 스탠리는 인용된 구약 본문을 바울 자신이 어떤 의도로 사용하는지에 대한 연구에서 한 걸음 더 나아가 '과연 바울 서신의 독자/청중들이 얼마나 구약성경에 익숙한가'라는 기준으로 바울의 구약 사용을 이해해야 한다고 주장한다. 그는 지금까지 간과되었던 수신자들의 구약성경에 대한 지식과 친숙도라는 관점에서 바울의 구약 사용을 해석하고 읽어내야 한다고 주장하여 원래의 수신자/청중들을 구약 본문 사용 해석에서 중요한 위치에 올려놓았다.

나. 요한계시록

요한계시록에서의 구약 사용 연구를 대표하는 두 학자로는 영국의 스티

번역 출판되었다.

브 모이스와 미국의 그레고리 비일이 있다. 스티브 모이스는 박사 논문 제목이 「요한계시록에서의 구약 사용」(1995년)으로 요한계시록에서의 방대한 구약 사용을 상호본문성 방법론으로 연구했으며, 그 후로 신약 전반에 걸친 구약 사용을 연구하고 있는데, 2010년에 출간된 바울 서신에서의 구약 사용을 다룬 『바울과 성경: 신약의 구약 사용 연구』(*Paul and Scripture: Studying the New Testament Use of the Old Testament*)가 최근 출판된 그의 연구서라고 볼 수 있다.

반면에 그레고리 비일은 요한계시록에서의 다니엘서 사용(1984년)을 연구해 학위를 받았으며, 현재 그가 쓴 『요한계시록 주석』(*The Book of Revelation: A Commentary on the Greek Text*, New International Greek Testament Commentary 시리즈, 1999. 『NIGTC 요한계시록』, 새물결플러스 역간)은 신약의 구약 사용 관점에서 요한계시록을 주석했다는 점에서 가치가 높이 평가되는 훌륭한 주석이다.[12] 요한계시록은 구약 본문을 직접 인용하지는 않지만, 간접적으로 암시하거나 반향하는 방식으로 구약을 사용하는 특징이 있는 책이다. 요한계시록은 신약의 구약 사용 연구에서 아직도 꾸준히 주목받는 신약성경으로서 이에 관한 다양한 연구 서적들이 쏟아져 나오고 있다. 얀 페케스의 논문인 『요한계시록에서의 이사야서 사용』(*Isaiah and Prophetic Traditions in the Book of Revelation*, Sheffield: Sheffield Academic Press, 1994), 마르코 자우히아이넨이 연구한 『요한계시록에서의 스가랴서 사용』(*The Use of Zechariah in Revelation*, WUNT, Tübingen: Mohr Siebeck, 2005), 쟝-피어레 루이쯔의 『요한계시록 16:17-19:10에서의 에스겔서 사용 연

---

12   Gregory K. Beale, 『NIGTC 요한계시록』 상, 하 (서울: 새물결플러스, 2016)

구』(*Ezekiel in the Apocalypse: The Transformation of Prophetic Language in Revelation 16:17-19:10*, Frankfurt am Main: Peter Lang, 1989) 등이 그 대표적인 예라 하겠다. 또한 요한계시록은 신약에서의 구약 사용 분야에서 새로운 방법론의 실험장이 되고 있다고 할 수 있다. 그레고리 비일은 D. A. 카슨과 함께 『신약에서의 구약 사용 주석』(*Commentary on the New Testament use of the Old Testament*)을 책임 편집했는데, 이 주석에 요한계시록에서의 구약 사용에 관한 중요한 논문이 포함되어 있다.[13]

3. 나가는 글

구약을 품은 신약 본문 해석, 즉 신약에서의 구약 사용 분야는 최근에 관심이 집중되면서 수많은 논문이 나오는 분야다. 이 분야가 주목을 받는 이유는 최근 들어 70인역 연구가 활발해졌기 때문이며, 또한 문학 이론인 상호본문성이 신약의 구약 사용 연구 분야에 새로운 길을 터주었기 때문이다. 과거에는 신약이 구약을 명시적으로 인용하는 부분에 초점을 맞춰 연구를 수행했지만, 최근에는 신약이 구약을 사용하고 있는지 거의 판단할 수 없는 부분에까지 상호본문성의 렌즈로 보면 구약이 의미 있게 사용되고 있음을 발견하게 된다. 신약에서의 구약 사용, 다시 말해 구약을 품은 신약 본문 해석 분야는 단순히 학자들만의 현학적인 놀이터가 아니라,

---

13 이 주석은 국내에서 2010-12년에 기독교문서선교회(CLC)를 통해 "신약의 구약 사용 주석" 시리즈로 번역되었다.

구약성경과 신약성경을 함께 가지고 있는 그리스도인들에게 두 성경 사이에 어떤 관계가 존재하는지를 밝혀주는 중요한 연구 분야라 하겠다.

구약을 품은

신약 본문 해석

1부
—
바울의

구약 사용

1장

바울은 왜 로마서 2장에서 행위심판을 말하는가?[1]

로마서 2장은 로마서뿐 아니라 바울 서신 전체에서도 가장 난해한 본문 가운데 하나로 여겨지고 있다. 그것은 바울이 로마서 2:6-11에서는 행위로 의롭게 됨을 주장하는 듯하지만, 로마서 3장에서는 아무도 율법의 행위로 의롭게 될 수 없다(3:10)고 주장함으로써 근접문맥인 2장과 3장 사이에서 모순된 주장을 하는 것처럼 보이기 때문이다.[2] 로마서 2장의 난제 가운데 2:6-11과 관련된 것으로서 첫 번째 질문은 '2:7과 2:10에 나오는 영생을 소유하게 되는 의로운 사람들이 누구인가?'라는 질문이고, 두 번째 질문은 행위심판과 관련된 것으로서 '바울은 예수 그리스도를 믿는 믿음 이외에 행위로 의롭게 될 수 있다는 가능성을 주장하는가?'라는 질문이다.

---

1   이 글은 원래 김경식, "바울은 왜 로마서 2장에서 행위심판을 말하는가?: 시편 61편(LXX)에 대한 바울의 해석 논쟁", *Canon and Culture*, (제 1권 제 2호, 2007): 239-271에 실린 논문으로, 내 영국 아버딘 대학교 박사학위 논문 일부를 번역하고 수정한 글이다.

2   "율법의 행위"에 관한 논란은 최근에 "언약적 율법주의"(Covenantal Nomism)와 관련해 바울 학자들 사이에서 뜨거운 관심거리다. 바울에 관한 새 관점 이론에 의하면 "율법의 행위"란 "율법이 하나님의 자녀인 이스라엘 백성에게 요구하는 것들이다." James D. G. Dunn, *The Theology of Paul the Apostle* (Edinburgh: T&T Clark, 1998), 355.

많은 학자들은 로마서 2장의 행위심판을 바울의 이신칭의 교리와 관련해서 연구해왔다.[3] 하지만 중요한 점이 간과되어왔는데, 예컨대 바울이 로마서 2:6에서 시편 62:12(61:13, 70인역)을 인용하고 있으며 이 시편의 초기 유대교 해석을 염두에 두고 있다는 점이 주목을 받지 못했다. 어떤 학자들은 로마서 2:6의 행위심판이 구약의 어떤 특정 본문을 염두에 두고 있는 것이 아니라, 단지 유대인들의 어떤 전승을 반영하고 있다고 주장한다.[4] 디터 젤러에 의하면 로마서 2:6은 잠언 24:12d와 시편 61:13(70인역)의 단어들을 빌려 쓰기만 할 뿐이지, 실상은 유대인의 지혜 전승에 속하는 것이다.[5] 주에트 바슬러도 비슷한 주장을 펼치는데, 그녀는 바울은 여기서 단지 동해복수법(lex talionis)의 기본원칙을 사용하고 있다고 본다.[6] 물론 몇몇 학자들이 바울이 로마서 2:6에서 구약을 인용하고 있다고 관찰한 것은 사실이다. 어떤 이들은 시편 61:13(70인역)이, 다른 이들은 잠언 24:12가, 또 다른 이들은 아예 시편 61:13(70인역)과 잠언

---

3   Karl Paul Donfried, "Justification and Last Judgment in Paul," *Interpretation* 30 (1976): 140-52; Nigel M. Watson, "Justified by Faith; Judged by Works—An Antinomy?" *New Testament Studies* 29 (1983): 209-21; Klyne R. Snodgrass, "Justification by Grace—to the Doers: An Analysis of the Place of Romans 2 in the Theology of Paul," *NTS* 32 (1986): 72-93; Thomas Schreiner, "Did Paul Believe in Justification by Works?: Another Look at Romans 2," *Bulletin for Biblical Research* 3 (1993): 131-58.

4   Roman Heiligenthal, *Werke als Zeichen: Unterschungen zur Bedeutung der Menschlichen Taten im Frühjudentum, Neuen Testament und Frühchristentem*, WUNT 2/9 (Tübingen: J. C. B Mohr, 1983), 174; Jouette M. Bassler, "Divine Impartiality in Paul's Letter to the Romans," *NT* 26, 1 (1984), 48; James D. G. Dunn, *Romans 1-8* (Dallas: Words, 1988), 85; Douglas J. Moo, *The Epistle to the Romans* (Grand Rapids: Eerdmans, 1996), 136; K.L. Yinger, *Paul, Judaism and Judgment According to Deeds* (Cambridge: CUP, 1999), 157.

5   Dieter Zeller, *Der Brief an die Römer* (Regensburg: Pustet, 1985), 65.

6   Bassler, 앞의 글, 48.

24:12 둘 다 인용되고 있다고 보았다.[7] 하지만 이들 중 어떤 견해도 왜 바울이 로마서 2:6에 나오는 가상의 유대인 토론자와 논쟁하는 문맥에서 구약 본문(들)을 인용하고 있는지를 설명하지는 못하고 있다. 예컨대 로마서 2:6과 로마서 2:7 이하의 관계에 대해 빌켄스는 바울이 7-10절에서 2:6에서 인용된 시편의 종말론적이고 법정적인 의미를 능숙한 수사적 형태로 설명하고 있다고 주장한다.[8] 하지만 그는 이 주장을 더 이상 발전시키지 않으며, 따라서 로마서 2:6-10을 시편 62편과의 관계 속에서 설명하지 못한다.

이 장에서 우리는 먼저 과연 바울이 로마서 2:6에서 시편 62:12을 사용하고 있는가를 증명하는 것으로 시작하여, 그다음에는 로마서 2:1-11과 초기 유대교 문헌인 집회서와 「솔로몬의 시편」과의 관계를 살펴보는 순서를 밟을 것이다. 그 후 바울이 로마서 2:1-11에서 어떻게 이 초

---

7 시 61:13(70인역)을 사용했다는 견해는 다음을 보라. Ernest Best, *The Letter of Paul to the Romans* (Cambridge: CUP, 1967), 25; Ulrich Wilckens, *Der Brief an die Römer (Romer 1-5)*, 3rd ed. EKK VI/1, Zrich and Dsseldorf: Benziger, 1997), 126; Richard H. Bell, *No One Seeks for God: An Exegetical and Theological Study of Romans 1.18-3.20* (Tübingen: Mohr Siebeck, 1998), 131-141; S. J. Gathercole, *Where is Boasting?: Early Jewish Soteriology and Paul's Response in Romans 1-5* (Grand Rapids: Eerdmans, 2002), 125. 잠 24:12을 인용했다는 견해는 다음의 학자들이 대표적이다. Sanday & Headlam, *A Critical and Exegetical Commentary on the Epistle to the Romans*(Edinburgh: T&T Clark, 1900). 시 61:13(70인역)과 잠 24:12 둘 다를 사용하고 있다는 견해는 다음을 보라. C. K. Barrett, *A Commentary on the Epistle to the Romans* (London: Adam & Charles Black, 1962), 45; C. E. B Cranfield, *A Critical and Exegetical Commentary on the Epistle to the Romans*, Vol 1 (Edinburgh: T&T Clark, 1975, reprint 1998), 146; John Ziesler, *Paul's Letter to the Romans* (London: SCM, 1989), 82; Richard B. Hays, *Echoes of Scripture in the Letters of Paul*, 42; Peter Stuhlmacher, *Paul's Letter to the Romans: A Commentary*, trans. Scott J. Hafemann (Edinburgh: T&T Clark, 1994), 41.

8 U. Wilckens, *Der Brief an die Römer*, 126.

기 유대교 문헌에 등장하는 시편 61편(70인역)의 해석을 반박하는가를 토론하게 될 것이다. 이런 과정을 통해 우리는 바울이 집회서 32:24-26ff 그리고 「솔로몬의 시편」 2편에서 제시하고 있는 초기 유대교인들의 시편 61편(70인역) 해석을 반박하고 있으며, 그러는 와중에 시편 61:13(70인역)을 사용해 당시 유대인들이 가지고 있던 하나님의 자비하심과 선택에 대한 잘못된 가정을 비난하고 있음을 밝히게 될 것이다. 특별히 우리는 바울이 시편 61편(70인역)을 로마서 2:6-11에서 인용하고 있으며, 이에 대해 설명하면서 심판의 기준을 재정의하여 잘못된 유대인들의 신념을 무너뜨리고, 그 결과 유대인들도 하나님의 공평한 심판 아래 있다고 주장하고 있다는 점을 다음의 연구를 통해 밝힐 것이다.

1. 바울, 로마서 2:6의 행위심판 그리고 시편 61:13(70인역)

로마서 2:6은 시편 61:13(70인역)의 비표시적 인용이다.[9] 이를 증명하기 위해 우리는 문자적 유사성, 개념상의 유사성 그리고 주제의 유사성을 중심으로 이 두 본문 사이의 관계를 살펴볼 것이다.

---

9   비표시적 인용(unmarked quotation)이라는 말은 두 본문(구약과 신약) 사이에 눈에 띄는 현저한 문자적 유사성이 존재함에도 불구하고 정작 인용문 서두나 후미에 '성경에 이르기를'과 같은 인용 형식구가 존재하지 않는 인용문을 가리킨다.

(1) 문자적 유사성

다른 가능한 많은 구약 본문 가운데, 일단 시편 62:12과 잠언 24:12이 로마서 2:6에 사용된 구약 본문으로 보인다.

롬 2:6 ὃς ἀποδώσει ἑκάστῳ κατὰ τὰ ἔργα αὐτοῦ·

시 61:13(70인역)
ὅτι τὸ κράτος τοῦ θεοῦ καὶ σοί κύριε τὸ ἔλεος ὅτι σὺ ἀποδώσεις ἑκάστῳ κατὰ τὰ ἔργα αὐτοῦ

잠 24:12(70인역)
ἐὰν δὲ εἴπῃς οὐκ οἶδα τοῦτον γίνωσκε ὅτι κύριος καρδίας πάντων γινώσκει καὶ ὁ πλάσας πνοὴν πᾶσιν αὐτὸς οἶδεν πάντα ὃς ἀποδίδωσιν ἑκάστῳ κατὰ τὰ ἔργα αὐτοῦ

우선, ἑκάστῳ κατὰ τὰ ἔργα αὐτου라는 구절이 이 세 본문에서 모두 발견된다. 하지만 로마서 2:6과 잠언 24:12(70인역)은 문법적으로 더 유사한데, 두 본문 모두 관계대명사 ὃς가 우리의 관심 대상인 문장 맨 앞에 쓰이고 있다. 하지만 시편 62:12에는 이 관계대명사가 없다. 그럼에도 불구하고 로마서 2:6과 시편 61:13(70인역)에서 같은 동사(ἀποδίδωμι)가 똑같은 미래 시제로 쓰이고 있다. 반면에 잠언 24:12(70인역)의 ἀποδίδωμι 동사는 현재 시제인데, 로마서 2:6에 나오는 ἀποδίδωμι는 미래 시제로 두 본문의 시제들이 다르다. 이런 문법적 차이에도 불구하고 세 본문 사이에는 문자적 유사성이 너무나 뚜렷하게 발견되고 있다.

게다가 이런 문법적 차이가 우리의 연구 대상인 세 본문의 행위심판을 나타내는 문장의 의미를 완전히 바꾸어놓지 않는다는 점에서 그것은 중요한 차이점이 아니다. 그리고 바울이 구약 본문을 채용하면서 문법적인 요소들을 약간씩 바꿀 수도 있었을 것이다. 그러므로 지금까지 살펴본 문자적 유사성은 로마서 2:6이 어떤 구약 본문을 사용했는지 밝혀내는 데 그리 결정적인 역할을 하지 못하고 있다. 그러므로 나는 또 다른 잣대인 개념상의 유사성을 중심으로 로마서 2:6에서 쓰이고 있는 구약 본문을 추적해보겠다.

(2) 개념상의 유사성

첫 번째 잣대였던 문자적 유사성은 시편 61:13(70인역)과 잠언 24:12 두 구약 본문 가운데 어떤 본문이 로마서 2:6에 쓰이고 있는지를 밝히지 못했지만, 두 번째 잣대인 개념상의 유사성은 로마서 2:6에서 바울이 시편 61:13(70인역)을 사용하고 있음을 보여준다. 시편 61:13(70인역)에서 심판(=갚아주심, 보응, 상과 벌)을 받는 사람은 의인과 악인 둘 다를 포함한다. 즉 하나님은 의인에 대한 그의 자비하심 때문에 그들에게 보응하시고, 또한 악인은 그들이 핍박한 의인들에 대한 하나님의 자비하심 때문에 하나님으로부터 보응을 받는다. 결국 시편 61:13(70인역)은 하나님이 주시는 상과 벌, 둘 다 언급하고 있다.

반면 잠언 24:12은 오직 악인만을 염두에 두고 있다. 즉 하나님은 곧 죽게 될 무죄한 사람에 대해 선을 행치 않았다는 것 때문에 악인들을 벌하신다. 다시 말해 잠언 24:12은 오직 하나님의 정죄(처벌)만을 다루고 있다. 따라서 이것은 시편 61:13(70인역)이 로마서 2:6에서 쓰이고 있는 구약 본문임을 보여주는데, 그 이유는 바울이 시편 61편(70인역)과 유사하게 로마서 2:7-10에서 의인의 상과 악인의 처벌 모두를 염두에 두고 이야기하기 때문이다.

(3) 문맥상의 다른 근거들

더 나아가 시편 61편(70인역)과 로마서 2:1-11 사이에는 비슷한 주제들이 등장하고 있다. 첫째, 로마서 2:1-11과 시편 61편(70인역)에는 하나님의 자비하심이라는 사상이 언급된다. 시편 61:13(70인역)의 근접 문맥은 각각의 행위에 따라 의인을 상주시거나 악인을 벌하심으로써 결국 의인들을 옹호하시는 내용을 담고 있다. 그의 자비하심($ἔλεος$) 때문에, 하나님은 의인들을 변호하신다.

ὅτι τὸ κράτος τοῦ θεοῦ καὶ *σοί κύριε τὸ ἔλεος* ὅτι σὺ ἀποδώσεις
ἑκάστῳ κατὰ τὰ ἔργα αὐτοῦ

(시 61:13, 70인역)

이와 유사하게 로마서 2:4에는 하나님의 자비하심이라는 사상이 "χρηστότητος"와 "χρηστόν"로 표현되고 있다. 로마서 2:4의 자비함이라는 사상은 하나님이 유대인들에게 회개할 기회를 주신다는 사실과 관련이 있다. 한편 시편 61:13(70인역)에서 하나님의 자비하심(ἔλεος)은 하나님이 의인들에게 자비를 베푸셔서 이들을 상 주신다는 사실과 관련이 있다. 바울은 아마도 하나님의 자비하심과 관련된 이런 대조를 의도적으로 사용하고 있는 듯하다. 이에 대해서는 다음의 논의에서 좀 더 다루기로 한다.

둘째, 바울은 로마서 2:1-11에 나오는 의인과 악인들의 묘사를 시편 61편(70인역)에 나오는 의인과 악인을 가리키는 단어들을 사용하여 언급하고 있다. 우선 의인에 대한 특징을 설명하는 가운데 로마서 2장과 시편 61편(70인역)은 둘 다 인내(ὑπομονή), 영광(δόξα) 그리고 존귀(τιμή)라는 단어들을 사용한다. 다음으로 로마서 2장과 시편 61편(70인역)은 둘 다 악인을 언급하면서 불의(ἀδικία)라는 단어를 쓰고 있다.

따라서 비록 시편 61편(70인역), 잠언 24:12(70인역) 그리고 로마서 2:6 사이에 문자적인 유사성이 있다고 할지라도, 개념상의 유사성과 유사한 주제들의 평행은 바울이 로마서 2:6에서 시편 61:13(70인역)을 사용하고 있음을 강력히 뒷받침해 준다.

2. 로마서 2:1-11과 초기 유대교 문헌들

다음으로 우리가 다루어야 할 질문은 '왜 바울이 로마서 2:6에서 다른 구약 본문이 아닌 시편 61:13(70인역)을 인용하고 있느냐?'는 것이다. 여기서 우리는 바울이 성서 해석을 근거로, '하나님의 자비하심'과 '그의 행위 심판'에 관해 바울 당대의 유대인과 논쟁하고 있다고 주장할 것이다. 우리는 또한 바울의 토론 상대자가 가지고 있는 하나님의 자비하심과 그의 행위심판이 집회서 32:24-26(=35:22-24, Rahlfs)과 「솔로몬의 시편」 2:32 이하에 반영되어 있는 유대인들의 사상에 근거하고 있는 반면에, 바울은 이들 초기 유대교 문헌들이 근거하고 있는 시편 61편(70인역)에 직접 호소하고 있으며, 더 나아가 이 시편을 이 두 초기 유대교 문헌들과 다르게 해석하고 있다는 점을 보여줄 것이다.[10]

어떤 학자들은 지혜서가 로마서 2장에 중요한 사상들을 제공하고 있다고 설명해왔다. 예를 들어 니그렌은 지혜서 11-15장이 로마서 2장에 중요한 단초를 제공하고 있다고 주장한다.[11] 더 나아가 그는 바울이 로마서 2장에서 지혜서 11-15장이 대표하고 있는 바울 당시의 유대인 사상과 논쟁하고 있다고 주장한다.[12] 이와 비슷하게 던도 로마서 2장에 나오는 바울의 토론 대상자를 유대인이라 규정하면서 바울은 지혜서에 나타나고 있는 유대인들, 특히 디아스포라 유대인들의 언어와 관점을 염두에 두고 있는 듯하다고 주장한다.[13] 지슬러 또한 로마서 2:1-10이 「지혜서」 11, 12 그리고 15장에 나오는 사상과 유사하다는 의견을 피력한다.[14] 라이트도 바울이 지혜서에 의존하고 있으며, 또한 이 문헌과 논쟁하고 있다고 본다.[15]

---

10 나는 이 장에서 집회서의 그리스어 본문으로 Joseph Ziegler, *Sapientia Iesu Filii Sirach* (Göttingen: Vandenhoeck & Ruprecht, 1980)을 사용할 것이다. Ziegler의 집회서 본문의 장절 구분은 Rahlfs의 70인역판 집회서의 장절 구분과 약간 다르다. 혼동을 피하기 위해 Rahlfs 판의 장절은 괄호로 표시했다.

11 Anders Nygren, *Commentary on Romans* (Philadelphia: Muhlenberg Press, 1949), 114.

12 앞의 책, 115.

13 Dunn, 앞의 책 (1988), 8.

14 Ziesler, 앞의 책 (1989), 80-84.

15 N. T. Wright, "The Letter to the Romans," *The New Interpreter's Bible*, Vol 10 (Nashville, TN: Abingdon, 2002), 438에 수록된 글.

이런 학자들의 견해와 달리 나는 바울이 집회서 32:24-26 이하 그리고 「솔로몬의 시편」 2:32 이하에 바탕을 두고 전개되는 유대인들의 하나님의 자비와 행위심판 사상을 염두에 두고 있다고 생각한다. 그 이유는 첫째, 로마서 2:6, 집회서 32:24(70인역) 그리고 「솔로몬의 시편」 2:34 모두 행위심판, 즉 하나님이 각 사람이 행한 대로 갚으신다는 주제를 사용하고 있다. 물론 로마서 2:6에서 행위심판은 악인과 의인을 포괄하는 보편적인 것이라면, 집회서 32:24과 「솔로몬의 시편」 2:34의 행위심판은 이방인 나라들의 심판과 밀접한 관련이 있다는 차이가 있다. 하지만 이런 차이점은 바울이 하나님이 각 사람이 행한 대로 심판하신다(벌주신다)는 사상을 의도적으로 확대해석해서 그분이 각 사람이 행한 대로 상벌로 갚으신다는 보편적 행위심판을 언급한 것이라고 볼 수 있다.

둘째, 세 본문 모두 하나님의 자비하심을 언급하고 있다(롬 2:4; 집회서 32:25-26; 「솔로몬의 시편」 2:33, 35, 36). 로마서 2장에서 하나님의 선하심과 자비하심은 회개할 기회를 주시는 원천으로 제시되고 있다. 집회서 32:25-26 그리고 「솔로몬의 시편」 2:33-35에서는 하나님의 자비하심이 이스라엘을 변호(옹호)하시는 내용과 관련이 있다. 따라서 하나님의 자비하심에 관한 사상에 대한 이 문헌들 사이에도 개념상의 차이가 존재한다. 하지만 이것 또한 바울이 로마서 2장의 논지를 위해 초기 유대교 문헌들과 다르게 하나님의 자비하심을 재해석했다고 볼 수 있을 것이다.

셋째, 로마서 2장, 집회서 32장 그리고 「솔로몬의 시편」 2장은 모두 하나님의 차별 없음이라는 주제를 가지고 있다(롬 2:11; 집회서 32:15; 「솔로몬의 시편」 2:11). 로마서 2장의 하나님의 차별 없음이라는 사상은 하나님이 유대인과 이방인을 다 같이 공정하게 심판하신다는 사실과 관련이 있다. 「솔로몬의 시편」 2:18에 나오는 하나님의 차별 없음은 하나님이 이방의 억압자들뿐 아니라 범죄한 유대인들도 심판하신다는 내용을 담고 있다.[16] 집회서 32:15에서 하나님의 차별 없음은 고아와 과부 그리고 더 나아가 억압받고 있는 이스라엘 나라를 향한 하나님의 자비하심과 관련이 있다. 중요한 것은 집회서 32장에서 하나님의 차별 없음의 사상은 이방 나라들에 의해 억압받고 있는 이스라엘의 옹호와 깊은 관련이 있다는 점이다.

그러므로 위의 세 가지 주제들이 세 본문에 함께 쓰이고 있다는 사실은 바울이 로마서 2:1-11에서 집회서 32:24 이하 그리고 「솔로몬의 시편」 2편에 나타난 유대인들의 사상을 염두에 두고 있음을 뒷받침해 준다. 바슬러가 관찰했던 것처럼 행위심판과 하나님의 차별 없음이라는 두 주제가 외경과 위경 문헌 중에서 아주 소수의 본문에서만 매우 밀접하게 관련되어 나타난다는 사실도 주목해야 한다(집회서 35:12-19, Rahlfs 판; 「욥의 유언」 4:7; 「솔로몬의 시편」 2:17-19).[17] 이 같은 바슬러의 주장은 로마서 2장과 집회서 32장(= 35, Rahlfs 판) 그리고 「솔로몬의 시편」 2편 사이의 주제상의 긴밀한 평행이 단지 우연이 아님을 보여준다. 더 나아가 로마서 2:6-11, 집회서 32:24 이하 그리고 「솔로몬의 시편」 2장 간의 밀접한 관계는 이 본문들(집회서 32:24; 「솔로몬의 시편」 2:16, 34)이 똑같은 구약 본문인 시편 61:13(70인역)을 사용하고 있다는 점에 의해 더 분명해진다.[18] 또

---

16 J. M. Bassler, *Divine Impartiality: Paul and a Theological Axiom* (Chico: Scholars Press, 1982), 32-33.

17 Bassler, 앞의 글 (1984), 49.

18 Kyoung-Shik Kim, "God Will Judge Each One According to His Works: the Investigation into the Use of Psalm 62:13 in Early Jewish Literature and the New Testament," (University

한 집회서 32:22 이하, 「솔로몬의 시편」 2:32 이하 그리고 로마서 2:1-11은 모두 하나님이 이스라엘과 이방 나라들과 맺고 있는 관계에 대한 두 가지 다른 견해를 다루고 있다. 따라서 이런 모든 증거는 바울이 로마서 2:1-11에서 초기 유대교 문헌인 집회서 32:24 이하 그리고 「솔로몬의 시편」 2:33 이하가 제시하고 있는 바울 당시의 유대인 사상을 염두에 두고 있을 가능성을 강화해 준다.

따라서 많은 학자가 주장하는 것처럼 로마서 2장에서 지혜서의 영향과 중요성을 부인할 수는 없지만, 지금까지 제시된 증거들은 집회서 32:24-26 이하 그리고 「솔로몬의 시편」 2편도 바울이 로마서 2:1-11에서 염두에 두고 있는 중요한 유대교 문헌이라는 점을 보여준다.[19] 게다가 로마서 2장, 지혜서, 「솔로몬의 시편」 그리고 집회서 사이의 주제상의 많은 평행은 로마서 2장에 나타난 유대인들의 사상, 즉 하나님의 자비하심 때문에 유대인들이 하나님의 심판을 피할 수 있을 것이라는 생각은 바울 당시 유대인들 사이에서 수긍할 수 있는 사상이며 더 나아가 이들이 함께 공유하고 있는 사상임을 보여주는데,[20] 바울은 이런 유대인의 사상을 반박하고 있다. 그리고 더 나아가 만일 로마서 2:1-11, 집회서 32:22-26

of Aberdeen 박사학위 논문, 2005), 78-80, 112-115; Kyoung-Shik Kim, *God Will Judge Every One According to Works: Judgment According to Works and Psalm 62 in Early Judaism and the New Testament*, BZNW 178 (Berlin: Walter de Gruyter, 2010).

19 롬 2장에서의 지혜서 사용에 관한 논의는 Francis Watson, *Paul and Hermeneutics of Faith*, 405-411을 보라. 그는 바울이 솔로몬의 지혜서 13-15장이 제공하고 있는 밑그림 위에 의도적으로 자신의 논쟁을 전개하고 있다고 주장한다(405).

20 Yinger의 견해와 반대 입장이다. Yinger의 주장에 의하면 "언약적 특권에 대한 이러한 가설적인 오용은 결코 제2 성전기 유대교의 특징이 아니다.…유대 문헌을 기록한 사람들 자신도 행위심판의 모티프를 그러한 가정에 대항하여 사용하고 있다." Yinger, 앞의 책 (1999), 179.

이하 그리고 「솔로몬의 시편」 2편이 세 가지 공통된 주제를 공유하고 있다는 우리의 견해가 옳다면, 바울이 사실 로마서 2:1-11에서 그의 가상의 유대인 논쟁 상대와 더불어 하나님의 자비와 행위심판에 관한 '성서해석 논쟁'을 하고 있다고 볼 수 있다.

집회서 32:24-26(35:22-24, Rahlfs 판)과 집회서 33장은 이방인 압제자 밑에 있는 유대인들의 곤경을 다루고 있다.[21] 특별히 집회서 32:22-24(35:20-21, Rahlfs 판)은 이방인들의 사악한 행위를 언급하는데, 이방 압제자들은 무자비하고(ἀνελεημόνων), 거만하며(ὑβριστῶν), 불의(ἀδίκων)하다. 이런 상황에서 집회서의 저자(그리고 집회서의 그리스어 번역본)는 하나님이 이런 이방 압제자들에게 보복하시기를 기도한다(32:22-24). 여기서 중요한 사실은 집회서(그리고 집회서 그리스어 번역본)는 하나님께서 이방인들을 그들의 행위와 생각대로 벌하시기를 요청한다는 점이다.

집회서 32:22b-24의 주된 관심사는 이방 나라들과 이들에 대한 행위심판을 위한 기도와 관련이 있는 반면에, 집회서 32:25-26은 하나님의 택한 백성을 향한 그분의 자비하심과 관련이 있다. 특별히 25절은 분명하게 집회서와 이것의 그리스어 번역본이 하나님과 이스라엘 사이의 관계를 언급하고 있음을 보여준다.

집회서 32:25(= 35:23, Rahlfs)

ἕως κρίνῃ τὴν κρίσιν τοῦ λαοῦ αὐτοῦ καὶ εὐφρανεῖ αὐτοὺς ἐν τῷ ἐλέει αὐτοῦ (그[하나님]가 그의 백성들을 위해 심판하시고, 그들로 그의 자비하

---

21 P. W. Skehan 외, *The Wisdom of Ben Sira*, AB 39 (New York: Doubleday, 1987), 420.

심으로 기쁘게 하실 때까지)

집회서는 하나님이 이방 나라들을 벌하실 때 하나님의 자비하심이 이스라엘에게 향할 것이라고 기대한다. 따라서 이스라엘을 향한 하나님의 자비와 이방인들을 향한 행위심판 간의 첨예한 구분이 집회서 32:22b-26에 분명하게 제시되고 있다. 행위심판은 오로지 이방 압제자들에게만 해당하는 반면 하나님의 자비는 이스라엘 백성만이 받는다. 물론 집회서 전체를 보면 이스라엘의 개개인은 자신들도 하나님이 각 사람이 행한 대로 보응하시는 행위심판을 받을 것이라고 생각하고 있음은 사실이다. 하지만 하나님과 이스라엘 백성들과의 관계가 언급될 때면, 이스라엘을 향한 하나님의 자비와 이방인을 향한 행위심판(처벌)이 분명하게 구별된다. 유사한 패턴이 「솔로몬의 시편」 2:32 이하에서도 발견된다. 따라서 바울은 로마서 2:1-11에서 집회서 32:24-26(35:22-24, Rahlfs의 70인역 판), 집회서 36장과 「솔로몬의 시편」 2편에 나타난 유대인들의 신념을 반박하고 있음이 틀림없다.

3. 바울, 로마서 2:6-11, 시편 61:13(70인역) 그리고 행위심판

로마서 2:1-11에서 바울과 그의 가상의 토론자는 '유대인들의 특권'과 '하나님의 행위심판에 있어 차별 없음'에 대해 논쟁을 벌이고 있다.[22] 바

---

22 로마서 2:1-11에 등장하는 바울의 가상 논쟁자가 누구인가에 대해서는 견해 차이가 있

울의 가상 토론자는 유대인들의 특권을 주장하고 있고, 바울은 행위심판에 있어 하나님의 차별 없음을 주장하고 있다.[23] 이 논쟁 과정에서 바울은 자신이 옹호하는 행위심판에 있어 하나님의 차별 없는 심판에 대한 근거로 성서 즉 시편 61편(70인역)에 호소한다. 바울은 그의 유대인 토론자도 성서로 읽고 있는 시편 61편(70인역)을 지적하면서 민족적인 구별이 아니라, 하나님에 대한 믿음에 바탕을 둔 행위가 최후 심판의 유일한 심판 기준이라고 주장한다.

바울은 그의 가상의 유대인 토론자와 더불어 시편 61편(70인역)에 대한 해석으로 논쟁을 벌이고 있다. 가상의 유대인 토론자가 가지고 있는 하나님의 자비와 행위심판에 대한 이해는 집회서 32:24-26과 「솔로몬의 시편」 2편에 근거하는 반면, 바울의 이해는 이 두 초기 유대교 문헌들이 그 구약 본문으로 사용하고 있는 시편 61편(70인역)에 근거하고 있다. 다시 말해 바울의 가상적 논쟁자는 시편 61편(70인역)을 초기 유대교 문헌인 집회서 32:24-26 그리고 「솔로몬의 시편」 2:34에 제시된 초기 유

다. 어떤 이들은 이 가상의 논쟁 대상자가 도덕주의자라고 주장한다(참고. Richard H. Bell, 앞의 책[1998], 137-8; S. K. Stower, *The Diatribe and Paul's Letter to the Romans* [Michigan: Scholar Press], 112; N.T. Wright, 앞의 글[2002], 438). 이 견해에 의하면 이 도덕주의자에는 유대인뿐만 아니라 이방인도 포함된다. 그러나 다른 학자들은 이 논쟁 대상자가 유대인이라고 주장한다(참고: Cranfield, 앞의 책 1998], 139; Francis Watson, *Paul, Judaism and the Gentiles: A Sociological Approach*[Cambridge: Cambridge University Press, 1986], 109-110 idem, *Paul and the Hermeneutics of Faith* [London: T&T Clark International, 2004], 409; Moo, 앞의 책[1996], 128; James Dunn, 앞의 책[1988], 81-2; Simon Gathercole, 앞의 책[(2002), 197-200; George P. Carras, "Romans 2,1-29: A Dialogue on Jewish Ideals," *Biblica* 73[1992], 185]. 내가 다루는 다음의 내용(롬 2:1-11에서의 집회서 32-33장 그리고 「솔로몬의 시편」 2편의 사용)은 롬 2장에 등장하는 논쟁 대상자가 유대인임을 보여줄 것이다.

23 Carras, 앞의 글(1992), 193-196.

대교의 해석이라는 렌즈를 통해서 이해하고 있는 반면에 바울은 이런 초기 유대교의 해석과 다른 방식으로 이해하고 있다. 바울의 가상 토론자의 견해와 대조적인 바울의 시편 61편(70인역) 해석은 두 가지 사실, 즉 (1) 하나님의 자비하심에 대한 바울의 재해석 그리고 (2) 시편 61편(70인역)에 언급된 심판 기준에 대한 설명에서 찾아볼 수 있다.

(1) 하나님의 자비하심에 대한 바울의 재해석

첫째, 바울은 그의 가상의 논쟁자가 옹호하고 있는 하나님의 자비하심이라는 개념을 완전히 수정한다. 로마서 2:1-6에서 그는 하나님의 자비를 심판이 아니라 회개와 연관시킨다. 시편 61:13(70인역)에서 하나님의 자비는 그가 의인을 변호하시는 동기가 된다. 시편 61편(70인역)에서 하나님은 의인들에게 상 주시고 이들의 원수들을 심판하심으로써 그들에게 자비를 보여주신다. 따라서 이 시편에서 하나님의 심판은 의인들에게 소망을 주고 있다. 그러나 집회서 32:24 이하 그리고 「솔로몬의 시편」 2:32 이하에서 하나님의 자비와 행위에 따른 심판이라는 사상은 하나님과 이스라엘 그리고 이방 나라에 대한 관계를 언급하는 민족적 의미로 발전한다. 한편으로 하나님의 자비와 이스라엘 간의 긴밀한 관계, 다른 한편으로 이방인들과 하나님의 심판 사이의 두 관계는 집회서 32-33장에 분명하게 드러난다.

그러나 로마서 2장에서 바울은 하나님의 자비하심을 그의 심판과 분리하는 대신 그의 자비하심을 회개와 연관시킴으로써 행위에 따른 하나님의 심판을 유대인들에게 일종의 위협적인 선언으로 사용한다. 로마서 2:3에서 바울은 자신들을 향해 하나님이 자비를 베푸실 것이라는 유대인들의 잘못된 신념을 비판한다. 그는 또한 4절에서 최후 심판 때 하나님이 유대인들에게 호의를 베푸실 것이라는 유대인들의 믿음을 반박한다. 그렇다면 로마서 2:3-4은 유대인들이 자신들은 선택받은 백성이기 때문에 최후 심판에서 하나님으로부터 호의적인 변호를 받을 것으로 생각한다고 암시하는 것이다. 앞서 언급한 바와 같이 집회서 32:25-26은 하나님의 자비는 이스라엘 나라를 향하시고, 행위대로 갚으시는 그의 심판은 이방인들에게로 향한다고 언급했다. 하지만 바울은 로마서 2:1-11에서 유대인들이 이방인과 똑같은 일을 행하기(2:1) 때문에 최후 심판 때 유대인들도 심판을 받을 것이며, 하나님께는 차별이 없음(2:11)을 주장한다. 바울은 하나님의 자비하심에 대한 유대인들의 잘못된 가정에 시비 걸기 위해 로마서 2:4에서 하나님의 자비를 나타내는 유사한 말을 두 번 반복하여 사용해서 하나님의 선하심에 초점을 맞춘다.

비록 쓰이는 단어는 다르지만, 하나님의 자비라는 개념은 시편 61:13(70인역)과 로마서 2:4에서 찾아볼 수 있다. 시편 61:13(70인역)에서 이 개념은 σοί κύριε τὸ ἔλεος라고 표현되어 있다. 한편 바울은 로마서 2:3, 4에서 의문문을 사용해 하나님의 최후 심판과 그의 자비를 긴밀하게 연관시키고 있다. 로마서 2:3, 4에 나타나는 이 두 개념(심판과 자비) 사이의 밀접한 관계는 바울이 유대인들의 잘못된 신념, 즉 하나님의 '자비하심' 때문에 자기들이 '최후 심판'을 피할 수 있을 것이라는 신념을 비난하기 위해서 시편 61:13(70인역)을 사용하고 있음을 분명하게 보여준다.

바울이 시편 61:13(70인역)을 이 문맥에서 사용하고 있는 데는 두 가지 이유가 있어 보인다. 첫째, 집회서 32:24과「솔로몬의 시편」2편이 하나님의 자비하심에 대한 자신들의 신념의 성서적 근거로 똑같은 구약 본문, 즉 시편 61:13(70인역)을 사용하고 있기 때문이다. 바울은 똑같은 시편 61:13(70인역)에 호소함으로써 이러한 유대인들의 신념을 반박하고 있는 것이다. 둘째, 하나님의 자비와 행위대로 갚으시는 그의 행위심판, 이 두 개념이 시편 61:13(70인역)에서 아주 밀접하게 관련되어 나타나기 때문이다.

ὅτι τὸ κράτος τοῦ θεοῦ καὶ σοί κύριε τὸ ἔλεος ὅτι σὺ ἀποδώσεις ἑκάστῳ κατὰ τὰ ἔργα αὐτοῦ

하지만 바울은 하나님의 자비하심이라는 개념을 회개와 연관시켜 재해석한다(2:5). 즉 바울은 하나님의 자비하심은 유대인들에게 최후 심판 때 그들의 안전한 상태를 보장하기 위한 것이 아니라 회개할 기회를 주기 위한 것이라고 주장한다. 물론 시편 61편(70인역)은 직접적으로 하나님의 자비가 회개할 기회를 준다고 언급하지는 않는다. 하지만 하나님의 자비하심과 행위에 따른 그의 심판 사이의 관계는 히브리어 시편 62편(HB)과 이의 70인역 시편 61편 사이에서 다르게 나타나고 있다. 시편 62편(HB)에서는 의인에 대한 하나님의 자비하심('Hesed')이 악인을 행위에 따라 심판하는 원인으로 볼 수 있다. 하지만 시편 61편(70인역)에서는 구문상의 모호성이 있는데, 하나님의 자비(ἔλεος)가 행위에 따른 그의 심판의 기초가 되는 것으로 보일 수도 있고, 다른 한편으로는 하나님의 자비하심이 단순히 하나님의 성품을 지칭하는 것으로 해석될 수도 있다. 다시 말해 시편 61편(70인역)에는 (1) 하나님께 권능과 자비가 속해 있다는 사실과 (2) 하나님이 각 사람이 행한 대로 갚으신다는 사실 이렇게 두 가지로 해석할 수 있는 구문상의 모호성이 잠재하고 있다. 바울은 70인 역의 이러한 구문상의 모호성에 근거한 의미론적 잠재성(semantic potential)을 최대한 활용하고 있는 듯하다.

바울이 로마서 2:6에서 시편 61:13(70인역)을 인용한 의도는 분명히 하나님은 민족적인 구분과 관계없이 누구든지 그를 믿는 자에게 자비를 베푸신다고 암시하는 것이었다. 바울이 이렇게 주장할 수 있는 이유는 이 시편이 오직 하나님을 신뢰하는 사람들과 신뢰하지 않는 사람들 간의 구별만을 언급하기 때문이다. 따라서 바울은 시편 61편(70인역)에 호소함으로써 최후 심판 때 하나님이 이스라엘에게만 배타적으로 그의 자비를 보이시지는 않는다고 천명하고 있다. 대신에 그는 하나님의 자비하심이 유대인들에 회개할 기회를 준다고 주장하고 있다.

(2) 바울, 행위심판 그리고 시편 61편(70인역)

유대인들의 잘못된 신념에 대한 바울의 비판은 그가 시편 61편(70인역)을 끌어들여 최후 심판의 기준을 설명하고 있는 대목에서도 발견된다. 유대인들의 특권에 대한 가상의 토론자의 주장에 대응해서 바울은 로마서 2:1-11에서 하나님의 차별 없는 행위심판을 주장하고 있다. 이렇게 함으로써 바울은 최후 심판 때 중요한 것은 하나님의 선택에 의한 유대인들의 언약적 지위가 아니라 행위(순종)라고 주장한다. 바울은 유대인들의 잘못된 신념을 논박하기 위해 시편 61:13(70인역)을 인용하며 또한 이 인용문을 로마서 2:7-11에서 설명하고 해석한다. 바울이 로마서 2:6에서 말하는 행위는 일반적인 행위를 말하는 것이 아니라 예수 그리스도를 통해 일하시는 하나님께 대한 신뢰(믿음)에 근거한 행위인데, 그의 시편 61편(70인역) 사용 및 이 시편에 대한 그의 해석과 설명(롬 2:7-10)이 이러한 해석을 가능케 한다.

가. 의인들(롬 2:7, 10)

바울은 로마서 2:7-10에서 의인들을 언급하면서 시편 61편(70인역)에 나오는 의인, 즉 하나님을 신뢰하는 사람을 연상시킨다. 이 시편을 연상시킴으로써 바울은 로마서 2:7, 10에 언급된 의인들이 하나님을 신뢰하는 사람들임을 암시하고 있으며, 또한 로마서 2:7, 10에 나오는 긍정적인 행위들은 하나님께 대한 신뢰(믿음)를 바탕으로 이 믿음을 표현하는 행위들임을 암시하고 있다.

로마서 2:7, 10에서 바울이 묘사하는 사람은 종말론적 영광과 존귀 그리고 영생을 추구하면서 하나님을 의지하는 사람이다. 우선, 시편 61:13(70인역)에서 의인들은 하나님께 대한 그들의 신뢰(믿음)에 근거하여 보상을 받는다. 이 시편에서 보응(즉 상과 벌)의 기준이 되는 행위는 단순히 하나님께 대한 신뢰뿐만 아니라 행위들이다. 로마서 2:7에서 바울은 시편 61편(70인역)에서 의미하고 있는 신뢰(믿음)의 개념이 새로운 문맥인 로마서 2장에서 무엇을 의미하는지 설명한다. 로마서 2:7에 의하면 한 사람의 신뢰(믿음)는 선을 행하는 가운데 인내하면서 영광과 존귀 그리고 영생을 구하는 행위들로 표현된다. 이러한 행위들은 하나님께 대한 보이지 않는 신뢰(믿음)의 외적 표현이다. 이것은 시편 61편(70인역)이 하

나님께 대한 신뢰(믿음)와 행위들 사이의 이와 비슷한 관계를 다루고 있
는 것과 유사하다.

로마서 2:6-10에서 바울이 시편 61편(70인역)에 언급되고 있는 의
인들을 염두에 두고 있다는 우리의 주장은 바울이 로마서 2:6에서 시편
61:13(70인역)을 인용한다는 사실뿐만 아니라, 로마서 2:7, 10의 의인들
을 시편 61편(70인역)에 언급되는 의인들과 관련시키고 있다는 점에 의
해 지지를 받는다. 바울이 두 본문 사이의 의인들을 서로 관련시키고 있
다는 점은 두 가지 사실, 즉 그가 (1) 동일한 단어들을 사용하며, (2) 의인
을 묘사함에 있어서 유사한 개념을 사용한다는 점에 의해 뒷받침된다.

첫째, 바울은 로마서 2:7에서 시편 61편(70인역)에 나오는 인내
(ὑπομονή), 영광(δόξα) 그리고 존귀(τιμή)라는 동일한 단어를 사용해서 의
인들을 설명하고 있다. 시편 61:6, 8(70인역)은 하나님이 인내(ὑπομονή)와
영광(δόξα)의 원천이라고 말한다. 이 시편에 의하면 의인은 자신의 영광의
원천으로 하나님을 인내하며 신뢰한다.[24] 로마서 2:7에서도 의인은 인내
하며 영광(δόξα)과 존귀(τιμή)를 구한다.

시 61:5-8(70인역)

[5]그러나 그들은 저의 존귀(τὴν τιμήν μου)를 없이하려고 합니다. 그들은 거
짓을 좋아합니다. 그들의 입으로는 축복하지만 그들 마음속으로는 저주합
니다.

---

24 Claus Westermann, *The Living Psalms* (Edinburgh: T&T Clark, 1989), 154; A. A.
Anderson, *The Book of Psalms,* Vol 1 (London: Marshall, Morgan & Scott, 1972), 453.

⁶그러나 나의 영혼아, 하나님께 순종하라. 이는 나의 인내(ἡ ὑπομονή μου)가 하나님으로부터 옴이라.

⁷왜냐하면 그는 나의 하나님, 나의 구원이시기 때문이라. 나를 도우시는 자여, 내가 옮겨지지 않을 것입니다.

⁸나의 구원과 나의 영광(δόξα μου)이 하나님께 있음이라. 하나님은 나의 도움이시며 나의 소망은 하나님께 있습니다.

롬 2:7

참고(καθ' ὑπομονὴν) 선을 행하여 영광과 존귀(δόξαν καὶ τιμὴν)와 썩지 아니함을 구하는 자들에게 영생으로 하시고.

이 같은 병행은 로마서 2:7의 의인이 시편 61편(70인역)에서 묘사하고 있는 의인이며 따라서 자신의 영광의 원천으로서 하나님을 구하며, 그분을 신뢰하는 사람임을 보여준다. 시편 61편(70인역)과 로마서 2:7 두 본문이 언급하고 있는 의인 사이에는 분명한 유사성이 있다. 더 나아가 시편 61:5(70인역)에 의하면 의인의 존귀가 그의 대적자들에 의해 위협받지만, 그는 하나님이 자기의 존귀를 회복시켜 주실 것이라고 믿고 있다(5, 8절).[25] 따라서 의인을 언급할 때 사용되는 영광, 존귀 그리고 인내라는 동일한 단어들이 로마서 2:7과 시편 61편(70인역)에 쓰이고 있다는 것은 바울이 로마서 2:6-11에서 다름 아닌 시편 61편(70인역)이 언급하고 있는 바로 그 의인을 염두에 두고 있다는 사실을 보여준다. 간단히 말해 로

---

25 Westermann, 앞의 책(1989), 153.

마서 2:7에 나오는 의인의 행위들은 시편 61편(70인역)에 나오는 의인의 행위들과 같은 것으로, 하나님께 대한 신뢰를 이루고 있는 행위들이다.

둘째, 로마서 2:7과 시편 61편(70인역)에 나오는 의인의 태도가 유사하다. 로마서 2:7에 의하면 의인들은 인내하며 선을 행한다. 이와 비슷하게 시편 61:6(70인역)에서도 의인은 하나님의 도우심을 인내하며 조용히 기다린다. 특히 인내(ὑπομονη)라는 단어가 의인들의 태도를 나타내는 데 쓰이고 있다.

룜 2:7

τοῖς μὲν καθ᾽ ὑπομονὴν ἔργου ἀγαθοῦ δόξαν καὶ τιμὴν καὶ ἀφθαρσίαν ζητοῦσιν ζωὴν αἰώνιον,

시 61:6(70인역)

πλὴν τῷ θεῷ ὑποτάγηθι ἡ ψυχή μου ὅτι παρ᾽ αὐτοῦ ἡ ὑπομονή μου

시편 61:6(70인역)에서 의인은 하나님이 자기 인내의 원천이라고 고백하는데, 이는 하나님이 자신을 역경 속에서도 인내할 수 있도록 도우신다고 말하는 것이다. 로마서 2:7에서 의인들은 종말론적 복을 인내하며 구하고 있다.[26] 여기서 인내라는 단어는 시편 61편(70인역)에서 하나님을 인내하며 신뢰하고 있는 의인의 태도를 연상시킨다. 결국 로마서 2:7, 10에

---

26 Matthew Black, *Romans* (Grand Rapids: Eerdmans, 1973; Second Edition, 1989), 45; Douglas Moo, 앞의 책(1996), 137은 다른 견해를 보인다.

언급되는 있는 의인들은 시편 61편(70인역)에서 언급하고 있는 하나님을 인내하며 신뢰하는 의인들이다.

따라서 바울은 로마서 2:7-10에서 의인을 언급할 때 시편 61편(70인역)의 의인들을 연상시키는데, 이는 로마서 2:6에서 말하는 행위심판의 기준이 시편 61편(70인역)에서 언급되고 있는 심판 기준과 같은 것임을 의미한다. 이 시편에서 말하는 심판 기준은 하나님께 대한 신뢰를 보여주는 행위들이다. 바울도 로마서 2:6과 그 이하(2:7-10)에서 동일한 기준을 염두에 두고 있다.

지금까지 우리는 바울이 로마서 2:6에서 시편 61:13(70인역)을 인용하고 있으며, 로마서 2:7 이하에서 이 시편을 전체적으로 암시하고 있다는 점을 근거로 로마서 2:6-11에서 믿음에 근거한 행위(순종) 그리고 특히 로마서 2:7, 10에서 신자들이 언급되고 있다고 주장했다. 그렇다면 우리는 로마서 2장에서 왜 바울이 직접적으로 믿음 혹은 신자라는 단어를 사용하지 않는가에 대해 질문할 필요가 있다.

바울이 직접적으로 이런 단어들을 사용하기를 피하는 이유는 그가 로마서 2:6-11에서 구약 언어들을 사용하고 있으며, 하나님께 대한 신뢰(믿음)가 두드러진 주제인 시편 61편(70인역)을 사용해서 이 시편에서 가져온 언어들로 믿음(신뢰)의 의미를 설명하고 있기 때문인 것 같다. 카라스가 주장하듯이 "로마서 1-4장의 놀라운 특징들 가운데 하나는 직접적인 기독교적 언어와 내용이 희미하다는 것이다. 이와 반대로 하나님이라는 단어가 강조되고 있다."[27] 이러한 관찰에 근거하여, 그는 "로마서 2

___
27 Carras, 앞의 글 (1992), 189.

장을 유대인 내부의 논쟁으로 보아야 할 근거가 있다"고 주장한다.[28] 로마서 2장에서 바울은 그의 가상의 토론자와 더불어 구약 및 그 당시 유대교의 관점에서 논쟁하고 있음이 분명하다. 그래서 바울은 로마서 2:16을 제외하고는 직접적인 기독교적 개념을 사용하기를 피하는 것 같다. 대신에 로마서 2:6에서 바울은 하나님께 대한 신뢰(믿음)가 지배적인 주제인 시편 61:13(70인역)을 인용하며, 또한 시편 61편(70인역)과 이 시편의 의인들을 간접적으로 사용하여 믿음과 신자들을 설명하고 있다. 사도 바울은 로마서 2:6-10에서 하나님께 대한 신뢰(믿음)에 근거한 행위들을 단순히 암시만 하면서, 로마서 3:21 이하에 나오는 믿음에 대한 더 구체적인 토론을 준비하고 있는 것으로 보인다.[29]

게다가 로마서 2:7, 10에 나오는 의인들이 다름 아닌 그리스도인이라는 우리의 해석은 로마서에서 영생($\zeta\omega\grave{\eta}\nu$ $\alpha\grave{\iota}\acute{\omega}\nu\iota o\nu$)이라는 단어가 로마서 2:7을 제외하면 모두 세 번(5:21; 6:22, 23)에 걸쳐 쓰이고 있고, 이 경우 항상 그리스도인과 관련이 있다는 사실에 의해 어느 정도 지지를 받는다. 이러한 사실은 로마서 2:7에 언급된 영생 또한 그리스도인과 관련이 있으며, 따라서 이 구절의 의인을 그리스도인으로 볼 수 있도록 해석의 길을 열어준다.

나. 로마서 2장의 논지와 시편 61:13(70인역)

지금까지 우리의 해석은 다음과 같다. 바울은 로마서 2:6-10에서 최후의

---

28 앞의 글, 같은 곳.
29 바울이 처음에는 간접적으로 암시하거나 간략히 설명하고, 나중에 다시 구체적으로 설명하는 기법은 이스라엘의 특권을 다루는 롬 3:1-2과 롬 9-11장의 관계에서도 나타난다.

날 시행되는 하나님의 공평한 심판에 있어서 유일한 잣대는 행위임을 보여주었다. 더 나아가 그는 시편 61편(70인역)을 사용하여 최후 심판 때 중요한 것은 일반적인 행위가 아니라 민족적 구별과는 상관없이 한 사람의 하나님께 대한 신뢰에 기반을 둔 행위임을 암시했다. 로마서 2:1-11에서 바울의 가상 토론자는 시편 61편(70인역), 특히 이 시편에서 언급하고 있는 하나님의 자비와 행위에 따른 심판을 집회서 32:24-26 그리고 「솔로몬의 시편」 2편에 반영된 초기 유대교의 시편 61편(70인역) 해석을 통해 이해하고 있다. 반면에 바울은 이런 초기 유대교 해석과 다른 방식으로 이 시편에 호소하고 있다.

그렇다면 이제는 위에서 요약한 우리의 해석이 로마서 2장 전체에 담긴 바울의 논지와 잘 조화되는지를 살펴보아야 한다. 바울은 로마서 2:13-14 그리고 로마서 2:27-29에서 의롭게 되기 위해서는 반드시 하나님의 율법을 순종해야 한다(특히 롬 2:13)고 설명한다. 그리고 이러한 순종은 오직 성령에 의해 그 마음이 할례를 받은 신자들만이 이룰 수 있다고 말한다.[30] 그리고 이방인 그리스도인이 이런 순종을 하고 있다고 (롬 2:14, 27-29) 암시한다. 하지만 로마서 2:1-11에서 바울은 오직 행위만이 하나님의 공평한 심판의 기준이 될 것이라고 암시한다. 또한 시편 61:13(70인역)을 인용함으로써, 바울은 최후 심판에서 결정적인 심판 기준은 하나님께 대한 신뢰(믿음)를 표현하는 행위라고 암시한다. 그는 유대

---

30 N. T. Wright, "The Law in Romans 2," *Paul and the Mosaic Law*, James D. G. Dunn 편 (Tübingen: Mohr Siebeck, 1996): 131-150에 수록된 글; Gathercole, 앞의 책(2002), 124-5; S. J. Gathercole, "A Law unto Themselves: The Gentiles in Romans 2.14-15 Revisited," *JSNT* 85 (2002), 27-49.

인들이 만일 하나님을 신뢰하기를 거부하면서 악을 행한다면 최후 심판에서 그들은 아무런 특권을 가질 수 없다고 주장한다. 바울에게 있어 하나님을 신뢰한다는 말은 다름 아닌 로마서 2:16이 보여주는 대로, 그리스도 안에 있는 새로운 계시를 통해 일하시는 하나님을 믿는 것이다.

물론 바울의 가상적인 유대인 토론자는 집회서 32:14-16이 보여주는 것처럼 하나님은 차별하지 않으신다는 것을 인정하고 있다.[31] 집회서 32:14-16에 의하면 하나님은 공평하셔서 뇌물이나 부정직한 재물을 받지 않으시며, 가난하다고 편애하지 않으신다. 더 나아가 집회서 32장에서 하나님의 차별 없음은 이방 나라들에 의해 억압받고 있는 이스라엘에 대한 신원과 깊은 관련이 있다. 또한 「솔로몬의 시편」 2:18에서 하나님의 차별 없음은 이스라엘 내부의 범죄한 유대인들의 처벌과 관련이 있다. 하지만 바울은 하나님의 차별 없음을 그의 유대인 토론자와의 접촉점으로 사용하면서도, 이 하나님의 차별 없음 개념을 더 발전시켜 이방 나라뿐 아니라 전체로서의 이스라엘 민족이 하나님의 심판(상벌) 아래 놓인 것으로 확대해석한다. 즉 하나님은 유대인이건 이방인이건 똑같이 그들이 행한 대로 공평하게 심판하신다는 것이다.

따라서 시편 61편(70인역)이 로마서 2:6-11을 이해하는 데 공헌하는 점은 이 시편에서 언급되는 지배적인 두 주제, 즉 '하나님께 대한 신

---

31 구약과 유대교 문헌 가운데 하나님의 차별 없음(divine impartiality)이라는 주제는 다음과 같은 본문들에 나온다. 신 10:17; 대하 19:7; 욥 34:19; 집회서 35:12f(=32:24ff, Ziegler); 에스라 3서 4:39; 희년서 5:16; 솔로몬의 시편 2:18; 시리아 사본 바룩 13:8; 44:4; LAB 20:4. 또한 신 16:19; 출 23:6-8, 레 19:15; 잠 28:21; 시 82:2; 참고. Klaus Haacker, *Der Brief des Paulus an die Römer* (Leipzig: Evangelische Verlagsanstalt, 1999). 63; Jouette M. Bassler, 앞의 책, (1982), 7-44

1장 바울은 왜 로마서 2장에서 행위심판을 말하는가?

뢰'와 '심판 기준으로서의 행위' 개념이다. 이 두 개념은 이 시편에서 아무런 모순 없이 공존하고 있다. 더군다나 이 시편에서 행위심판의 기준으로서의 행위는 일반적인 행위가 아니라 하나님께 대한 신뢰를 표현하는 행위(순종)이다. 바울은 이 시편을 인용하고 해설함으로써 이런 행위의 측면을 암시하고 있다. 여기서 우리는 혼동을 피하기 위해 유대인과 이방인의 동등성에 대한 바울의 주장은 시편 61편(70인역)에 직접 근거하고 있는 것은 아니라는 점을 지적해야 한다. 오히려 이 동등성은 바울이 사용한 "첫째는 유대인에게요 또한 헬라인에게도('Ιουδαίου τε πρῶτον καὶ ῞Ελληνος)"에 의해 설명되고 있다. 그리고 바울은 시편 61:13(70인역)을 인용하고 또한 시편 61편(70인역) 전체 문맥을 연상시킴으로써 최후 심판 때 행위에 따른 심판 기준이 되는 것은 하나님께 대한 신뢰를 기반으로 한 행위라고 주장한다. 누구든지 하나님께 대한 신뢰를 드러내는 행위를 하는 사람은 그 행위대로 심판(상벌)을 받는다는 것이 시편이 말하는 내용이다. 그리고 바울은 여기에 "첫째는 유대인에게요 또한 헬라인에게도('Ιουδαίου τε πρῶτον καὶ ῞Ελληνος)"라는 구절을 덧붙임으로써 민족적인 구별과 관계없이 누구든지 하나님에 대한 신뢰(믿음)를 보여주는 행위(순종)에 따라 각 사람이 심판을 받게 될 것이라고 주장하고 있다. 유대인들은 이 시편을 확대해석해서 이스라엘과 이방인이라는 대립 구도를 만들었다면, 바울은 이 시편에서 오직 하나님을 신뢰하는 자와 그렇지 않는 자라는 두 종류의 사람만을 발견하고 있다.

4. 결론

바울은 왜 로마서 2장에서 행위심판을 이야기하고 있는가? 그는 하나님의 자비와 행위심판에 대한 유대인들의 잘못된 신념을 비판하기 위해 이 사상을 언급한다. 이를 위해 바울은 로마서 2:6에서 시편 61:13(70인역)을 인용한다. 바울은 이 시편을 의도적으로 행위심판의 문맥에서 사용하는데, 그 이유는 하나님의 자비와 행위심판에 관한 유대인들의 이해가 집회서 32:22 이하 그리고 「솔로몬의 시편」 2:32 이하에 근거하고 있으며, 이 두 초기 유대교 문헌들이 다름 아닌 이 시편 특히 시편 61:13(70인역)을 해석하여 사용하고 있기 때문이다. 그래서 바울은 로마서 2:6에서 시편 61:13(70인역)을 인용하여 해석하고 있다.

바울은 로마서 2:1-11에서 그의 가상의 토론자와 더불어 하나님의 자비와 그의 행위에 따른 심판에 대한 성서적 해석에 관해 논쟁을 벌이고 있다. 바울의 요점은 공평하신 하나님이 민족적인 구별이 아니라, (그리스도를 통해 일하시는) 하나님께 대한 신뢰를 드러내 보이는 행위(순종)에 의해 각 사람을 심판하실(상이나 벌을 주실) 것이라는 점이다.

따라서 바울 사도는 로마서 2:1-11에서 그리스도인의 믿음과는 별도로 단순히 일반적 행위에 따른 최후 심판을 주장하고 있는 것이 아니다. 그는 로마서 2:6-11에서 시편 61편(70인역)을 사용하여 최후 심판 때 그리스도를 통해 일하시는 하나님을 신뢰하는 믿음을 표현하는 순종(행위)이 필요함을 암시하고 있다.

구약은 유대인이나 헬라인이나 다 죄 아래 있다고 말하는가?

로마서 3:9-18에서 바울의 이사야 59장 해석

이 장은 바울이 로마서 3장에서 사용하고 있는 이사야 59장의 해석에 관한 연구다.[1] 신약 저자들 가운데 이사야 59장을 사용하는 저자는 바울밖에 없다. 이사야 59장이 로마서 외에 데살로니가전서(5:8)와 에베소서(6:14, 17)에도 사용되는 점을 고려해볼 때, 로마서에서의 이사야 59장 사용은 바울의 독특한 신학적 이해를 반영하고 있음이 분명해 보인다.[2] 바울은 로마서에서 여러 번에 걸쳐 구약성경을 직접 인용하거나, 간접적으로 암시하면서 자신의 논증을 전개한다. 구약성경 가운데 특히 다른 본문에 비해 많이 사용되는 본문은 창세기(3회), 시편(3회), 신명기(3회), 그리

1 　이 장은 "구약은 유대인이나 헬라인이나 다 죄 아래 있다고 말하는가?: 로마서 3:9-18에서 바울의 이사야 59장 해석" 「신약논단」 (2012년 가을호): 937-979에 실린 내 논문을 약간 수정한 형태이며, 김세윤 교수의 영문 은퇴기념논문집(*Fire in My Soul: Essays on Pauline Soteriology and the Gospels in Honor of Seyoon Kim*, Oregon: Wipf & Stock, 2014)에도 수록된 글이다.

2 　에베소서의 저작권 문제가 논란이 되고 있지만 나는 바울의 저작권을 전제하면서 연구를 진행해 가겠다. 에베소서의 바울 저작권에 대해서는 Peter O'Brien의 에베소서 주석(*The Letter to the Ephesians* [The Pillar New Testament Commentary; Leicester: Apollos, 1999])을 참고하라.

고 이사야서다.[3] 이 중 이사야가 로마서에서 16회나 사용되고 있다는 사실은 로마서에서 바울의 논증 가운데 차지하는 이사야의 중요성을 간접적으로나마 보여준다.

이 장은 로마서 3장에 등장하는 긴 구약 인용 단락(3:10-18)에서 인용된 이사야 59장의 사용과 해석에 초점을 맞추고 있다. 앞서 언급한 대로, 바울은 로마서에서 이사야서를 16회에 걸쳐 사용하는데, 특징적으로 로마서 9-11장에서 집중적으로 사용하고 있다.[4] 그러나 흥미롭게도 바울은 이사야의 특정 본문을 주로 한 번 정도 인용하거나 암시하는 정도에 그치는 경우가 많다.[5] 하지만 이사야 59장은 이러한 패턴에서 벗어나 있는 이사야 본문 가운데 하나다. 로마서에서 이사야 59장은 두 번에 걸쳐 사용되고 있기 때문이다(롬 3:15-17과 롬 11:26).[6]

바울은 로마서 3:9-18에서 유대인이나 헬라인이나 모두 죄 아래 있

---

3   Douglas A. Oss, "A Note on Paul's Use of Isaiah," *Bulletin for Biblical Research* 2 (1992), 106. Oss에 의하면 이외에 출애굽기 2회, 호세아 2회, 요엘 1회, 말라기 1회, 열왕기상 2회, 사무엘상 1회, 욥기 1회가 인용되고 있다.

4   앞의 책, 106. Oss에 의하면 로마서 전체에서 16회에 걸쳐 사용되는 이사야서 용례 가운데 롬 9-11장에서만 11회 사용되고 있다.

5   로마서에서 1회 이상 사용되는 이사야 본문들은 28장(2회), 29장(2회), 45장(2회), 52장 (3회)이다. 로마서뿐만 아니라 바울 서신 전반에 거쳐 사용되는 구약 본문들의 목록은 John M. Court ed., *New Testament Writers and the Old Testament: An Introduction*, (London: SPCK, 2002), 98-112에서 찾아볼 수 있다.

6   사 59장은 로마서의 신학적 논리 전개의 문맥상 매우 핵심적인 위치에서 사용되고 있다. 사 59장이 처음 사용되는 문맥은 롬 1:18-3:20에서 하나님의 진노를 설명하는 단락의 마지막 결론 부분이며, 두 번째로 사용되는 문맥은 이스라엘과 이방인의 구원 문제를 다루는 롬 9-11장까지의 단락에서 역시 결론 부분에 해당하는 자리에 위치한다. 바울의 구약 사용 횟수의 패턴과 로마서의 핵심적인 문맥상의 위치를 고려해 볼 때, 바울의 사 59장 사용은 이 구약 본문이 사용되고 있는 두 로마서 본문, 즉 롬 3:9-20의 해석 그리고 롬 11:26("온 이스라엘이 구원을 받으리라")에 관한 논쟁과 관련하여 그 중요성이 한층 더해진다.

다고 주장하며 이 주장의 근거를 구약성경의 본문들에서 찾아 구약성경의 권위에 호소한다. 바울은 구약성경을 인용하여 자신의 주장을 뒷받침하려고 하는 것처럼 보인다. 하지만 이 단순해 보이는 듯한 로마서 3:9-18에서의 바울의 논증과 구약 사용은 사실 난해한 몇몇 논쟁거리를 안고 있다. 이 장은 이 난제를 푸는 과정으로 바울의 구약 사용의 빛 아래서 로마서 3:9-18까지의 논증을 다시 고려해보려는 시도다. 로마서 3:9-18까지의 바울의 주장과 관련해서 이 장에서 주목하는 논쟁거리는 두 가지다. 첫째, 바울이 이 단락에서 인용하고 있는 구약 본문들은 유대인이나 이방인이나 모두 죄 아래 있다는 바울의 주장(롬 3:9)을 실제로 뒷받침하고 있는가? 둘째, 바울은 자신이 인용하는 구약 본문들의 원래 문맥을 존중하고 있는가? 로마서 3:9-18에서 바울은 인용된 구약 본문들의 출처를 정확하게 밝히지 않고 있다. 그리고 인용된 구약 본문들 사이에 명확한 구분을 하지 않고 한데 뭉뚱그려 연속적으로 여러 본문을 인용하고 있다. 그렇다면 바울은 로마서 3:9-18의 구약 본문 인용 단락에서 그 본문들의 원래 문맥을 충분히 존중하면서 인용하고 있는가? 아니면 단지 구약 본문들을 증거 본문(prooftext)으로만 사용하고 있는가? 사실 이 두 질문에 답하기 위해 로마서 3:9-18에 인용된 구약 본문 전부를 체계적이고 포괄적으로 모두 다루기는 불가능해 보인다. 따라서 우리는 로마서 3:8-20에 인용되는 구약 본문들을 분석하면서도, 이 가운데 위치상 단락의 후반부에 놓여 있으며 내용상 악인들의 행동을 묘사하는 여러 목록 가운데 '발'과 '길'과 관련된 이사야 59장에 초점을 맞추어 이 질문들에 답해보고자 한다.

1. 로마서 3:9-20과 온 세상의 유죄 선언

로마서 3:9에서 바울은 유대인이나 이방인이나 다 죄 아래 있다고 선포한 후 10절부터 18절까지 "기록된바"라는 도입구를 사용하여 로마서에서 가장 길게 구약 본문들을 연속적으로 인용한다. 이 단락과 관련하여 '과연 로마서 3:9에서 온 세상이 죄 아래 있다고 선포하는 바울의 주장을 바로 뒤에서 인용되고 있는 구약 본문들이 뒷받침해주는가?'라는 해석상의 문제가 제기되는데, 이에 대해 부정적이고 회의적인 견해들이 있다.

데이비스는 바울이 3:10-18에서 인용하는 구약 본문들이 대부분 시편에서 인용되고 있음을 주목했다. 그는 이에 근거하여 시편 본문들과 이사야 59장의 문맥을 일일이 분석해 가면서 의아한 점을 발견한다. 그는 로마서 3:10-18에 인용되는 시편 본문들을 분석하면서 이 시편들에서 일관되게 의인과 악인이 구분되고 있음을 발견한다. 그에 의하면 때때로 이 시편 본문들에 등장하는 악인은 이방인으로 밝혀지기도 하고, 어떤 시편 본문에서는 이스라엘 백성 내부에 있는 타락한 백성들을 가리키기도 한다. 하지만 그의 분석에 의하면 바울이 인용하는 이 시편 본문들과 이사야 59장은 모든 인간의 보편적 죄와 타락을 주장하는 본문들이 아니다.[7] 따라서 로마서 3:10-18은 모든 인류의 보편적 타락을 뒷받침하는 본문이 아니다. 오히려 데이비스는 이 시편들과 이사야 59장의 인용을 통해 바울이 말하고자 하는 바가 인류의 보편적 타락에 있지 않고 '악인

---

7 Glenn N. Davies, *Faith and Obedience in Romans: A Study in Romans 1-4* (Sheffield: JSOT Press, 1990), 89.

들 가운데는 의가 없다'는 주제를 강화하는 역할을 한다고 주장했다.[8] 그의 연구는 구약의 문맥으로 돌아가 바울이 인용하고 있는 구약 본문들을 분석했다는 특징이 있다. 하지만 그는 로마서 3:9과 이를 뒷받침하는 로마서 3:10-18의 관계를 모순되거나 아니면 최소한 조화되지 않는 관계로 보는 결론을 도출했다. 그는 3:10-18을 3:9과 직접 연결하여 해석하지 않고, 오히려 로마서 1:17 및 1:18과 관련지어 의인과 악인을 "하나님의 의"(1:17) 및 "하나님의 진노"(1:18)와 각각 짝지어 해석하면서 구원받게 될 의인과 심판받게 될 악인 사이의 날카로운 대조가 로마서에 흐르는 주제라고 파악했다.[9] 이 장은 바울이 인용한 구약 본문들의 원래 문맥을 고려하면 로마서 3:9과 로마서 3:10-18의 인용문들의 관계가 데이비스가 주장한 바와 같은지를 재고해보려고 한다.

반면에, 학자들 대다수는 로마서 3:9과 3:10-18의 관계를 관찰하면서 뒤의 연속적 구약 본문 인용 단락이 9절의 유대인이나 헬라인이나 다 죄 아래 있다는 바울의 선언을 뒷받침하는 근거 구절들이라고 보았다. 던은 로마서 3장의 이 단락에서 바울의 구약 사용에 주목하면서 상당히 매력적인 주장을 한다. 그는 로마서 3:10-18에 등장하는 구약 본문들에서 바울의 논쟁적 상황을 포착해 낸다. 즉 그는 인용된 구약 본문들은 사실 유대인들이 이방인들을 악인으로 보면서 죄인인 이방인들에게 하나님의 심판이 임한다고 믿었던 구약 본문들이라고 보았다. 즉 그에 의하면

---

8 Davies, *Faith and Obedience*, 90. 그의 말을 직접 여기에 인용해 본다. "the cumulative force of Paul's catena reinforces the persistent theme of the various parts, that there is no righteousness among the *wicked*."(이탤릭체는 원저자의 것이고, 밑줄은 덧붙인 것임).

9 Davies, *Faith and Obedience*, 94.

유대인들은 이 구약 본문들에 언급된 의인들과 유대인 자신들을 동일시하고, 반면에 악인들은 이방인으로 치부하면서 하나님의 심판은 악인인 이방인들에게 임한다고 해석했다는 것이다.[10] 그리고 바울은 이러한 유대 민족의 우월적 신념을 뒷받침하는 것으로 보이는 구약 본문들을 가지고 이방인들이 죄인이 아니라 실상은 유대인들이 죄인이라며 그들의 민족적 오만을 공격하고 있다고 해석한다. 슈라이너는 던의 해석을 그대로 수용하면서 이 단락을 주석했다.[11]

왓슨은 던과 비슷한 주장을 하면서도 좀 더 체계적으로 로마서 3:9-18에 사용된 구약 본문들을 분석한다. 그는 이 단락에서 바울이 구약 본문의 원 문맥과 의미에는 별로 관심이 없고 오히려 바울이 자기의 신학적 목적을 위해서 구약의 의미를 새롭게 변형했다고 주장한다.[12] 이러한 해석을 기초로 그는 로마서 3장에서 인용된 시편들은 다윗과 관련이 있는 본문들이므로 의인은 다름 아닌 다윗이고, 따라서 유대인들은 자연스럽게 의인들을 다윗을 포함한 유대인들로 해석했을 것이라고 주장한다.[13] 사이프리드는 로마서에서의 구약 사용에 관한 자신의 논문에서 이 단락을 다루며 바울의 연속적인 구약 사용은 결국 로마서 3:9의 주장을 뒷받침하기 위한 목적을 가지고 있다고 주장한다.[14] 하지만 그는 구약의 원래 문맥들에는 거의 관심을 두지 않고 바울이 로마서에서 구약 본문을 어떻

---

10   James D. G. Dunn, *Romans 1-8,* WBC (Dallas: Word, 1988), 149.

11   Thomas R. Schreiner, *Romans,* BECNT (Grand Rapids: Baker, 1998), 167.

12   Francis Watson, *Paul and the Hermeneutics of Faith* (London: T&T Clark, 2004), 63-64.

13   Watson, *Paul and the Hermeneutics of Faith,* 62.

14   Mark A. Seifrid, "Romans," *Commentary on the New Testament Use of the Old Testament,* G. K. Beale and D. A. Carson eds. (Grand Rapids: Baker, 2007), 615-6에 수록된 글.

게 변형해서 사용하는지를 설명하는 데 그친다. 그는 결국 바울이 단지 예언자 이사야의 이스라엘 백성들에 대한 고소와 시편 본문들에 기록된 원수(악인)들에 대한 불평을 결합해 놓았다고만 결론짓는다.[15]

던, 슈라이너, 왓슨, 그리고 사이프리드는 로마서 3:10-18에 인용된 구약 본문들이 로마서 3:9에서 바울의 선언인 '유대인이나 이방인이나 다 죄 아래 있다'는 주장을 뒷받침하기 위한 성경적 근거의 역할을 한다고 주장한다. 그러나 이들은 모두 바울이 구약 본문들을 가져다가 자기의 신학적 논리를 펴는 증거 본문으로만 사용할 뿐 구약의 원래 문맥에는 전혀 관심이 없으며, 따라서 로마서 3:10-18에서 원래 문맥을 염두에 두면서 구약 본문을 사용하는 것이 아니라 구약성경에서 가져온 표현만 빌려 사용한다고 보거나 암시한다. 이와 유사하게 켁은 로마서 3장의 단락을 분석하면서 만일 우리가 여기에 인용된 구약 본문들의 원래 문맥을 살펴보면 이 구약 문맥들은 로마서 3장의 유대인이나 이방인이나 모두 죄인이라는 바울의 주장을 전혀 뒷받침하지 않는다고 주장한 바 있다.[16]

2. 로마서 3:9-18과 구약 인용문들

이제 위에서 제기한 두 가지 질문에 답하기 위해 우선 로마서 3:9-18의

---

15 Seifrid, "Romans," 617.

16 L. E. Keck, "The Function of Rom 3.10-18. Observations and Suggestions," *God's Christ and His People*, J. Jervell and W. A. Meeks eds. (Oslo: Universites-forlaget, 1977), 146(Glenn N. Davies, *Faith and Obedience in Romans*, 91에서 재인용).

2장 구약은 유대인이나 헬라인이나 다 죄 아래 있다고 말하는가?

본문을 분석해보자. 흥미롭게도 로마서 3:10-18은 로마서에서 가장 긴 구약 인용문이 등장하는 본문이다. 그리고 바울 서신 전체에서 구약 본문이 가장 길게 인용된 부분이기도 하다. 로마서 3:10에서 시작된 구약 본문 인용은 18절까지 이어진다. 그리고 이 긴 구약 인용문들 가운데 로마서 3:15-17에 이사야 59:7-8이 인용되고 있다. 바울은 9절에서 유대인이나 헬라인이나 다 죄 아래(ὑφ' ἁμαρτίαν) 있다고 선언한다. 이 9절의 선언은 유대인들은 이방인들과 비교해서 구속사적 위치와 특권(3:1-8)을 제외하고는 별반 다르지 않다는 9절 초반부의 질문에 대한 대답으로 주어지는 내용이다. 이후 바울은 구약 인용 도입구를 사용해 구약의 여러 본문을 인용한다. 로마서 3:9-18은 시편 그리고 이사야서에서 인용해온 구약 본문들로 짜임새 있게 구성되어 있다. 다음은 로마서 3:10-18 각 구절과 거기에 인용되고 있는 구약 본문들이다.[17]

(1) 11-12절: 시 13:1-3(70인역)

(2) 13절: 시 5:10(70인역), 시 139:4(70인역)

(3) 14절: 시 9:28(70인역)

(4) 15-17절: 사 59:7-8(70인역)

(5) 18절: 시 35:2(70인역)

---

17 학자들 대다수는 바울이 사용하는 구약 본문은 히브리어 본문이기보다는 그리스어 본문(70인역)이라는 점에 의견 일치를 보인다. 참고. J. Ross Wagner, *Herald of the Good News: Isaiah and Paul "In Concert" in the Letters to the Romans* (Leiden: Brill, 2002), 344.

(1) 구약의 문맥과 로마서 3:10-18은 상충하는가?

로마서 3:10-18에서의 구약 사용을 관찰해 온 학자들은 이 단락에 인용된 구약 본문들과 이 본문들의 전후 문맥을 분석하면서 당혹감을 감추지 못해왔다. 그 이유는 로마서 3:9과 이 구절을 뒷받침하기 위해 인용된 구약 본문들(롬 3:10-18)의 원래 구약 문맥과는 논리적 관련성이 적어 보이기 때문이었다. 다시 말해 바울은 유대인이나 헬라인이나 다 죄 아래에 있다는 자신의 주장을 뒷받침하기 위해 구약 본문들을 길게 연속적으로 한데 묶어 사용하는데, 뒤에 나오는 구약 본문들은 인용된 구약의 시편과 이사야서의 원래 문맥으로 돌아가 보면 모든 인류가 다 죄인이라는 바울의 주장을 뒷받침해주는 것이 아니라 오히려 바울의 주장과 모순되게 보인다는 점을 발견하게 되었다. 이러한 견해를 펼치는 학자들의 공통된 주장은 로마서 3:10-18에 인용되는 구약 본문들의 원래 문맥은 인간을 크게 악인과 의인으로 나누어 하나님이 악인들을 심판한다는 내용을 담고 있지, 모든 인간이 하나도 빠짐없이 죄인이라는 주장을 담고 있는 것은 아니라고 보았다. 특히 시편의 구절들은 구약의 원래 문맥에서 의인과 악인을 구별하는 내용으로 되어 있음을 부인할 수 없다. 따라서 이렇게 모순되어 보이는 로마서 3:9과 로마서 3:10-18의 구약 사용에 대한 돌파구를 찾는 학자들은 바울이 여기서 구약 본문들을 연속적으로 사용하기는 하지만 구약의 원래 문맥의 의미를 가져다 사용하지는 않는다고 주장하게 되었다. 즉 바울은 자신이 인용하는 구약 본문들의 원래 의미에는 관심이 없고 단지 구약에서 악인들에 대한 표현들을 가져다 사용하면서 유대인이든 이방인이든 민족적 구별과는 관계없이 모든 사람이 다 죄인이라는 주장을 뒷받침하고 있다는 의견을 피력함으로써 앞서 언급한 구약 문맥과 로마서 3:9-18 사이의 모순을 해결하려고 했다.

그렇다면 바울이 실제로 구약 본문을 인용하면서 구약의 원래 의미에는 전혀 관심이 없으며, 따라서 구약의 원래 문맥을 존중하지 않은 상태로 바울 자신의 신학적 논증을 위해서 단지 구약에 나오는 표현들과 구절들만 가져다 사용한다고 보아야 하는가? 나는 바울이 로마서 3:10-18에서 인용하는 구약 본문들과 로마서 3:9의 주장이 전혀 모순이 없이 매끄럽게 연결되고 있으며, 이 논리적 관계는 바울이 인용하고 있는 구약 본문들 특히 이사야 59장의 원래 문맥을 자세히 살피면서 읽으면 충분히 파악할 수 있다는 점을 논증할 것이다.

(2) 로마서 3:9-18과 구약 인용문들

바울은 9절에서 τί οὖν이라는 질문으로 이 단락을 시작한다. 이 질문은 이미 로마서 3:1에서 바울이 던진 동일한 질문이다. 로마서 3:1-9에서 바울은 질문-대답법(Diatribe)을 사용해 유대인의 구속사에서의 특권에 대해 스스로 질문하고 대답한다. 그러고 나서 본 단락(3:9-20)에 이르면서 다시 같은 질문을 통해 비록 유대인이 구속사에서 독특한 특권을 지니고 있었지만, 그렇다고 죄의 문제에 있어서 이방인과 전혀 다르지 않으며 유대인이나 이방인이나 다 죄 아래에 있다고 선언한다. 유대인의 선민적 특권에도 불구하고 그들이 죄와 이에 따른 하나님의 심판에서 자유로울 수 없다고 피력하는 것이다.

그리고 바울은 9절의 주장을 10-18절에서 시편 그리고 이사야 59

장으로부터 인용한 본문들로 뒷받침하는 논증형식을 취하고 있다. 즉 뒤에 인용된 구절들은 9절에 기록된 바울의 주장을 구약성경을 통해 입증하는 형식이다. 일련의 구약 본문들은 유대인들과 그리스인들이 다 죄 아래 있다는 주장을 입증해 주는 본문들이라고 볼 수 있다.

로마서 3:10-18에 인용되는 여러 개의 구약 본문들은 다음과 같은 논리적 흐름을 가지고 있다. 바울은 이 단락에서 연속적으로 구약 본문들을 인용하면서 마구잡이식으로 구약 본문들을 열거하는 것이 아니다. 여러 구약 본문들(여러 시편과 사 59장)은 (1) 이방인들이 죄인이라고 선언하고, (2) 유대인들 가운데 의인도 있고 악인도 있다고 선언하며, (3) 유대인들 가운데 아무도 의인이 아니라고 선언하고 (4) 민족적 구별을 하지 않으시는 하나님의 공평하심을 제시하려는 의도 아래서 인용되고 있다.

가. 시편 13편(70인역): 롬 3:10-12

우선 10절은 이 단락의 주제를 소개하는 역할을 한다. 바울은 세상에 의인은 하나도 없다는 주장을 통해 하나님의 진노(1:18)가 사람들에게 임할 수밖에 없는 이유를 제공한다. 로마서 3:10-12에 인용된 시편 13편(70인역)의 원래 문맥은 이스라엘 백성과 이방인들을 철저하게 구분하는 시편이다. 따라서 시편 13편(70인역)에서 의인과 대조되는 사람으로서 하나님의 심판을 받는 사람들은 하나님의 백성의 원수인 이방인이다. 시편 13:8(70인역)은 그의 백성, 야곱, 이스라엘을 하나님이 구원하실 것이라는 내용을 포함하고 있다. 하나님의 백성에 대해서 죄악을 행하는 자(4절), 어리석은 자(2절), 그의 마음에 하나님이 없다고 말하는 사람은 다름 아닌 이방 나라다.[18] 따라서 로마서의 긴 구약 인용문 가운데 첫 번째 구약 인용문에서 바울은 이방인들을 하나님의 심판을 받을 자로 묘사하는 이 시편을 인용하면서 하나님의 백성을 괴롭히는 이방인들이 하나님의 심판 대상이라고 암시하고 있다.

나. 시편 5편(70인역)과 139편(70인역): 롬 3:13

바울이 인용하는 둘째 범주의 구약 본문들은 이스라엘 백성들 가운데 의인도 있고 악인도 있다는 내용을 담고 있는 시편 본문들이다. 시편 5편(70인역)과 시편 139편(70인역)이 이 부류에 해당한다. 로마서 3:13a에 인용된 시편 5:10(70인역)을 포함한 이 시편 5편에는 의인(12절)과 대조되는 오만한 자(5절), 거짓말하는 자(6절), 피 흘리기를 즐기는 자(6절), 속이는 자(6절)로 묘사되는 원수들(8절)이 있다. 이 시편에 의하면 의인은 이 시편의 화자인 '나'이며 그는 주께 피하는 모든 사람과 한 무리를 형성한다. 이 시편은 원수 즉 악인과 대조되는 나의 상태를 "주의 집에 들어가 주를 경외함으로 성전을 향하여 예배"할(7절) 것이라고 소망한다. 반면에 문맥상 악인 즉 오만한 자(5절)는 주의 목전에 서지 못할 것이라고 설명한다. 주의 목전은 성전에 들어가는 것을 의미하는 것이라고 볼 수 있으며 궁극적으로 하나님의 심판 때문에 하나님 앞에서 쫓겨나는 자들이라고 이해할 수 있다. 이러한 문맥은 이 시편에 언급된 악인이 다름 아닌 이스라엘 내부에 있는 악인이라는 사실에 무게를 더해 준다. 따라서 하나님이 미워

---

18 E. J. Kissane, *The Book of Psalms* (Dublin: Richview Press, 1953), I.54. 또한 S. Mowinckel, *The Psalms in Israel's Worship* (Oxford: Blackwell, 1982), Vol I. 220.

하는 악인은 이 시편에 의하면 이방인이 아니라, 이스라엘 언약 공동체 안에 있으면서도 하나님을 배신(10절)하고 악행을 저지르는 패역한 이스라엘 백성이다.[19]

다음으로 로마서 3:13b는 시편 139:4(70인역)을 그대로 인용한다. 이 구절은 악인의 입술을 독사의 독에 비유하는 내용이다. 이 시편의 2절 (70인역)은 의인의 간구로, 하나님이 자신을 악인으로부터 보호해 달라는 간구를 담고 있다. 그리고 바울이 인용하는 4절은 이 시편의 저자가 악인을 묘사하는 부분에 위치하는 구절이다. 이 시편에도 분명히 의인과 악인의 구분이 존재한다. 악인에 대한 언급(2, 5, 9절)은 의인(14절)과 날카롭게 대조되고 있다. 그렇다면 이 시편에서 악인은 누구를 가리키는가? 전쟁의 날(7절)에 대한 언급은 이 시편에 등장하는 의인의 대표인 '나'는 왕적 존재이고, 그를 대적하는 사람은 이방 군대로 보일 수 있다.[20] 그러나 이 전쟁의 날에 대한 언급은 이 시편의 '나'가 현재 경험하고 있는 상황이 아니라 하나님을 신뢰하는 근거로 제시하는, 과거에 경험했던 일을 언급하는 대목에서 나오는 구절이다.[21] 또한 이 전쟁 모티프는 사냥 모티프

---

19 A. A. Anderson, *The Book of Psalms* (New Century Bible; London: Oliphants, 1972). Vol 1. 81; C. A Briggs and E. G. Briggs, *A Critical and Exegetical Commentary on the Book of Psalms* (ICC; Edinbugh: T&T Clark, 1907), I. 40; W. O. E. Oesterley, *The Psalms: translated with text-critical and exegetical notes* (London: SPCK, 1939), 132. 물론 이 시편에 등장하는 악인을 이방인으로 보는 견해도 존재한다. 참고. H. Birkeland, *The Evildoers in the Book of Psalms* (Oslo: Dybward, 1965), 93.

20 Steven J. L. Croft, *The Identity of the Individual in the Psalms* (Sheffield: Sheffield Academic Press, 1987), 32. Croft는 악인의 정체에 이방인을 포함시키면서도, 악인을 주로 이스라엘 내부의 패역한 자들이라고 본다.

21 A. Weiser, *The Psalms, A Commentary*, (London: SCM, 1962), 809.

2장 구약은 유대인이나 헬라인이나 다 죄 아래 있다고 말하는가?

와 더불어 핍박을 상징하는 것으로 보아야 할 것이다.[22] 따라서 시편 139편(70인역)의 악인을 반드시 전쟁과 관련된 이방 나라와 연관지을 필연성은 없어 보인다. 12절(70인역)에 어느 정도 악인에 대한 암시가 제공되고 있다. 이 구절에 의하면 악인은 "이 세상에서 서지 못한다." A. 바이저는 이 구절이 의미하는 바가 악인들이 제사 공동체로부터 제거되어 그 결과 약속의 땅에 자신들의 땅을 얻지 못함을 의미한다고 보았다.[23] 시편 139편(70인역)의 마지막 구절인 "정직한 자들이 주의 앞에서 살리이다"는 이 시편이 성전의 제사의식과 관련 있음을 암시한다.[24] 주의 앞은 성전을 의미하기 때문이다. 이 시편에 분명하게 악인의 정체가 제시되는 것은 아니지만 이 시편이 성전 제사와 관련되어 있음을 볼 때, 여기서 말하는 악인은 하나님의 성전에 들어가 제사드릴 수 있는 사람과 대조되는, 이스라엘 백성들 중의 패역한 자들이라고 볼 수 있는 가능성이 다분하다.[25]

다. 시편 9:28(70인역): 롬 3:14

바울이 로마서 3:14에서 인용하는 구약 본문은 시편 9:28(70인역)이다. 이 시편 본문은 바울이 모든 인류의 타락과 죄성을 뒷받침하기 위해 호소하는 본문이라고 볼 수 있다. 우선 구약 히브리어 본문에서는 두 개의 다른 시편으로 구분되어 있는 시편 9편과 10편은 70인역본에서는 하나의 시편으로 간주되고 있다(시편 9편 70인역). 학자들은 (1) 히브리어 구약 본문

---

22 L. C. Allen, *Psalms 101-150* (Waco, Texas: Word, 1983), 266.

23 Weiser, *Psalms*, 810.

24 Weiser, *The Psalms*, 810. Weiser는 이 구절을 의인이 제의 축제(cultic ceremony)에 참가하는 것이라고 해석한다.

25 Anderson, *Psalms*, II. 914. Osterley, *Psalms*, 558.

에 의하면 약간의 변형문을 빼고 나면 이 두 시편이 히브리어 알파벳 순서대로 문장이 시작한다는 점과, (2) 시편 10편에 표제어가 없다는 사실을 들어 시편 9편과 10편이 본래 하나의 시편이라고 본다.[26] 우리의 논의를 위해서 중요한 사실은 70인역의 시편 9편은 히브리어 구약 본문의 시편 9편과 10편을 하나로 합쳐놓은 본문이라는 사실이다.

시편 9편과 10편이 별개의 시가 아니라 하나의 시로 취급되고 있는 시편 9편의 70인역 본문은 우리의 현재 논의를 위해 중요하다. 바울이 70인역을 주로 사용한다는 점은 바울이 시편 9-10편을 하나의 시편으로 읽었을 가능성을 시사하기 때문이다. 이 가능성을 염두에 놓고 시편 9편(70인역)을 관찰하면 우리는 바울이 로마서 3장에서 유대인이나 헬라인이나 다 죄 아래 있다고 주장하는 근거를 찾을 수 있다. 우선 이 시편 9편(70인역)의 전반부이면서 히브리어 본문에서 시편 9편(HB)에 등장하는 악인은 시편 9:5이 분명하게 밝히는 대로 이방 나라들이다. 15절은 더 명백하게 악인들을 이방인이라고 설명한다.

시 9:16(70인역) ἐνεπάγησαν ἔθνη ἐν διαφθορᾷ ᾗ ἐποίησαν ἐν παγίδι ταύτῃ ᾗ ἔκρυψαν συνελήμφθη ὁ ποὺς αὐτῶν(이방 나라들은 자기가 판 웅덩이에 빠짐이여, 자기가 숨긴 그물에 자기 발이 걸렸도다).

이외에도 원수라고 묘사된 악인들은 시편 9편(HB)에서 반복적으로 이방 나라들과 동일시되고 있다(17, 19, 20절).

---

26   Peter C. Craigie, *Psalms 1-50* (Waco, Texas, Word, 1983), 116; Weiser, *Psalms*, 149.

2장 구약은 유대인이나 헬라인이나 다 죄 아래 있다고 말하는가?

그렇다면 구약 히브리어 본문에서 시편 10편으로 구분되어 있지만, 70인역에서는 시편 9편의 후반부(22절-39절)에 해당하는 부분에 등장하는 악인의 정체는 누구인가? 이 악인을 시편 9편 전반부에서 악인과 동일시되고 있는 이방 나라들로 이해해야 하는가? 이 시편은 하나님의 왕권을 언급하는 문맥에서 이방 나라들을 언급한다. 시편 저자는 이방 나라들이 악을 행하지 못하도록 악인의 팔을 꺾어달라고 간구한다. 따라서 이시편 후반부에도 악인으로서 이방인들을 포함하고 있는 것은 분명해 보인다.[27] 하지만 이방인들만 악인의 범주에 드는 것은 아니다. 왜냐하면 이시편은 이스라엘 내부의 권력자들을 포함하는 악인을 염두에 두고 있기 때문이다.[28] 시편 10:3에 의하면 이 악인은 하나님을 배반하고 멸시한 자다. 하나님을 배반한다는 표현은 이방인이 아니라 이스라엘 백성에게 사용되는 표현이다. 13절에서도 이 악인은 하나님을 멸시하는 자다. 따라서 이 시편에서 묘사된 악인은 민족적 구별이 더 이상 존재하지 않고 이방인과 유대인을 다 포함하는 포괄적 범주의 사람들이 되는 것이다.

요약하면 시편 9편(70인역)은 전반부에서는 이방인들을 악인으로 묘사한다. 하지만 후반부에 이르면 이방인만이 아닌 이스라엘 백성 가운데서 악행을 행하는 자들을 가리키는 말로 변한다. 결국 이 시편은 심판을 시행하는 데 있어 민족적 구별을 하지 않으시는 하나님의 차별 없음이라는 사상을 의미심장하게 내포하고 있다. 바울은 로마서 3장에서 이 시편을 인용하며 심판을 시행함에 있어 민족적 구별을 하지 않으시는 하나님

---

27 Kissane, *Psalms* I, 36.
28 Oesterley, *Psalms*, 145.

에 관한 주제를 염두에 두고 있다고 볼 수 있다.

라. 시편 35:2(70인역): 롬 3:18

연속적 구약 본문 인용 단락(롬 3:10-18)의 가장 끝에 인용되는 구약 본문은 시편 35:2(70인역)이다. 이 시편은 악인의 행실과 하나님의 인자하심을 대조하는 내용으로 되어 있다.[29] 이 시편에서 악인은 과연 누구인가? 브릭스는 이 시편에서 묘사하고 있는 악인을 이방인들이 아닌 패역한 이스라엘 백성 가운데 있는 자들로 보았다.[30] 그 이유는 데이비스가 지적하듯이 하나님을 두려워함(2절)은 언약 백성인 이스라엘 백성들에게 요구되는 사항이었기 때문이다. 그렇다면 이 시편은 패역한 이스라엘 백성을 향한 엄중한 경고 역할을 하는 본문이 된다. 하지만 이 시편도 이미 이 본문 안에 하나님이 이스라엘만의 하나님이 아닌 온 세상의 하나님이심이라는 사상을 내포하고 있다. 그 이유는 이 시편이 6-7절에서 하나님의 인자하심과 진실하심, 또한 하나님의 공의와 심판의 폭넓고 헤아릴 수 없음을 설명하면서 이러한 하나님의 공의와 심판의 대상이 사람뿐만 아니라 짐승(7절)에게까지 영향을 미친다고 묘사하고 있기 때문이다.[31] 즉 하나님이 온 세상을 대상으로 인자하심과 심판을 행하시는 분임을 암시한다. 바울이 로마서 3장에서 유대인이나 이방인이나 다 죄 아래 있다고 선포하면서 악인에 대한 이 시편의 표현을 인용하는데, 여기서 바울은 하나님이 온 세상 만물을 차별 없이 대하신다는 사상을 이 시편의 본문에서 읽어

---

29 Rolf A. Jacobson, "Psalm 36:5-11," *Interpretation* (Jan. 2007), 64.
30 Briggs, *Psalms*, Vol 1, 315.
31 Peter C. Craigie, *Psalms 1-50*, 292.

낸 것이다.[32]

3. 로마서 3:15-17에서 바울의 이사야 59장 해석

(1) 이사야 59장이 인용되고 있는가?

바울이 로마서에서 처음으로 이사야 59장을 인용하는 대목은 로마서 3:15-17이다.[33] 로마서 3:15-17과 이사야 59:7-8의 본문을 비교하면 다음과 같다.

롬 3:15-17	사 59:7-8(70인역)	사 59:7-8(HB)
[15] ὀξεῖς οἱ πόδες αὐτῶν ἐκχέαι αἷμα,	[7]οἱ δὲ πόδες αὐτῶν ἐπὶ πονηρίαν τρέχουσιν ταχινοὶ ἐκχέαι αἷμα καὶ οἱ διαλογισμοὶ αὐτῶν διαλογισμοὶ ἀφρόνων σύντριμμα καὶ ταλαιπωρία ἐν ταῖς ὁδοῖς αὐτῶν	[7]רַגְלֵיהֶם לָרַע יָרֻצוּ וִימַהֲרוּ לִשְׁפֹּךְ דָּם נָקִי מַחְשְׁבוֹתֵיהֶם מַחְשְׁבוֹת אָוֶן שֹׁד וָשֶׁבֶר בִּמְסִלּוֹתָם:
[16] σύντριμμα καὶ ταλαιπωρία ἐν ταῖς ὁδοῖς αὐτῶν,		[8]דֶּרֶךְ שָׁלוֹם לֹא יָדָעוּ וְאֵין מִשְׁפָּט בְּמַעְגְּלוֹתָם נְתִיבוֹתֵיהֶם עִקְּשׁוּ לָהֶם
[17] καὶ ὁδὸν εἰρήνης οὐκ ἔγνωσαν.	[8]καὶ ὁδὸν εἰρήνης οὐκ οἴδασιν καὶ οὐκ ἔστιν κρίσις ἐν ταῖς ὁδοῖς αὐτῶν αἱ γὰρ τρίβοι αὐτῶν διεστραμμέναι ἃς διοδεύουσιν καὶ οὐκ οἴδασιν εἰρήνην.	כֹּל דֹּרֵךְ בָּהּ לֹא יָדַע שָׁלוֹם:

---

32 또한 이 시편이 하나님의 인자하심을 강조하고 있다는 점을 주목하면 바울은 하나님의 심판을 설명하는 롬 3:1-20의 문맥에서도 벌써 롬 3:21 이하에 등장할 민족적 구별을 두지 않으시는 하나님의 인자하심(구원)에 대해서 암시하고 있다고 볼 수 있다.

33 바울은 두 번째로 롬 11:26에서 사 50:20을 인용한다.

위 본문들의 비교를 통해 알 수 있듯이 이사야 59:7-8의 히브리어 본문과 70인역 본문 중 밑줄 친 부분이 로마서 3:15-17과 문자적으로 유사한 구절들이다. 로마서 3:15에서 첫 단어(ὀξεῖς)를 제외하고는 모든 구절이 이사야 59:7a(70인역)과 일치한다. 일치해 보이지 않는 ὀξεῖς도 실은 이사야 59:7에서 사용되고 있는 ταχινοι와 개념적 유사성을 지니고 있다. 두 단어 모두 '빠르다', '신속하다'는 의미를 지닌 단어이기 때문이다.[34] 로마서 3:16도 이사야 57:7b에서 가져온 구절임을 알 수 있다. 이 구절의 모든 단어가 이사야 57:7b에 그대로 나타나고 있기 때문이다. 마지막으로 로마서 3:17의 문장은 마지막 위치에 놓인 동사(ἔγνωσαν)를 제외하고 모두 이사야 59:8a에 그대로 등장하고 있어 문자적 유사성이 확연히 두드러진다. 지금까지 살핀 바와 같이 로마서 3:15-17과 이사야 59:7-8 사이의 문자적 유사성은 이사야 본문이 이곳에서 인용되고 있음을 보여준다.

이러한 강력한 문자적 유사성에도 불구하고 몇몇 학자들은 로마서 3:15-17을 포함한 연속적 구약 인용문이 등장하는 로마서 3:10-18을 바울이 직접 사용한 구약 본문들의 구성으로 보는 대신 그것이 바울 이전에 이미 수집되어 형성된 본문 모음집인데 바울이 로마서를 기록하면서 이를 사용한 것이라고 주장해왔다. 이런 주장을 하는 대표적인 학자는 켁이다. 주이트는 그의 로마서 주석에서 켁의 주장을 그대로 수용하면서 바울이 자기 이전에 이미 존재하던 구약 수집문(catena)을 편집하는 과정

---

34 Christopher Stanley, *Paul and the Language of Scripture: citation technique in the Pauline Epistles and contemporary literature*, 96. Stanley는 바울이 사 59:7에 나오는 ταχινοι를 사용하지 않은 이유에 대해 이 단어가 그리스 문헌에서 잘 쓰이지 않는 단어인 반면 로마서 3장에 사용된 ὀξεῖς가 더 흔한 단어이기 때문에 그 단어를 사용한 것 같다고 추측한다.

에 더 많은 논의를 할애한다.[35] 로마서 3:10-18이 바울 이전의 전승 혹은 바울 이전에 이미 수집된 구약 본문들이라는 주장을 확산시킨 사람이 켁이므로 그의 주장을 분석해 볼 필요가 있다. 켁은 로마서 3:10-18에 수집된 구약 본문들만 따로 떼어 놓고 보면 마치 한 권의 책처럼 정교하게 구성되어 있다고 주장한다.[36] 또한 그는 이 단락을 그 앞 문맥인 로마서 1-3장에 등장하는 바울의 논증과 비교할 때 이 단락이 바울의 논증을 뒷받침하는 역할을 하는 것이 아니라 오히려 그의 논증과 모순된다고 주장한 바 있다.[37] 따라서 그는 이 연속적인 구약 본문들의 사용에서 바울 자신의 신학이 반영된 구약 해석을 찾을 수 없다고 주장한다.

만약 로마서 3:10-18에 인용된 연속적 구약 본문들이 바울의 것이 아니라 바울 이전에 이미 형성되어 존재하던 구약 본문들의 모음이라면 이사야 59장에 대한 바울의 해석 연구는 무의미해진다. 왜냐면 이 구약 본문들은 바울이 여기에 모아놓은 것이 아니라 바울 외에 다른 누군가가 이미 모아 놓은 구절들이기 때문이다. 하지만 켁의 주장에 동의하지 않는 학자들도 있다. 켁의 주장을 가장 설득력 있게 반박하는 학자는 씨우룬 섬이다.[38] 섬은 켁의 주장을 다음과 같이 요약한다.[39]

---

35 Robert Jewett, *Romans: A Commentary* (Minneapolis: Fortress, 2007), 254.

36 Leander E. Keck. *Romans* (Abingdon New Testament Commentaries; Nashville, Tenn: Abingdon Press, 2005). 97.

37 L. E. Keck, "The Function of Rom 3.10-18. Observations and Suggestions," *God's Christ and His People*, J. Jervell and W. A. Meeks eds., (Oslo: Universites-forlaget, 1977), 146; (Glenn N. Davies, *Faith and Obedience in Romans,* 91에서 재인용).

38 Shiu-Lun Shum, *Paul's Use of Isaiah in Romans: A Comparative Study of Paul's Letter to the Romans and the Sibylline and Qumran Sectarian Texts,* WUNT 2/156 (Tubingen: Mohr Siebeck, 2002).

39 앞의 책, 181.

켁의 주장의 논거는 다음과 같이 요약될 수 있다. 첫째, 그 구약 수집문에는 자체의 내적 구조와 주제가 있다. 둘째, 그 구약 수집문에는 로마서 1:18-3:8에 나타난 바울의 논증 요소들이 등장하지 않는다. 셋째, 그 구약 수집문은 다른 묵시 문학(예컨대 에스드라 2서 7:21 이하.;「모세의 승천」5:2-6;「다메섹 문서」5:13-17) 및 이후 시기의 기독교 저술들(예컨대 유스티누스의「유대인 트리포와의 대화」27:3)과 공통점이 있다.

이렇게 요약한 후 그는 로마서 3:10-18이 바울의 것이 아니라는 켁의 주장을 하나하나 반박한다. 먼저 그는 로마서 3:10-18이 정교하게 작성되었다는 점이 바울이 직접 이 구약 본문들을 모아놓았다는 점을 반박하는 아무런 증거도 될 수 없다고 주장한다.[40] 또한 로마서 3:10-18에서 로마서 1:18-3:9에 나오는 바울의 논증이 다시 등장하거나 요약되지 않는다는 켁의 주장에 대해서 셤은 로마서 3:10-18의 문맥적 기능을 지적하며 반박한다. 즉 그는 로마서 3:10-18의 문맥적 위치는 로마서 1:18-3:9를 요약하거나 논리적으로 뒷받침하는 역할이 아니라 바로 앞 구절인 로마서 3:9b를 뒷받침하는 것이 주된 역할이라고 주장하며 켁의 주장을 반박한다. 또한 마지막 요점인 로마서 3:10-18이 가진 다른 묵시 문학과의 유사성에 대해 셤은 로마서 3:10-18이 묵시적 성격이 있음을 보여주는 특징이며 이러한 특징은 바울 사상의 묵시적 성격을 반영하는 것이라면서 켁의 이론을 비판한다. 더욱이 사이프리드는 유대교나 초기 기독교 문헌 어디에서도 로마서 3:10-18과 동일하게 결합된 구약 본문들이 존

---

40   앞의 책, 182.

재하지 않기 때문에 이 단락의 긴 인용문은 바울이 직접 모은 것이라고 주장한다.[41] 나는 거기에 한 가지 다른 근거를 들어 로마서 3:10-18이 바울이 자기 이전의 구약 모음집을 인용한 것이라는 주장에 반론을 더하고 싶다. 로마서 3:10 이하에 인용되는 구약 본문들을 도입하면서 바울은 καθὼς γέγραπται ὅτι라는 인용 도입구를 사용하고 있다. 이 도입구는 로마서에서 총 3번 사용되는데, 이 가운데 3:10을 제외하고 4:17과 8:36에서 모두 구약 본문을 인용하는 도입 부분에 위치해 있다. 4:17에서 바울은 "내가 너를 많은 민족의 조상으로 세웠다"는 창세기 17:5을 인용하면서 이 도입구를 사용하고 있다. 이와 비슷하게 로마서 8:36은 시편 44:22("우리가 종일 주를 위하여 죽임을 당하게 되며 도살할 양 같이 여김을 받았나이다")를 인용하면서 καθὼς γέγραπται ὅτι 구절을 사용하고 있다. 또한 이 도입구의 좀 더 짧은 형태인 καθὼς γέγραπται는 복음서를 제외하면 모두 바울 서신에만 등장하고 그중 로마서와 고린도전후서에 집중적으로 등장한다. 이 인용 도입구는 바울만이 아닌 유대교 문헌에서 구약을 인용할 때 사용하는 도입구다.[42] 따라서 바울이 로마서 3:10-18에서 인용 도입구를 사용한다는 점은 그 뒤에 따라 나오는 본문들이 구약성경에서 온 본문들이며, 바울은 여기서 자기 이전의 전승이나 구약 모음집에 호소하는 것이 아니라 구약성경에 직접 호소하고 있음을 뒷받침해 준다고 볼 수 있다.

지금까지의 분석에 의하면 바울은 로마서 3:10-18에서 여러 구약

41　M. Seifrid, "Romans," 616.
42　E. Earle Ellis, *Paul's Use of the Old Testament* (Oregon: Wipf & Stock, 1981), 48-49.

본문들을 인용하여 자기의 논증을 세워나가고 있다고 볼 수 있다. 본 연구의 대상인 로마서 3:15-17을 주목해 보면 이사야 59:7-8이 인용되고 있다. 하지만 한스 휘브너는 이 구절에서 잠언 1:16이 인용되었을 가능성을 제기하면서 잠언 1:16을 이사야 59:7-8과 나란히 구약 사용 목록에 첨가해 놓았다.[43] 아래의 본문 비교가 보여주듯이 세 본문 사이에는 문자적으로 현저하게 유사한 부분들이 존재한다.

로마서 3:15	이사야 59:7	잠언 1:16
ὀξεῖς οἱ πόδες αὐτῶν ἐκχέαι αἷμα,	οἱ δὲ πόδες αὐτῶν ἐπὶ πονηρίαν τρέχουσιν ταχινοὶ ἐκχέαι αἷμα καὶ οἱ διαλογισμοὶ αὐτῶν διαλογισμοὶ ἀφρόνων σύντριμμα καὶ ταλαιπωρία ἐν ταῖς ὁδοῖς αὐτῶν	οἱ γὰρ πόδες αὐτῶν εἰς κακίαν τρέχουσιν καὶ ταχινοὶ τοῦ ἐκχέαι αἷμα

그러나 비록 로마서 3:15과 잠언 1:16 사이에 문자적 유사성이 존재한다고 하지만, 잠언 1:16이 인용되고 있다고 볼 수 있는 근거는 희박하다. 첫째, 이사야 59:7은 로마서 3:15에만 인용되지 않고 16절에도 인용되고 있으며, 이사야 59:7의 다음 구절인 8절도 계속해서 로마서 3:17에 인용되고 있기 때문이다. 다시 말해 이사야 59:7-8이 로마서 3:16-17에 인용되고 있기 때문에 로마서 3:15에서도 잠언 1:16이 아니라 이사야 59:7이 인용되고 있다고 보는 것이 더 설득력이 있다. 또한 로마서에

---

43 Hans Hübner, *Vetus Testamentum in Novo*, Band 2: Corpus Paulinum (Göttingen: Vandenhoeck & Ruprecht, 1997), 54.

2장 구약은 유대인이나 헬라인이나 다 죄 아래 있다고 말하는가?

서는 잠언이 단 1회만 사용되고 있다(롬 12:20= 잠 25:21-22). 반면에 이사야서는 로마서에서 가장 많이 인용되는 구약성경일 뿐만 아니라 이사야 59장은 우리가 앞으로 분석할 로마서 11장에서도 한 번 더 인용되고 있다. 로마서 전체에서 이사야서가 사용되는 빈도와 이사야 59장이 로마서 11장에서 한 번 더 사용되고 있는 패턴은 로마서 3:15에서도 잠언보다는 이사야 59장이 사용되고 있을 개연성을 높여준다.

(2) 이사야 59장의 문맥

바울은 왜 로마서 3장의 긴 구약 본문의 연속적 인용 단락에서 이사야 59장을 인용하고 있는가? 그것은 바울이 이사야 59장에서 유대인은 모두 다 죄인이라는 내용을 읽어냈기 때문이다. 이사야 59장 본문과 문맥에 대한 좀 더 자세한 관찰은 이 구약 본문이 로마서 3장의 해당 단락에서 좀 더 정교하게 작용하고 있음을 보여준다. 특히 이사야 59장이 말하는 고소는 이방인들을 주된 대상으로 하는 것이 아니라 이스라엘 민족을 향한 신랄한 고소라는 점에서 로마서 3장에서 바울이 전개하는 논지를 잘 뒷받침해 주는 본문 역할을 하고 있다.

　　이사야 59장은 아무도 부인할 수 없을 정도로 명징하게 이스라엘 백성을 고소하는 내용이다.[44] 이사야 59장(70인역)은 크게 세 부분으로 이루어져 있다. 앞의 두 단락은 인칭대명사의 변화를 기준으로 나눌 수 있으며, 마지막 단락은 초점의 전환을 근거로 하여 한 단락으로 분류할 수 있

44　John D. W. Watts, *Isaiah 34-66*, WBC 25 (Waco, Texas: Word, 1987), 280.

다.[45] 먼저 첫째 단락(1-11a)은 이스라엘 백성들의 죄악에 대해 고소하고 있는데, 이 단락은 이스라엘 백성 전체를 주로 2인칭 '너희'로 지칭한다는 특징이 있다. 둘째 단락(11b-15a)은 죄의 고백을 다루고 있는데, 앞 단락에서 나온 '너희'라는 인칭대명사가 사라지고 대신 1인칭 복수 대명사인 '우리'가 사용된다는 특징을 주목할 수 있다.[46] 마지막 단락인 15b-21에서는 이스라엘의 패역 및 죄악과 날카롭게 대조되고 있는 '하나님'께 초점을 맞추고 내용이 전개되는데, 전사(warrior)이신 하나님의 구원과 이스라엘의 회복을 주제로 이야기하고 있다. 이러한 구조를 다음과 같이 요약할 수 있다.

1-11a   이스라엘 백성의 죄악에 대한 고발('너희')

11b-15a 이스라엘 백성의 죄 고백('우리')

15b-21   하나님의 구원과 이스라엘의 회복

바울이 로마서 3장에서 인용하는 이사야 59장의 구절은 첫 번째 단락인 1-11a에 위치하는 7절이다. 즉 바울은 이스라엘 백성의 죄악을 묘사하고 고발하는 본문을 가져다 유대인과 이방인이 다 죄 아래 있다는 자신의 주장을 뒷받침하고 있는 것으로 보인다. 언뜻 보면 유대인의 죄, 특히

---

45 사 59장을 주석하는 학자들은 대부분 이 본문에서 사용되고 있는 인칭대명사의 변화에 주목한다. 예컨대 J. A. Motyer, *The Prophecy of Isaiah: An Introduction and Commentary* (Downers Grove: IVP, 1993), 484.

46 마소라 본문(MT)은 여기서 70인역 본문과 차이가 있다. 마소라 본문에서는 그들이라는 3인칭 복수형 대명사가 사용되다가 9절에서부터 1인칭 복수형('우리')이 사용되지만, 70인역에서는 11절 중반부에서 1인칭 복수형 대명사 '우리'가 사용되고 있다. 참고. John N. Oswalt, *The Book of Isaiah 40-66* (Grand Rapids: Eerdmans, 1998), 516. 각주 31.

언약 파기의 죄악에 대한 묘사를 이방인에게까지 확대 적용하는 바울의 해석은 이사야 본문의 의미를 제대로 파악하지 못한 채 자신의 신학적 주장을 지지하도록 구약 본문을 왜곡한 것으로 보일 수 있을 것이다. 하지만 이사야 59장 및 이 장을 둘러싼 이사야서의 좀 더 넓은 문맥을 파악하고, 로마서로 돌아와 로마서 3장의 문맥 및 바울의 논증 가운데서 작용하고 있는 이사야 59장의 역할을 파악한다면 우리는 바울이 이사야 59장의 문맥을 충분히 파악하면서 정교하게 이 본문을 사용하고 있음을 알게 된다.

바울은 분명히 이사야 59장이 이스라엘 백성의 죄악을 염두에 둔 것임을 제대로 파악하고 있다. 앞서 언급한 대로 학자들 대다수는 이사야 59장이 이스라엘 백성들 죄악을 고발하는 본문이라는 데 의견의 일치를 보인다. 하지만 우리가 앞에서 로마서 3:10-18에 인용된 시편 본문들을 분석하면서 살펴본 대로 유대인들은 이스라엘 백성 공동체 내에도 의인과 악인이 존재한다고 생각해 왔다. 종말에 이방인들이 하나님의 심판 대상이라고 믿었던 유대인들은 이스라엘 백성 전체가 다 의인이 아니라 자기들 가운데도 하나님의 심판을 받을 대상이 있음을 자각하고 있었다. 이것이 바울이 로마서 3장의 긴 구약 인용 단락에서 사용한 시편 본문들이 보여준 내용이다.

그렇다면 이스라엘 백성 가운데 의인도 있다고 믿는 유대인들에게 바울은 이사야 59장을 통해 어떤 주장을 하는 것인가? 흥미롭게도 바울은 이사야 59장의 내용을 유대인들 전체가 다 하나님의 심판 아래 있음을 보여주는 중요한 본문으로 해석하고 있다. 이스라엘 백성 가운데 의인은 하나도 없다. 바울은 이사야 59장에서 이스라엘 백성 가운데 의를 행하는 자가 한 명도 없다는 사상을 읽어내고 있다.

첫째, 이사야 59장의 본문에서 사용되는 인칭대명사의 변화로 인해 바울은 유대인들 전부가 다 하나님 앞에 죄인이라고 해석할 수 있었다. 이사야 59장(70인역)의 첫 번째 단락에서 예언자 이사야는 이스라엘 백성의 죄악을 고소한다. 이때 사용되는 대명사는 '너희'다. 너희는 의인을 상징하는 '우리'를 제외한 다른 이스라엘 백성을 가리키는 말이다. 이 본문은 지금까지 유대인들이 가지고 있던, 유대인 공동체 내에도 악을 행하는 사람들이 있지만 그래도 의를 행하는 사람도 있다고 믿는 유대인들의 신념을 뒷받침하는 내용처럼 보인다. 하지만 바울은 이사야서의 두 번째 단락을 읽으면서 이러한 신념을 뒤엎는다. 왜냐하면 이 단락은 지금까지 의인으로 여겨졌던 '우리'가 자신의 죄악을 고백하는 단락이기 때문이다. 이사야 59장의 두 번째 단락에서는 '우리의 허물'과 '우리의 죄악'이라는 단어들이 반복되고 있다. 지금까지 '너희'의 죄악만을 언급했지만 이제 이 단락에 이르면 너희의 죄악뿐만 아니라 '우리'의 죄악도 묘사된다. 예언자 이사야는 이스라엘 백성들의 죄악만 말하지 않고 자신까지 포함한 나머지 의인의 무리도 그 죄인의 테두리에 포함시켜 죄를 고백하고 있다.[47] 바울은 여기서 유대인 전체가 다 죄인임을 읽어낼 수 있었을 것이다. 이스라엘 백성 전체가 죄인이다. 이사야 59장의 내용이 전반부에서 후반부로 진행되어 갈수록 의인과 악인의 구분인 너희와 우리의 구분이 더 이상 존재하지 않기 때문이다.

---

47 Oswalt, *The Book of Isaiah 40-66*, 519. Walter Brueggemann, *Isaiah 40-66* (Louiseville: Westminster John Knox, 1998), 199.

2장 구약은 유대인이나 헬라인이나 다 죄 아래 있다고 말하는가?

둘째, 모든 유대인이 부패했다는 처절한 상황은 이사야 59장의 세 번째 단락(15b-21)의 내용에 의해 더 강력하게 부각된다. 이 세 번째 단락에서는 하나님의 구원과 유대인들의 죄악이 극명한 대조를 이룬다. 특히 이 단락에서는 유대인들이 스스로 자신의 구원을 이룰 수 없는 상태가 강조된다. 16절은 이스라엘 백성 스스로에게 구원의 소망이 없음을 가장 분명하게 보여준다.[48]

59:16(70인역) καὶ εἶδεν καὶ οὐκ ἦν ἀνήρ καὶ κατενόησεν καὶ οὐκ ἦν ὁ ἀντιλημψόμενος καὶ ἠμύνατο αὐτοὺς τῷ βραχίονι αὐτοῦ καὶ τῇ ἐλεημοσύνῃ ἐστηρίσατο (그리고 그가 보았는데 아무도 없었고, 그가 주목했는데 도울 자가 아무도 없었다. 그러므로 그가 자신의 팔로 그들을 보호했고 자신의 동정으로 그들을 붙들었다).

하나님이 전혀 희망이 없는 이스라엘의 구원을 위해 직접 개입하시고 하나님의 자비에 근거해서 구원의 소망을 주신다. 이사야 59장의 세 번째 단락은 이스라엘 백성의 전적 타락이 여과없이 묘사하고 있으며, 동시에 구원의 유일한 소망이 하나님이심을 뚜렷하게 설명한다. 다시 말해 이사야 59장은 인간에게는 자신을 구원할 능력이 없으며, 따라서 모든 인류가 다 죄 아래 있고 오직 하나님의 의와 자비에 근거해서 인간이 구원받

---

48 특히 사 59:16의 히브리어 본문과 70인역 본문에는 중요하게 다른 점이 있다. 70인역 본문에는 히브리어 본문에는 나타나지 않은 하나님의 자비하심을 말하는 구절이 등장한다. 대신에 히브리어 본문에는 하나님의 의(체다카)라는 개념이 사용되고 있는데, 이 구절에 의하면 이스라엘 백성들을 구원하는 기초가 하나님의 의다. 하나님의 의가 자신을 구원할 수 없는 이스라엘 백성을 위해 하나님이 펼치시는 구원 행위의 기초와 동기다.

을 수 있음을 설명한다. 그리고 이 주제는 로마서의 문맥과 아주 잘 조화
되는 사상이다.[49] 바울은 하나님만이 구원의 유일한 소망이라는 이사야
59장의 언급을 통해 이스라엘 백성 가운데 어느 누구도 의인이라고 부를
수 없다는 사실을 보았을 것이다.

지금까지 살펴본 것처럼 이사야 59장을 포함한 바울의 긴 구약 인용
단락(3:10-18)은 바울의 구약 사용이 정교함을 보여준다.[50] 바울은 여러
학자가 주장하듯이 구약 본문들의 문맥을 전혀 고려하지 않으면서 마구
잡이식으로 여러 구약 본문들을 증거 본문으로 사용하지 않는다. 무엇보

---

49 사 59장 후반부에 이르면 여호와의 영이 임하는 '한 사람'이 있다. 이러한 해석은 21절에
서 인칭대명사가 그들에서 너로 바뀐다는 사실에 의해 뒷받침된다(참고. J. A. Motyer, *The
Prophecy of Isaiah*, 492-3). 이 한 사람은 이사야서 전체 문맥을 놓고 보면 하나님의 도구
로 하나님이 부패한 이스라엘을 구원하는 도구로 사용될 '종'이다. 초기 교회는 이 종을 예
수 그리스도와 동일시한다.

50 흥미롭게도 바울이 롬 3:15-17에서 인용하는 사 59장과 롬 3:18에서 인용하는 시 35편
(70인역)에는 공통적으로 하나님의 자비와 하나님의 의라는 말이 밀접하게 연결되어 나온
다. 이 두 단어가 사 59장과 시 35편(70인역)의 연결고리로 작용하고 있어 보인다.
59:16-17 [16]καὶ εἶδεν καὶ οὐκ ἦν ἀνήρ καὶ κατενόησεν καὶ οὐκ ἦν ὁ ἀντιλημψόμενος
καὶ ἠμύνατο αὐτοὺς τῷ βραχίονι αὐτοῦ καὶ τῇ ἐλεημοσύνῃ ἐστηρίσατο [17]καὶ ἐνεδύσατο
δικαιοσύνην ὡς θώρακα καὶ περιέθετο περικεφαλαίαν σωτηρίου ἐπὶ τῆς κεφαλῆς καὶ
περιεβάλετο ἱμάτιον ἐκδικήσεως καὶ τὸ περιβόλαιον
35:6-7 [6]κύριε ἐν τῷ οὐρανῷ τὸ ἔλεός σου καὶ ἡ ἀλήθειά σου ἕως τῶν νεφελῶν [7]ἡ
δικαιοσύνη σου ὡσεὶ ὄρη θεοῦ τὰ κρίματά σου ἄβυσσος πολλή ἀνθρώπους καὶ κτήνη
σώσεις κύριε
그와 더불어 이 두 시편은 모두 하나님의 공의와 자비가 온 세상을 대상으로 한다는 보편
주의를 강조한다는 점에서도 공통점이 있다. 사 59장에는 하나님의 구원이 이방인들을 포
함하는 온 세상을 대상으로 하는 구원이다(사 59:19). 시 36편도 하나님의 구원 대상을
인간과 동물로까지 확대하는 특징이 있다. 시 35편(70인역)이 이스라엘 백성 가운데 존재
하는 악인들을 언급하면서도 하나님의 자비하심의 대상을 온 인류에게로 확대하려는 보
편주의를 가지고 있다면, 사 59장은 이스라엘 백성 중에 있는 악인들을 묘사하면서도 이
스라엘 백성 가운데 의인이 없으므로 모든 사람이 다 악인이라는 보편주의적 경향을 띠고
있다.

2장 구약은 유대인이나 헬라인이나 다 죄 아래 있다고 말하는가?

다도 로마서 3:15-17에 나타난 바울의 이사야 59장 인용은 유대인 가운데 아무도 의인이 없다는 주장을 뒷받침하기에 안성맞춤인 역할을 한다.

(3) 초기 유대교 문헌과 이사야 59장

로마서 3장에서 바울이 인용하는 이사야 59장의 해석에 초기 유대교의 구약 해석의 영향은 없는가? 아니면 이는 바울의 독창적인 구약 사용인가? 이제 이 질문에 대한 답을 찾아 초기 유대교 문헌 가운데 이사야 59장 본문을 사용하고 있는 문헌을 분석해 보아야 한다. 흥미롭게도 이사야 59장은 「다메섹 문서」(CD)에서 중요하게 취급되어 여러 번에 걸쳐 사용되고 있다.[51]

「다메섹 문서」에서 사용되는 구약 본문들을 체계적이고 자세하게 분석한 캠벨에 의하면 이 문서에서 이사야 59장은 상당히 중요한 역할을 하고 있다. 그는 CD 1-8장, 19-20장을 각각 역사적 내용을 담고 있는 부분과 미드라쉬적 부분으로 구분하고 여기에 사용되는 구약 본문들을 모세 오경(Torah), 예언서(Nevi'im), 성문서(Ketuvim)로 분류하여 인용과 암시들로 분석해 냈다.[52] 그의 분석에 의하면 이사야 59장은 CD 1:1-2:1에서 이사야 59:10, 12이 사용되고 있으며, CD 2:2-13에서 이사

---

51 혹자는 에스라 4서(에스드라 2서) 7:22-24에 사 59장이 사용된다고 추측한다. 하지만 두 본문 간에는 문자적인 유사성이 없고, 다만 다소 희미한 개념상의 유사성만 존재한다. 또한 에스라 4서는 시대적으로 기원후 1세기 말의 문헌이므로 시대적으로 먼저 기록된 로마서 해석에 도움을 줄 수 없다.

52 Campbell은 CD에서의 구약 사용을 '인용'과 '암시'라는 형식적 틀을 기준으로 명확하게 구분 지을 수 없다고 주장한다. Jonathan G. Campbell, *The Use of Scripture in the Damascus Document 1-8, 19-20*, (Berlin: de Gruyter, 1995), 176.

야 59:20이 사용되고 있다. 또한 CD 2:14-4:12a에서 이사야 59:20
이 사용되고, CD 4:12b-5:15a에서 이사야 59:5, CD 5:15b-6:11a에
서 이사야 59:20, CD 6:11b-8:21에서 이사야 59:20, 마지막으로 CD
19:33-20:34에서 다시 이사야 59:20이 사용되고 있다.[53] 이 장에서 나
는 캠벨의 연구를 기초로 「다메섹 문서」에서의 이사야 59장 사용과 해석
을 로마서 3장과 비교하기 위해 죄와 타락, 그리고 심판의 문맥에서 이
사야 59장이 사용되는 단락을 중심으로 분석해 보고자 한다. 캠벨의 분
석을 보면 이사야 59:20이 5회 사용되고 있다. 그런데 흥미로운 것은 이
사야 59:20이 문자적 인용이나 혹은 유사한 형태의 인용이 아니라 축약
적인 형태로 사용된다는 점이다. 반면에 죄와 그 결과에 대해서 묘사하
는 이사야 59:5, 10, 12은 이사야 59:20에 비해서 좀 더 긴 형태로 사용
된다.

가. CD 1:8b-9

먼저 아래의 본문들에 대한 비교가 보여주듯이 CD 1:8b-9에서 이사야
59:10, 12이 사용되고 있다. 이사야서의 두 구절의 순서가 CD 1:8-9에서
바뀌어 사용되고 있는데, 이사야 59:10은 CD 1:9에서, 이사야 59:12은
CD 1:8에서 암시적 방식으로 사용되고 있다.

CD 1:8-9

[8]את ארצו ולדשן בטוב אדמתו. ויבינו בעונם וידעו כי

---

53 앞의 책, 180.

2장 구약은 유대인이나 헬라인이나 다 죄 아래 있다고 말하는가?

אנשים אשימים הם. ויהיו כעורים וכימגששים דרך ⁹

(⁸그의 땅은 그 땅의 좋은 것들로 기름지게 되었고 그들이 자신의 사악함을 깨닫고

⁹자신이 허물이 있음을 알게 되었다; 그러나 그들은 눈먼 사람들 같았고 길을 더듬는 사람들 같았다.)

사 59:10-12(HB)

¹⁰נְגַשְׁשָׁה כַעוְרִים קִיר וּכְאֵין עֵינַיִם נְגַשֵּׁשָׁה כָּשַׁלְנוּ בַצָּהֳרַיִם

כַּנֶּשֶׁף בָּאַשְׁמַנִּים כַּמֵּתִים׃

(우리가 맹인 같이 담을 더듬으며 눈 없는 자 같이 두루 더듬으며 낮에도 황혼 때 같이 넘어지니 우리는 강장한 자 중에서도 죽은 자 같은지라.)

¹¹נֶהֱמֶה כַדֻּבִּים כֻּלָּנוּ וְכַיּוֹנִים הָגֹה נֶהְגֶּה נְקַוֶּה לַמִּשְׁפָּט וָאַיִן

לִישׁוּעָה רָחֲקָה מִמֶּנּוּ׃

(우리가 곰 같이 부르짖으며 비둘기같이 슬피 울며 정의를 바라나 없고 구원을 바라나 우리에게서 멀도다.)

¹²כִּי־רַבּוּ פְשָׁעֵינוּ נֶגְדֶּךָ וְחַטֹּאותֵינוּ עָנְתָה בָּנוּ כִּי־פְשָׁעֵינוּ

אִתָּנוּ וַעֲוֹנֹתֵינוּ יְדַעֲנוּם׃

(이는 우리의 허물이 주의 앞에 심히 많으며 우리의 죄가 우리를 쳐서 증언하오니, 이는 우리의 허물이 우리와 함께 있음이니라. 우리의 죄악을 우리가 아나이다.)

이사야 59:10, 12을 사용하고 있는 CD 1:8-9가 위치하는 큰 단락인 CD 1:1-2:1은 하나님이 이스라엘을 심판하신 이야기와 이스라엘 백성 중에서 '남은 자'를 선택하신 내용을 다루고 있다. 특히 1:3-12은 포로기 이전의 이스라엘의 죄악들을 설명하기 시작해서 '의의 교사'가 등장해 진리에 관한 지식을 가르치는 상황까지의 역사를 간략하게 보여주는 부분이다.[54] 이 문맥에서 「다메섹 문서」의 저자는 자신이 소속한 쿰란 공동체의 시작을 설명하기 전에, 이스라엘 백성들에 대한 하나님의 심판의 결과 이들이 바벨론 포로 상태(진노의 기간, CD 1:5)를 경험했다고 기록한다.

여기서 이사야 59:10, 12은 의의 교사가 등장하기 바로 직전의 상황을 설명하는 대목에서 사용된다. 바벨론 포로 생활에서 돌아온 이후의 상태를 죄의 고백과 회개의 상태로 설명하는 구절에서 이사야 59장의 구절이 사용되고 있다.[55] 이스라엘 백성들은 자신들의 죄를 깨닫고 회개하며 하나님을 전심으로(CD 1:10) 찾는다. 「다메섹 문서」는 이사야 59장을 이스라엘 백성들의 죄의 고백 및 회개와 관련짓고 있으며 동시에 바벨론 포로에서 돌아온 이후(CD 1:10 "20년") 의의 교사가 나타나기 이전의 이스

---

54 Philip R. Davies, *The Damascus Covenant: An Interpretation of the Damascus Document* (Sheffield: JSOT Press, 1982), 61. 의의 교사에 대해서는 P. R. Davies, *Sects and Scrolls: Essays on Qumran & Related Topics*, (Atlanta: Scholars Press, 1996), 89-94 참고. 「다메섹 문서」에 나오는 공동체는 자신들을 제사장 이미지를 사용해서 정체성을 설명하기도 하고, "떠남"과 "돌아옴"의 단어들을 통해 묘사하기도 한다. 참고. M. Grossman, *Reading for History in the Damascus Document: A Methodological Study* (Leiden: Brill, 2002), 167, 177.

55 Campbell은 CD 1:1-2:1의 내용이 바벨론으로 포로로 잡혀가기 이전의 이야기라고 본다. J. G. Campbell, *The Use of Scripture in the Damascus Document 1-8, 19-20*, 67. 그러나 이 단락에 등장하는 390년(CD 1:3-5)과 20년(CD 1:10)이라는 구절은 지금 우리가 다루고 있는 구절에 언급된 상태가 포로로부터 해방된 상태이기는 하지만 아직 의의 교사가 등장하지 않은 기간을 말하는 것으로 해석하는 것이 더 타당해 보인다.

라엘 백성들의 상태를 맹인과 같은 상태(CD 1:9), 길을 더듬어 찾는 상태 (CD 1:9)로 묘사하고 있다. 이곳에서 「다메섹 문서」의 이사야 59장 해석은 분명 이사야 59장의 문맥과 상통하고 있다. 두 본문 다 이스라엘 백성들의 죄악을 설명하는 내용이라는 점이 공통적이다.

하지만 「다메섹 문서」의 이사야 59장 사용은 바울의 이사야 59장 사용과 비교하면 분명히 차이가 있다. 바울의 경우 이사야 59장을 통해 모든 이스라엘 백성이 하나도 빠짐없이 죄 아래 있다고 선언한다. 하지만 「다메섹 문서」의 경우는 이스라엘을 위해 일부를 남겨 두었다고 기록한다(CD 1:4). 또한 이스라엘 백성들에게 의의 교사를 보내시는 이유는 이스라엘 백성들의 남은 자들이 전심으로 하나님을 찾는 행동을 보고, 하나님의 언약을 기억하신 결과다. 따라서 「다메섹 문서」에서 이사야 59장을 사용하는 문맥은 이스라엘 백성들의 회개 및 이러한 회개 이전의 소경 같은 상황 즉 하나님을 버린 상태(CD 1:3)를 설명하는 문맥으로, 바울이 로마서 3장에서 이해한 것처럼 이스라엘 민족 전체가 타락했다는 의미로 이사야 59장을 해석하고 있지는 않다.

나. CD 5:13-14

다음으로 「다메섹 문서」에서 이사야 59장을 사용하는 본문은 CD 5:13-14이다.[56] 두 본문의 비교는 다음과 같다.

---

56 Campbell은 CD 5:13 이하에서 사 50:11과 사 59:5이 결합되어 사용된다고 주장한다. (*The Use of Scripture*, 129). 이 장에서 우리의 관심은 사 59장의 사용과 해석이므로 사 50장에 대해서는 논의를 생략한다.

사 59:5

⁵בֵּיצֵי צִפְעוֹנִי בִּקֵּעוּ וְקוּרֵי עַכָּבִישׁ יֶאֱרֹגוּ הָאֹכֵל מִבֵּיצֵיהֶם

יָמוּת וְהַזּוּרֶה תִּבָּקַע אֶפְעֶה:

(독사의 알을 품으며 거미줄을 짜나니 그 알을 먹는 자는 죽을 것이요, 그 알이 밟힌즉 터져서 독사가 나올 것이니라.)

CD 5:13-14

¹³הם מדברים בם. כלם קדחי אש ומבערי זיקות קורי

¹⁴עכביש קוריהם וביצי צפעונים ביציהם. הקרוב אליהם

(¹³그들에게 대적했다. 그들은 모두 불을 붙이는 자들이요, 불꽃을 일으키는 자들이다. ¹⁴그들의 그물은 거미줄이요 그들의 알은 독사의 알이다.)

이 본문은 다메섹 공동체에 의해 원수와 대적자들로 간주되는 자들을 묘사하는 구절이다. CD 5:13-14은 원수들의 행동을 묘사하면서 거미줄과 독사의 알이라는 두 가지 비유를 사용한다. 의미심장하게도 이 두 비유는 이사야 59장에서 타락한 이스라엘 백성의 죄악을 설명하는 데 도입되었다. 「다메섹 문서」가 악인의 행동과 그 결과를 상징하는 독사의 알과 거미줄 비유를 이사야 59장에서 가져다 사용하지만, 쿰란 공동체는 이 상징을 이스라엘 백성 전부를 가리키는 데 사용하지 않고 자기 공동체 외부인들을 가리키는 말로 이해하고 사용한다는 점에서 차이가 있다. 이 외부인들은 쿰란 공동체의 원수들로서 하나님의 언약을 모독하던 자들이다(CD 5:12). 「다메섹 문서」가 자기 공동체의 외부인, 즉 자기 원수들에게 이사야 59장에 등장한 악인의 비유를 사용한다는 점은 분명 똑같은 본문

99

2장 구약은 유대인이나 헬라인이나 다 죄 아래 있다고 말하는가?

인 이사야 59장을 로마서 3장에서 사용하는 바울의 해석과 다른 점이다. 바울은 특정한 그룹의 사람들만을 악인이라고 선언하지 않고, 유대인이나 이방인이나 모두 죄 아래 있다고 선언하면서 이사야 59장을 사용하고 있기 때문이다. 그리고 이러한 바울의 해석은 분명 이사야 59장 본문 자체가 유대인 전부를 가리켜 죄인이라고 선언하게 만드는 해석적 씨앗을 내포하고 있었기 때문에 가능한 것이었다.

결국, 「다메섹 문서」에서의 이사야 59장 해석은 바울의 이 본문에 대한 해석과 중요한 차이가 있다. 「다메섹 문서」는 이사야 59장을 해석하면서 바울과 달리 이스라엘 민족 전체가 죄인이었다고 이해하는 본문으로 사용하지 않는다. 물론 이사야 59장이 CD 1:8b-9에서 이스라엘 백성이 하나님의 심판을 자초했다는 의미로 사용된 것은 사실이지만, 「다메섹 문서」는 이사야 본문을 바울과 같이 이스라엘 민족 전체가 죄인이라는 의미로 해석하지 않는다. CD 5:13-14도 바울이 로마서 3장에서 이사야 59장을 해석한 것과 다르다. 「다메섹 문서」는 남은 자로서 자신들이 의인이고 자신들의 공동체 밖 사람들은 다 죄인이라는 의미로 이사야 본문을 이해하고 적용하지만, 바울은 이러한 구분을 짓지 않고 이사야 59장의 본문 해석을 통해 모든 사람이 다 죄인이라는 의미를 읽어내고 있다. 따라서 로마서 3장에 나타난 바울의 이사야 59장 사용과 해석은 바울만의 독창적인 작업으로 볼 수 있다. 특히 신약 저자 중에서 이사야 59장을 사용하는 사람은 오직 바울뿐이라는 사실은 이 점을 더 분명하게 보여준다.

4. 결론

지금까지 살펴본 것처럼 이사야 59장을 포함한 바울의 긴 구약 인용 단락(롬 3:10-18)은 바울의 구약 사용이 매우 정교함을 보여준다. 물론, 로마서 3:9-18은 구약의 문맥을 전혀 모른다고 해서 의미를 파악할 수 없을 정도로 모호한 것은 아니다. 구약의 배경 지식이 없는 이방인 독자들이 이 본문을 읽었을 때 구약과 관련짓지 않고도 바울이 말하는 바를 충분히 파악했을 것이다. 왜냐하면 로마서 3:9-18에는 그 자체로 바울이 말하고자 하는 바가 분명히 나타나기 때문이다. 하지만 이들이 구약의 문맥으로 돌아가 이 각각의 구약 본문이 의미하는 바를 파악했을 때 바울이 말하려는 의미를 더 풍성하게 이해할 수 있었을 것이다. 바울은 각각의 구약 인용문들을 통해 다음과 같은 주장을 하고 있다.

(1) 롬 3:11-12 이방인들이 죄인이다(시 13편).

(2) 롬 3:13　　 유대인들 가운데 의인도 있고 악인도 있다(시 5편과 시 139편).

(3) 롬 3:14　　 하나님은 이방인도 유대인도 다 심판하신다(시 9편, 70인역).

(4) 롬 3:15-17 심지어 유대인들 모두가 다 죄인이다(사 59장).

(5) 롬 3:18　　 하나님은 온 세상 만물을 차별하지 않으신다(시 35편).

바울은 이 각각의 구절의 본문의 문맥과 의미들을 이해하며 이 구약 본문들을 인용하고 있다. 이 긴 구약 인용문은 바울의 주장인 유대인이나 헬라인이나 다 죄 아래 있다는 주장을 선명하게 뒷받침해 주고 있다. 하지만 이 구약 본문들은 각기 제 목소리를 내기보다 하나님의 백성인 유대인들 전부가 죄인이라는 한 목표점을 향해 달려가며 증언을 모으고 있다: (1)→ (2)→ (4). 이같은 구조는 흥미롭게도 로마서 1-2장의 논증 순서와 흡사하다. 바울은 로마서 1:18 이하에서 이방인들이 죄인이라고 선언한 후, 로마서 2장에 와서는 유대인들마저 죄인이라고 선언하는 순서를 밟아가고 있기 때문이다. 로마서 3장에 인용된 이 긴 구약 본문들은 로마서 1장, 2장의 논증 순서를 축약하고 있다고 볼 수 있다. 바울은 구약 본문들의 문맥을 전혀 고려하지 않은 채 마구잡이식 증거 본문 형태로 여러 구약 구절들을 인용하는 것이 아니다. 무엇보다도 로마서 3:15-17에서 바울이 이사야 59장을 인용하는 것은 유대인들 가운데 아무도 의인이 없다는 주장을 뒷받침하기에 안성맞춤인 역할을 한다. 바울은 이사야 59장에서 '너희'의 죄, '그들'의 죄에서 '우리'의 죄로 발전해 가는 본문의 패턴에 근거해서 모든 유대인이 죄인임을 읽어낸다.

바울은 이방인과 비교해서 유대인이 죄와 하나님의 진노에서 면제되었다거나 특권을 가지고 있다고 선언하지 않는다. 그는 또한 유대인들 사이에 의인과 악인의 구분이 있다는 생각도 포기한다. 그는 이사야 59장에 근거해서 이스라엘 백성 사이에 의인과 악인이 따로 존재하는 것이 아니라 그들 전부가 하나님의 진노 아래 있다고 보았다. 로마서 3:10-18 에서의 긴 구약 인용이 끝나고 바울의 해설이 부연되는 19절의 내용 역시 이러한 사실을 뒷받침한다. 율법이 말하는 바는 율법 아래에 있는 자들 즉 유대인들에게 말하는 것이다. 그리고 유대인들 전부가 죄인이라는 점을 율법 가운데서 이사야 59장이 가장 잘 보여주고 있다. 더 나아가 바울은 이러한 절망적인 상황에서 벗어나는 길은 이사야 59장이 보여주는 것처럼 오직 하나님의 구원하시는 행동에만 달려 있다고 보았을 것이다(사 59:16). 이사야 59장은 전적으로 부패한 인간의 구원의 소망은 오직 하나님의 행동에 달려있음을 말하는 바울의 신학을 잘 요약해주고 있다. 그뿐 아니라 이사야 59장은 하나님의 구원의 도구로서의 한 인물에 대한 암시(20-21절), 그리고 이방인이 하나님의 백성 됨(19절)이라는 주제를 이미 그 본문 안에 내포하고 있다. 한마디로 말해서 이사야 59장은 작은 로마서다.

바울의 호세아 인용과
이방인의 구원이 무슨 상관이 있는가?

로마서 9:25-26에서의 호세아 사용 연구

바울은 로마서 9:25-26에서 호세아서를 인용하고 있다. 그는 하나님이 구원하시기로 계획하신 긍휼의 그릇이 유대인과 이방인 모두를 대상으로 한다는 논지를 펼치는 대목에서 이 구약 소예언서 본문을 인용한다. 그리고 호세아 본문은 "내 백성이 아닌 자", "사랑하지 아니한 자"라는 어구를 사용하고 있어서 언뜻 보기에 선민이 아닌 이방인들이 하나님의 백성 될 것을 예언하는 본문이고, 이 예언이 바울 시대 이방인들이 하나님의 교회 안으로 들어오는 일을 통해 성취되고 있다는 내용을 담는 것으로 이해하게 만든다. 하지만 이같이 단순해 보이는 바울의 호세아서 해석은 호세아서의 원래 문맥을 아는 이들에게는 당혹감을 불러일으킨다. 그도 그럴 것이 바울이 인용하는 호세아 본문은 문맥상 이방인의 구원과는 무관한 내용이며, 특히 선민인 이스라엘 백성이 하나님의 심판을 받아 '내 백성이 아닌 자'로 불리게 된다는 맥락의 이야기이기 때문이다. 다시 말해 구약의 원래 문맥과 바울이 인용해서 사용하는 로마서에서의 문맥이 서로 연관이 없는 것처럼 보이며, 더 나아가 바울이 구약 본문의 의미를 왜곡하고 있는 것처럼 보이기 때문이다. 사실 이 호세아 본문은 신약의 구약 사용 연구에 있어 신약 저자가 구약의 원래 문맥을 존중하는지 여부를 판가름하는 중요한 시험대가 되는 본문이기도 하다.

이 장은 바울이 로마서에서 호세아서를 인용하면서 호세아서의 문맥과 본문의 의미를 오해하고 있는지를 분석하는 데 목적이 있다.[1] 이 장은 바울의 호세아서 해석의 정당성을 살피고 이를 토대로 바울이 구약의 원래 의미를 존중했는지를 판단하며, 또 이를 근거로 로마서 9장의 호세아서 인용이 로마서에서 가지고 있는 의의를 살피는 데 초점을 맞춘다. 이를 위해 나는 로마서 9장에 나타나는 바울의 호세아 해석에 관한 선행 연구들을 평가해 보고 새로운 대안적 해석을 제시하고자 한다.

1. 선행연구와 로마서 문맥

(1) 선행연구

바울이 로마서 9장에서 인용하는 호세아 본문은 지금까지 여러 학자에 의해 분석되었다. 그 이유는 이 본문이 앞서 설명한 대로 구약의 원래 의미와 너무나 동떨어진 의미로 사용되는 것처럼 보이기 때문이다. 리처드 헤이스는 로마서에 인용된 호세아서에 대한 바울의 해석을 가리켜 혁명

---

1   이 장은 한국복음주의신학회가 발행하는 학술지인 「신약연구」(2017년 9월호): 71-109 에 "바울의 호세아 인용과 이방인 구원이 무슨 상관이 있는가?: 롬 9:25-26에서의 호세아 사용 연구"라는 제목으로 실린 내 논문이다.

적이고 괴상한 해석이라고 주장한다.[2] 그 이유는 우리가 짐작할 수 있듯이 헤이스가 호세아서 본문이 로마서에서는 구약의 원래 문맥과 전혀 다른 의미로 사용되고 있다고 보았기 때문이다. 로마서 9:24-29에 사용된 호세아서와 이사야서를 분석한 와그너도 바울이 근본적으로 호세아서를 "잘못 읽었다"고 판단한다.[3] 그에 의하면 바울은 호세아 본문의 어구나 어순을 변형하는 방식을 사용하면서 자신의 '반전의 해석학'(hermeneutic of reversal)을 보여준다. 즉 바울이 호세아 본문의 어순을 변형시켜 '내 백성이 아닌 자'를 로마서에서의 인용문 앞에 위치시킴으로써 이방인들과 '내 백성이 아닌 자들'을 연결할 고리를 만들어서 호세아서를 이방인들의 구원을 위한 본문으로 해석했다는 것이다. 다시 말해 바울은 호세아 본문의 의미를 선택에서 배제되었던 이방인이 하나님의 백성으로 취급받을 수 있다는 지점까지 "극도로 확대한다"고 본다.[4] 와그너의 주장을 요약하면 바울은 호세아 본문으로부터 유대인의 구원뿐만 아니라 이방인의 구원을 읽어낸 것이 아니다. 그는 오히려 바울이 자신의 신학을 호세아 본문에 주입한 것으로 본다. 즉 그는 바울이 호세아 2장의 원래 문맥과는 상관없이 자신의 반전의 해석학으로 본문의 의미를 변형시켰다고 본다. 나는 와그너의 주장과는 달리 바울이 호세아 본문으로부터 이방인들의

---

2   Richard B. Hays, *Echoes of Scripture in the Letters of Paul*, (New Haven: Yale University Press, 1989), 120.

3   J. Ross Wagner, *Herald of the Good News: Isaiah and Paul "in Concert" in the Letter to the Romans*, (Leiden: Brill, 2002), 83.

4   Wagner, *Herald of the Good News*, 81. "Paul hyper-extends the logic of reversal inherent in Hosea's salvation oracles, with the result that the scope of 'not my people' now embraces not only covenant-breaking Israel, but also the Gentiles, who once were excluded from God's covenant altogether"(밑줄은 덧붙인 것임).

구원을 읽어낼 수 있었음을 밝히고자 한다. 바울이 호세아의 의미를 왜곡한 것이 아니라 호세아 본문에 잠재하고 있는 의미의 씨앗을 발아시킨 것이라는 점을 와그너는 보지 못했다.

바울의 호세아서 사용 연구의 흐름에는 한편으로는 바울이 호세아 본문의 원래 의미를 변형해서 자신의 신학을 뒷받침하는 데 사용했다고 보는 경향이 있는가 하면, 이와 반대로 바울이 호세아 본문의 원래 문맥을 충분히 존중하며 사용한다고 보는 또 다른 부류의 학자들도 있다. 우선 배틀은 바울의 구약 해석은 대다수가 문자적 해석이기 때문에 로마서 9장에서의 호세아서 사용도 예외일 수 없다고 본다. 그는 로마서 9장에 인용된 호세아서 해석의 선행연구들을 크게 세 부류로 구분한다. 바울이 호세아서의 원래 의미를 변형했다고 보는 주장, 유비로부터의 논증, 그리고 호세아서의 원래 의미와 동일한 의미로 사용한다는 주장이 그것이다.[5] 배틀은 이 중에서 세 번째 부류에 해당하는 입장을 취한다. 그는 바울이 로마서에서 호세아서의 원래 의미를 그대로 가져다 사용하며, 호세아 본문이 이스라엘의 구원을 말하는 본문이기 때문에 이 본문을 인용한 로마서 9장에서도 호세아서 인용문이 이방인의 구원을 의미하는 것이 아니라고 본다. 대신에 그는 바울이 구약의 원래 문맥과 같이 호세아 본문을 통해 이스라엘 민족의 구원을 보았고 로마서 9장에서 이스라엘의 구원을 뒷받침하는 본문으로 호세아서를 인용하고 있다고 피력한다. 그에 의하면 로마서 9장에서 이방인의 구원을 다루는 본문은 호세아서를

---

5   John A. Battle, Jr., "Paul's Use of the Old Testament in Romans 9:25-26," *Grace Theological Journal* 2 (1981), 118-122.

인용하는 로마서 9:25-26이 아니라 30절부터다. 배틀은 바울이 호세아 서의 원래 문맥을 존중한다는 견해를 취하고 있음에도 불구하고 로마서 9:24-26의 구문론적 분석에 집중하지 못함으로써 25-26절이 24절을 뒷받침하는 구절이며 따라서 25-26절이 24절에서 말하는 유대인의 구원뿐만 아니라 이방인의 구원을 뒷받침한다는 문법적 해석을 소홀히 한 약점을 드러낸다.

셰퍼드는 신약에 사용된 12소예언서를 연구하면서 로마서 9장에 인용된 호세아서 해석을 다룬다.[6] 그는 바울이 호세아 본문에서 이방인들의 구원을 읽어냈을 것이라고 주장한다. 그는 우선 호세아 본문 안에서 바울이 아브라함 언약에 대한 암시를 보았을 가능성을 간략하게나마 언급한다.[7] 그리고 그는 이 아브라함 언약에는 궁극적으로 육체적이든 영적이든 간에 아브라함 자손을 다 포함하는 미래의 약속이 있다고 여긴다. 동시에 그는 호세아서에서는 이미 이스라엘 백성이 매춘으로 상징되는 우상숭배에 빠졌으며 그 결과 이들이 실제로 이방인과 같이 되었다는 사상이 있다고 분석한다(호 3:4-5). 따라서 그는 하나님의 백성이 아닌 자들은 유대인들과 이방인들을 포함하며, 하나님의 백성이 아닌 자들이 하나님의 백성으로 불린다는 의미는 유대인과 이방인이 하나님의 백성으로 불리게 된다는 의미라고 판단한다. 그는 한걸음 더 나아가 소예언서 전체의 문맥에서 볼 때 이방인이 하나님 나라에 참여한다는 사상이 엄연히 존재하기 때문에 호세아서를 이런 관점에서 소예언서 신학의 일부로 보아야 한

---

6   Michael B. Shepherd, *The Twelve Prophets in the New Testament*, (New York: Peter Lang, 2010), 7-11.

7   Shepherd, *The Twelve Prophets in the New Testament*, 11.

다고 주장한다.[8] 그는 더 나아가 호세아 2장 본문에 등장하는 "말일에"(at the end of the days)라는 표현이 모세 오경에 같은 어구가 사용된 본문들을 떠오르게 한다고 말하면서 이 구절들이 하나님의 백성을 위한 종말론적 약속을 의미하는 본문들이라고 주장한다.[9] 셰퍼드는 호세아 본문에서 로마서 9장에 나타난 이방인의 구원의 근거를 찾으려고 했다는 점에서 높이 평가받아야 한다. 그가 호세아서를 12소예언서 전체의 신학적 틀에서 읽으면 이방인의 구원이라는 주제를 찾을 수 있다고 본 점도 참신한 접근이다. 그럼에도 불구하고 그의 설명에는 아브라함 언약에 관한 내용이 지나치게 간략하며, 그는 새 출애굽 모티프와 열방의 종말론적 순례 사상이 호세아서에 암시되어 이방인의 구원을 반영하고 있다는 점을 충분히 보지 못했다.

가덴즈는 호세아 본문에서 이방인이 하나님의 백성이 된다는 개념을 찾을 수 있다고 본다. 그에 의하면 호세아의 아내인 고멜의 자녀들의 상태가 바울의 해석을 풀 수 있는 열쇠다. 다시 말해 이방인으로 추정되는 고멜, 그리고 특별히 음행의 결과로 생긴 그녀의 자녀들은 하나님의 백성에 속하지 않은 자들 즉 이방인들이다.[10] 그는 특별히 세 번째 자녀의 이름인 '내 백성이 아닌 자'(로암미)가 이 요점을 잘 보여준다고 여긴다. 그는 또한 호세아서에서 '내 백성이 아닌 자'라고 선언되는 북이스라엘 백성이 이방인들 가운데로 흩어지는 역사적 상황에 주목한다. 그리

---

8 Shepherd, *The Twelve Prophets in the New Testament*, 11.

9 Shepherd, *The Twelve Prophets in the New Testament*, 11.

10 Pablo Gadenz, *Called from the Jews and from the Gentiles: Pauline Ecclesiology in Romans 9-11*, WUNT 2.267 (Tübingen: Mohr Siebeck, 2015), 107.

고 그는 북이스라엘 백성에게 하나님의 부르심이 전해질 때 이방인들에게도 이 구원의 소식이 함께 전파되며 이스라엘의 회복과 더불어 이방인들의 구원이 일어날 것이라고 논리적 추론을 한다.[11] 이와 더불어 가덴즈는 호세아서에 사용된 '백성이 아닌 자'(לא עמי)라는 어구(호 1:9, 2:1, 25)와 신명기 32:21에 나오는 '백성 아닌 자'라는 어구가 동일하다는 사실과, 이 어구가 구약에서 오직 호세아서와 신명기에만 사용된다는 점에 주목한다.[12] 그리고 바울이 신명기 32:21의 빛으로 호세아서의 백성 아닌 자를 해석했다고 분석한다. 즉 그는 신명기 32장에서 '백성 아닌 자'는 이방인들을 가리키기 때문에 호세아 본문도 이 어구를 같은 의미로 해석한 것이라고 주장한다. 가덴즈가 호세아서와 신명기 32장을 연관 지어 바울의 호세아서 해석에 접근했다는 주장은 바울이 근접문맥인 로마서 10:19에서 신명기 32장을 인용하고 있다는 점에 비춰볼 때 어느 정도 타당성이 있다. 하지만 이 논증의 가장 취약점은 신명기 32장의 '백성 아닌 자'(21절, οὐκ ἔθνει)라는 그리스어와 호세아 2장에 나오는 '백성 아닌 자'(1절, οὐ λαός)라는 그리스어가 문자적으로 동일하지 않다는 점에 있다.

스탈링은 바울이 호세아 본문을 유비적으로 사용한다고 주장한다.[13] 그는 로마서에 인용된 호세아 본문 사용에 대한 학자들의 견해를 4가지로 분류하면서 (1) 호세아서가 유대인들뿐만 아니라 이방인들에 관해서도 말한다고 보는 견해, (2) 호세아 본문이 이방인들이 아니라 유대인들

11　Pablo Gadenz, *Called from the Jews and from the Gentiles*, 108.
12　Pablo Gadenz, *Called from the Jews and from the Gentiles*, 109.
13　David I. Starling, *Not My People: Gentiles as Exiles in Pauline Hermeneutics*, (Berlin: Walter de Gruyter, 2011), 107-65.

에 대해 언급한다는 견해, (3) 바울 사도가 자신에게 주어진 계시의 빛으로 호세아 본문의 의미를 새롭게 해석했다는 견해, 그리고 (4) 바울이 호세아 본문을 유비론적 혹은 유형론적(typological)으로 사용한다는 견해를 차례로 제시한다.[14] 스탈링은 로마서 9:6-23의 논증이 이미 유비론적 논증이고, 또한 9:27-29도 예언과 성취의 구도라기보다는 유비론적 논증을 취하는 형태이므로 호세아서 인용문도 같은 방식으로 보아야 한다고 주장한다.[15] 다시 말해 그는 바울이 자신이 살고 있던 당시 하나님이 구원하시는 방식과 구약 호세아서에 나오는 구원 방식이 같다는 관점에서 호세아서를 이해한다고 본다. 그에 의하면 바울은 호세아 본문을 해석하기를, 호세아서에서 하나님이 심판을 받아 더 이상 자비의 대상이 아닌 이스라엘의 남은 백성을 놀라운 자비로 불러 모으셨던 것처럼, 바울 당시에 본래 자비의 대상이 아닌 이방인들을 놀라운 자비로써 교회 안으로 불러들이신다고 해석했다. 스탈링의 견해는 호세아 본문의 원래 문맥의 의미에 충실하면서도 호세아서가 바울 당시의 상황에 적용될 수 있는 영적 원리를 제공하는 본문으로 본다는 장점이 있다. 하지만 바울이 로마서 9:24-33에서 인용하는 다른 구약 본문들의 해석 방식은 유비적 해석이 아니라 바울 시대를 예언하는 방식의 해석이다. 이 주장에는 또한 호세아 본문 자체가 이방인들의 구원을 암시한다는 점을 제대로 보지 못한 약점이 있다.

　　마지막으로 주목해 보아야 할 주장은 태너의 견해다.[16] 그는 바울이

14　David I. Starling, *Not My People*, 118-27.
15　David I. Starling, *Not My People*, 125-27.
16　J. Paul Tanner, "The New Covenant and Pau's Quotations from Hosea in Romans 9:25-

호세아서를 인용하면서 새 언약의 관점으로 본문을 해석했기 때문에 이방인의 구원 문제를 호세아서와 충분히 연관시켜 해석할 여지가 있다고 주장한다. 그에 의하면 바울이 인용한 호세아 2:23의 좀 더 넓은 문맥을 보면 '하나님을 안다'는 개념(20절)은 새 언약을 연상시킨다.[17] 그는 또한 호세아 2:14-23과 에스겔서 34:20-31의 연관성은 평화의 언약을 떠오르게 하며 호세아 2장의 약속을 새 언약의 관점에서 보게 만든다고 여긴다.[18] 따라서 그는 바울이 호세아서를 새 언약의 관점에서 읽고 이방인의 구원을 발견할 수 있었다고 피력한다. 태너의 공헌은 호세아서 본문에 이방인들의 구원을 암시하는 새 언약의 개념이 등장함을 보았다는 것이다. 하지만 이번 장에서 증명하는 바와 같이 그는 호세아 본문에 아브라함 언약과 새 출애굽 사상이 서로 연관된 채 이방인들의 구원 개념이 암시되고 있다는 점을 보지 못했다. 또한 바울이 실제로 로마서에서 새 언약의 개념을 가지고 있었는지, 그리고 이 관점으로 구약을 해석했는지에 관한 분명한 본문상 근거가 약하다.

(2) 로마서 9장의 구조와 문맥

바울은 로마서 9:24-29에서 구약의 여러 본문을 인용하거나 암시하면서 이스라엘의 구원과 이방인의 구원을 설명한다. 바울은 24절에서 하나님이 긍휼의 그릇을 선택하셨다고 밝히며 이 그릇으로 상징되는 대상이 바

26," *Bibliotheca Sacra*, January-March (2005).

17   J. Paul Tanner, "The New Covenant," 106-7.

18   J. Paul Tanner, "The New Covenant," 107.

울을 포함한 '우리'임을 밝힌다. 그리고 이어지는 25-26절은 호세아 본
문을 인용하면서 24절의 내용의 근거를 구약에 호소한다.

　　로마서 9:24-29에는 인용 도입구가 사용되면서 세 개의 구약 본문
이 명시적으로 인용된다. 우선 바울은 25절에서 호세아서를 인용하면서
25-26절에 인용된 구약 본문이 호세아서로 부터 왔음을 "호세아서에서
그가 말씀하신 것처럼"(ὡς καὶ ἐν τῷ Ὡσηὲ λέγει)이라는 어구를 통해 명확
히 한다. 두 번째 구약 본문은 27-28절에 등장하는데, 이 본문이 이사야
에서 인용된 것임을 바울은 "이사야가 외쳐 말하기를"(Ἠσαΐας δὲ κράζει)
이라는 어구를 사용하여 표시한다. 세 번째 구약 인용문은 29절에 등장
한다. 29절에서도 이사야서가 인용된다는 표시를 인용 도입구에 해당하
는 "이사야가 미리 말한 바와 같이"(καὶ καθὼς προείρηκεν Ἠσαΐας)라는 어
구를 사용해 알리고 있다. 이것을 정리하면 다음과 같다.

24　　　우리가 긍휼의 그릇이다(유대인 + 이방인)

25-26 호세아서 인용(호 2:25 + 호 2:1)―인용 도입구: "호세아서에서
　　　　그[하나님]가 말씀하신 것처럼"

27-28 이사야서 인용(사 10:22 + 사 28:22)―인용 도입구: "이사야가
　　　　외쳐 말하기를"

29　　　이사야서 인용(사 1:9)―인용 도입구: "이사야가 미리 말한 바
　　　　와 같이"

본 단락에 인용된 세 개의 구약 본문들을 비교해 보면 바울의 호세아
서 인용이 독특함을 알 수 있다. 가장 두드러진 점은 두 번에 걸친 이사

야서 인용문에서는 예언자 이사야가 말하는 주체인 반면에 호세아서 인용문에서는 예언자 호세아가 말하는 패턴이 아니라 하나님을 의미하는 '그'(λέγει)가 말하는 형식을 취하고 있다.[19] 로마서 전체를 놓고 보면 바울이 구약을 인용할 때 "기록된 바"(γέγραπται)라는 어구를 사용하는 경우(3:10; 8:36; 10:33)도 있지만, 그는 주로 구약의 인물들이 직접 말하는 형식을 취한다. 예를 들면 모세가 말하거나(10:19), 다윗이 말하거나(4:6, 11:9), 혹은 우리가 다루고 있는 로마서 9장처럼 이사야가 말한다(9:27, 29; 10:20).[20] 하지만 하나님이 직접 말씀하신 것처럼 도입되는 구약 인용문은 로마서에서 2회에 그친다(9:15, 25). 우리는 바울이 자기가 인용하는 구약의 문맥을 유심히 관찰한다고 볼 수 있다. 그 이유는 인용된 구약 본문들의 원래 문맥으로 돌아가 보면 쉽게 알 수 있다. 다시 말해 바울이 인용한 구약의 문맥에서 사람이 말하는 경우 로마서에서도 사람이 화자(speaker)로 표현되고, 호세아서에서 문맥상 하나님이 직접 말씀하시는 구절은 바울도 이 부분을 인용하면서 하나님을 화자로 표기하고 있기 때문이다. 그럼에도 로마서의 다른 부분에서 '기록된 바'라는 인용 도입구는 구약의 문맥에서 사람이 화자일지라도 성경이 말한다고 표기한다는 점을 고려할 때, 우리는 바울이 호세아서를 인용할 때 하나님이 직접 말씀하신다고 표기함으로써 이 호세아서의 인용 내용에 상당한 무게를 두고 있음을 알 수 있다.

---

19 롬 9:25은 그리스어의 특성상 동사 어미형에 주어가 포함되어 있는 경우로, 여기서는 '말하다'라는 동사가 문맥상 하나님을 의미하는 3인칭 단수 어미형을 갖고 있다.

20 E. Earle Ellis, *Paul's Use of the Old Testament* (Grand Rapids: Baker, 1981), 22-23.

2. 로마서 9장에서의 호세아서 인용

로마서 9:25-26에 사용된 호세아서의 본문형태(text-form)를 분석해볼 필요가 있다. 우선 바울이 호세아 본문을 인용하고 있다는 점은 명백해 보인다. 바울이 사용하는 인용 도입구에 해당하는 어구(ὡς καὶ ἐν τῷ Ὡσηὲ λέγει)가 인용된 내용이 호세아서에서 왔다고 언급하기 때문이다. 바울 서신에서 호세아서를 인용된 구약 본문의 출처라고 명확하게 밝히는 곳은 오직 로마서 9:25-26뿐이라는 점이 흥미롭다.[21] 그렇다면 바울이 인용한 구약 본문이 호세아서 본문이라면 그는 구체적으로 호세아서의 어느 구절을 가리키는가? 바울이 사용하는 호세아서 본문과 가장 가까운 본문은 호세아 2:25(HB, 70인역)과 호세아 2:1(HB, 70인역)이다.[22] 로마서 9:25은 호세아 2:25을 인용하고 있고, 로마서 9:26은 호세아 2:1을 가져다 사용한다고 볼 수 있다.

그렇다면 바울이 인용하는 호세아서 구약 본문형태는 히브리어 구약 본문(HB)에 가까운 것인지, 아니면 그리스어 70인역 본문에 가까운 것인지를 판단할 필요가 있다. 각 본문을 비교해 보면 아래와 같다.

롬 9:25-26 [25]ὡς καὶ ἐν τῷ Ὡσηὲ λέγει· καλέσω τὸν οὐ λαόν μου λαόν μου καὶ τὴν οὐκ ἠγαπημένην ἠγαπημένην· [26]καὶ ἔσται ἐν τῷ τόπῳ οὗ

---

21 바울 서신에서 호세아서가 직접 인용되는 유일한 다른 본문은 고전 15:55로서 호 13:14이 인용된다. 그러나 이 구절에는 호세아서가 구약 본문의 출처라는 표시 어구가 없다.

22 개역개정 호세아서 구약 본문은 히브리어 본문 그리고 그리스어 70인역 본문과 장절 구분에 있어 차이가 있다. 개역개정 호 1:10은 구약 히브리어와 70인역 호세아 본문에서는 2:1이다. 결국 호 2:25 = 호 2:23(개역개정), 호 2:1 = 호 1:10(개역개정)이 된다.

ἐρρέθη αὐτοῖς· οὐ λαός μου ὑμεῖς, ἐκεῖ κληθήσονται υἱοὶ θεοῦ ζῶντος.

호 2:25(70인역) καὶ σπερῶ αὐτὴν ἐμαυτῷ ἐπὶ τῆς γῆς καὶ ἐλεήσω τὴν Οὐκ-ἠλεημένην καὶ ἐρῶ τῷ Οὐ λαῷ μου λαός μου εἶ σύ καὶ αὐτὸς ἐρεῖ κύριος ὁ θεός μου εἶ σύ

호 2:1(70인역) καὶ ἦν ὁ ἀριθμὸς τῶν υἱῶν Ισραηλ ὡς ἡ ἄμμος τῆς θαλάσσης ἣ οὐκ ἐκμετρηθήσεται οὐδὲ ἐξαριθμηθήσεται καὶ ἔσται ἐν τῷ τόπῳ οὗ ἐρρέθη αὐτοῖς οὐ λαός μου ὑμεῖς ἐκεῖ κληθήσονται υἱοὶ θεοῦ ζῶντος

호 2:25(HB)

וּזְרַעְתִּיהָ לִּי בָּאָרֶץ וְרִחַמְתִּי אֶת־לֹא רֻחָמָה וְאָמַרְתִּי לְלֹא־עַמִּי עַמִּי־אַתָּה וְהוּא יֹאמַר אֱלֹהָי: פ

호 2:1(HB)

הָיָה מִסְפַּר בְּנֵי־יִשְׂרָאֵל

כְּחוֹל הַיָּם אֲשֶׁר לֹא־יִמַּד וְלֹא יִסָּפֵר וְהָיָה בִּמְקוֹם

אֲשֶׁר־יֵאָמֵר לָהֶם לֹא־עַמִּי אַתֶּם יֵאָמֵר לָהֶם בְּנֵי אֵל־חָי:

가. 로마서 9:25과 호세아 2:25 비교

먼저, 바울이 로마서 9:25에서 인용하는 호세아 2:25을 히브리어 구약 본문과 70인역 구약 본문을 서로 비교해 보면, 70인역 번역자가 호세아 히브리어 본문에 문자적으로 일치하게 번역하고 있음을 알 수 있다. 70인역 번역자는 히브리어 원문의 어순까지 거의 그대로 따르면서 그리스어로 번역하고 있다.[23] 바울이 로마서 9장에서 인용하고 있다고 보이는 호세아 2장의 관련 부분만 비교하면 아래와 같다. 우선 25절을 살펴보면 다음과 같다.

롬 9:25 ὡς καὶ ἐν τῷ Ὡσηὲ λέγει· καλέσω τὸν οὐ λαόν μου λαόν μου καὶ τὴν οὐκ ἠγαπημένην ἠγαπημένην·

호 2:25 καὶ ἐλεήσω τὴν οὐκ-ἠλεημένην καὶ ἐρῶ τῷ οὐ λαῷ μου λαός μου εἶ σὺ

호 2:25(HB)
וְזֵרַעְתִּיהָ לִּי בָּאָרֶץ וְרִחַמְתִּי אֶת-לֹא רֻחָמָה וְאָמַרְתִּי לְלֹא-עַמִּי עַמִּי-אַתָּה וְהוּא יֹאמַר אֱלֹהָי׃ פ

밑줄 친 해당 문장은 히브리어나 그리스어 문장 모두 '그리고 내 백성 아닌 자에게 너는 내 백성이라고 내가 말할 것이다'라고 번역할 수 있다. 물

---

23 여기서 어순을 그대로 따라 번역하고 있다는 의미는 "내 백성이 아닌 자"에 해당하는 어구만을 의미한다. 물론 롬 9:25과 호 2:25을 어순의 관점에서 비교해 보면, 호세아서에는 "긍휼히 여김을 받지 못하던 자"(τὴν οὐκ-ἠλεημένην)와 "내 백성 아닌 자"(τῷ οὐ λαῷ μου)의 순서로 되어 있지만, 로마서에서는 "내 백성 아닌 자"(τὸν οὐ λαόν μου)가 먼저 오고 그 이후에 "사랑받지 못하던 자"(τὴν οὐκ ἠγαπημένην)라는 어구가 위치한다. 다시 말해 "내 백성 아닌 자"의 순서가 로마서에서는 호세아서에서와 달리 배치되어 있다.

론 '너는 내 백성이다'라는 의미가 있는 문장에서 히브리어 문장에는 '~이다'에 해당하는 '하야'(הָיָה) 동사가 없는 반면 그리스어 문장에는 '에이미'(εἰ) 동사가 사용된다는 차이가 있지만, 이것은 두 언어가 가진 구문론적인 특징의 차이일 뿐 의미론적으로 큰 차이는 아니다. 그러나 우리는 바울이 호세아 2:25을 인용하면서 우리가 알고 있는 히브리어 구약 본문형태나 그리스어 본문형태와도 완벽하게 일치하는 본문을 인용하지는 않는다는 점을 주목해야 한다. 로마서 9:25에 인용된 호세아 70인역 본문과 로마서 본문을 문자적 유사성을 기준으로 비교하면 내 백성 아닌 자(τὸν οὐ λαόν μου/τῷ οὐ λαῷ μου), 내 백성(λαόν μου/λαός μου)이라는 어구가 존재한다. 물론 해당 어구가 로마서의 새로운 문맥에 위치하면서 그리스어의 격이 변경된다는 점은 충분히 이해할만한 현상이다. 따라서 앞의 두 어구는 격 변화의 차이만 빼면 문자적인 유사성 측면에서 매우 흡사한 어구다. 그리고 개념적인 유사성 측면에서 볼 때도, 하나님의 백성 아닌 자가 다시 하나님의 백성으로 신분이 변경된다는 개념이 두 본문에 공통적으로 존재한다.

하지만 후대 본문에서 구약 본문을 사용하는지를 판단하기 위해 채용하는 기준인 문자적 유사성과 개념적 유사성에 집착하지 않아도 무방한 이유가 있는데, 그것은 바울 자신이 인용하는 구약 본문이 호세아서에 나온 구절이라는 사실을 아예 처음부터 밝히고 있기 때문이다. 그러나 바울은 구약인용문에 호세아서 본문의 히브리어 형태나 그리스어 형태와도 다른 문장을 사용하고 있다. 특히 바울은 호세아 2:25을 인용하면서 70인역 본문에 나오는 "긍휼히 여김을 받지 못하던 자를 긍휼히 여길 것이다"(καὶ ἐλεήσω τὴν οὐκ-ἠλεημένην)라는 문장 대신에 "사랑받지 아니한 자를 사랑받는 자라고 부를 것이다"(καλέσω…τὴν οὐκ ἠγαπημένην ἠγαπημένην)라는 문장을 사용한다. 그렇다면 바울이 호세아 본문에서처럼 긍휼히 여기다(ἠλεημένην)라는 동사가 있는데도 불구하고 이 동사를 사랑하다(ἠγαπημένην)라는 동사로 변경한 이유가 무엇인가? 우선 가능한 설명은 바울이 참고한 구약 저본(Vorlage)이 로마서에서 바울이 인용하는 본문 형태와 같은 경우를 생각해 볼 수 있다.[24] 사본 연대상 우리가 가진 70인역 호세아 본문이 로마서에 인용된 호세아 본문과 같은 본문 형태가 없다는 점은 구약 저본의 형태가 로마서와 같은 본문 형태였을 가능성을 배제한다.[25] 또 다른 가능성은 바울이 의도적으로 호세아서의 단어를 변경한 경우다. 예를 들면 로마서 9장의 문맥에서 "부르다"와 "사랑하다"라는 단어가 하나님의 선택을 의미하는 단어이기 때문에, 바울이 호세아서에 사용된 "긍휼히 여기다"(ἐλεήσω)는 단어보다는 로마서 9장의 문맥을 염두에 두고 "부르다"(καλέσω)와 "사랑하다" 동사를 사용했다고 보는 것이다. 하지만 바울이 로마서 9장에서 "사랑하다" 동사뿐만 아니라 "긍휼히 여기다" 동사도 하나님의 선택을 의미하는 단어로 사용하고 있는 현상은 이것이 만족스럽지 못한 설명임을 보여준다. 모이스는 이 단어(ἠγαπημένην)의 사용과 관련해, 바울이 앞서 13절에서 인용한 말라기 1:2(내가 야곱은 사랑하고 에서를 미워하였다)는 구절과 연관성이 있다고 보았

---

24 이와 같은 견해를 주장하는 학자는 Schreiner다. Thomas Schreiner, *Romans*, 527.

25 J. Ross Wagner, *Herald of the Good News*, 81-82. 각주 120 참고. 로마서보다 연대상 후대인 70인역 사본에는 로마서와 같은 동사(사랑하다, 아가파오)가 사용되는 경우가 있다. 이런 경우는 로마서 본문과 유사하게 본문을 변경하려는 필사자의 시도로 보인다. 4세기 사본인 Vaticanus(B)의 경우 로마서와 유사하게 '사랑하다'('아가파오')는 동사를 사용하고 있다. 참고. W. Edward Glenny, *Hosea: A Commentary base on Hosea in Codex Vaticanus*, (Leiden: Brill, 2013), 38.

다.[26] 던은 "긍휼히 여기다" 동사가 사용된 이유는 바울이 로마서 9-11장에서 이 단어를 계속 긍정적인 의미로 사용하려는 의도 때문이라고 보았다.[27] 사이프리드는 이 동사가 문맥상 호세아 인용문에 뒤따라오는 내용인 예언자 호세아가 하나님의 변함없는 사랑을 상징하고 재현하는 호세아서의 내용을 요약하려는 의도에서 사용된다고 보았다.[28] 와그너는 "긍휼히 여기다" 동사 대신 "사랑하다" 동사를 사용하는 이유를 설명하기 어렵다고 하면서, "사랑받지 못하던 자"가 "사랑받는 자"라고 불린다는 어구가 바울 자신이 만든 표현이라고만 할 뿐 더 이상의 설명을 덧붙이지 않는다.[29]

나는 호세아서에는 등장하지 않는 "사랑받지 못한 자가 사랑을 받는 자가 된다"는 문장에서 "사랑하다" 동사(ἠγαπημένην)가 채용된 데 대한 더 설득력 있는 설명은 바울이 아마도 로마서 9:6-29에서 교차 대구 구조를 사용해서 논의를 진행하고 있기 때문이라고 본다.[30] 먼저 로마서 9:6-29에서 바울이 사용하는 교차 대구 구조를 분석하면 다음과 같다.

---

26 Steve Moyise, "The Minor Prophets in Paul," *Minor Prophets in the New Testament*, Maarten J. J. Menken & Steve Moyise eds., (London: T&T Clark International, 2009), 105에 수록된 글.
27 James Dunn, *Romans 9-16*, (WBC 38B, Dallas: Word, 1988), 571.
28 Seifried, "Romans" *Commentary on the New Testament Use of the Old Testament*, G. K. Beale, D. A. Carson eds., (Grand Rapids: Baker, 2007), 1159.
29 J. Ross Wagner, *Herald of the Good News*, 81.
30 로마서에서 이와 비슷한 교차 대구 구조는 2:6-11에서 찾아볼 수 있다.
   A 2:6 주제-하나님의 차별 없음
     B 2:7 의인
       C 2:8 악인
       C´ 2:9 악인
     B´ 2:10 의인
   A´ 2:11 주제-하나님의 차별 없음

3장 바울의 호세아 인용과 이방인의 구원이 무슨 상관이 있는가?

A 아브라함의 자식(6-9) 씨 σπέρμα(7, 8)

B 이삭의 두 자식(10-13) 사랑하다 ἠγάπησα 미워하다(13)

C 모세와 바로(14-18) 긍휼히 여기다 ἐλεήσω(15, 16, 18)

C′ 토기장이 비유(19-23) 긍휼의 그릇 σκεύη ἐλέους(23)

B′ 호세아 인용(25-26) 사랑하다 ἠγαπημένην(25)

A′ 이사야 인용(27-29) 씨 σπέρμα(29)

로마서 9:6-29은 씨(σπέρμα)라는 단어로 시작(6-9)하고 마무리(27-29)
되는 구조다. 그리고 이삭의 두 자식을 사용하여 하나님의 주권적 선택을
설명하는 문맥(10-13)과 호세아서를 인용하는 문맥(25-26)에서 "사랑하
다"(ἠγάπησα) 동사를 사용하여 대칭을 이룬다. 마지막으로 모세와 바로의
이야기를 사용하면서 하나님이 주권적으로 긍휼히 여기심을 다루는 대
목(14-18)과 토기장이 비유를 들어 하나님의 주권을 설명하는 대목(19-
23)도 "긍휼"이라는 명사와 "긍휼히 여기다"는 동사를 사용해 대응을 이
루는 구조다.

위와 같은 패턴에 의하면 호세아서 인용에서 "긍휼히 여기
다"(ἠλεημένην)라는 동사를 사용하지 않고 "사랑하다"(ἠγαπημένην)라는
동사를 사용한 이유를 설명할 수 있다. 로마서 9장의 문맥상 "사랑하
다"(9:13)와 "긍휼히 여기다"(9:15)라는 동사 둘 다 하나님의 선택을 가
리키는 동사임에는 틀림없다. 하지만 바울은 교차 대구 패턴을 따라 논
증을 전개하면서 이삭의 두 자식(B)과 대응구를 만들기 위해 "사랑하
다"(ἠγαπημένην라)라는 동사를 호세아 인용문(B′)에 흡사한 구문 패턴을
대입하여 사용한 것으로 보인다.

나. 로마서 9:26과 호세아 2:1 비교

둘째, 로마서 9:26에는 호세아 2:1이 인용되고 있다. 구약 본문과 로마서를 비교해 보면 다음과 같다.

롬 9:26 καὶ ἔσται ἐν τῷ τόπῳ οὖ ἐρρέθη αὐτοῖς. οὐ λαός μου ὑμεῖς, ἐκεῖ κληθήσονται υἱοὶ θεοῦ ζῶντος.

호 2:1(70인역) καὶ ἦν ὁ ἀριθμὸς τῶν υἱῶν Ισραηλ ὡς ἡ ἄμμος τῆς θαλάσσης ἣ οὐκ ἐκμετρηθήσεται οὐδὲ ἐξαριθμηθήσεται καὶ ἔσται ἐν τῷ τόπῳ οὖ ἐρρέθη αὐτοῖς οὐ λαός μου ὑμεῖς ἐκεῖ κληθήσονται υἱοὶ θεοῦ ζῶντος

호 2:1(HB)

הָיָה מִסְפַּר בְּנֵי־יִשְׂרָאֵל

כְּחוֹל הַיָּם אֲשֶׁר לֹא־יִמַּד וְלֹא יִסָּפֵר וְהָיָה בִמְקוֹם

אֲשֶׁר־יֵאָמֵר לָהֶם לֹא־עַמִּי אַתֶּם יֵאָמֵר לָהֶם בְּנֵי אֵל־חָי:

바울이 인용한 호세아 본문형태를 보면 히브리어 본문에 사용된 בִמְקוֹם 어구는 두 가지로 해석할 수 있다. 첫째는 '~ 대신에'(instead of)라는 의미이고, 다른 하나는 '그 장소에서'(in the place)라는 의미다.[31] 70인역 호세아

---

[31] Steve Moyise, "The Minor Prophets in Paul," 105-106. Moyise는 Cranfield가 로마서 주석에서 이 주장의 근거를 자세히 제시하고 있다고 부연 설명한다.

본문은 히브리어 어구(בָּמָקוֹם)를 후자의 의미인 '그 장소에서'($\dot{\epsilon}\nu$ $\tau\tilde{\omega}$ $\tau\acute{o}\pi\omega$) 라는 의미로 번역하고 있다. 더 나아가 70인역에는 히브리어 본문에 없 는 단어인 "거기에서"($\dot{\epsilon}\kappa\epsilon\tilde{\iota}$)가 사용되고 있고, 로마서에 이 단어가 그대로 채용되고 있다. 따라서 문자적 유사성이란 기준으로 볼 때 로마서 9:26 에서는 히브리어 본문이 아닌 70인역 호세아 2:1의 해당 부분을 거의 문 자 그대로 가져다 사용하고 있음을 알 수 있다. 그리고 이렇게 26절에서 70인역 본문을 사용하는 현상은 바로 앞 구절인 로마서 9:25에서도 히 브리어 호세아 본문보다는 70인역 호세아 본문이 사용되었을 가능성을 높여준다.[32] 바울의 호세아서 해석과 관련해 중요한 점은 바울이 로마서 9:25-26에서 인용하는 호세아서 2개의 본문이 호세아 2장의 맨 첫 구절 (2:1)과 맨 마지막 구절(2:25)이라는 사실이다. 이런 현상은 바울이 단순 히 호세아 2장의 어느 특정 표현이나 한 두 구절만을 가져다 사용하는 차 원이 아니라, 호세아서 2장 전체의 문맥을 염두에 두고 있음을 시사한다.

3. 바울의 호세아서 해석과 이방인의 구원

구약 본문의 형태를 차치하더라도 로마서 9장에 나타난 바울의 호세아서 인용은 충격적인 구약 사용 혹은 자유로운 구약해석이라는 평가가 따라 다닐 정도로 난해한 구약해석의 예다. 바울은 로마서 9장을 해석하는 학

---

32 로마서에서 바울이 주로 사용하는 구약 본문형태가 70인역임을 감안할 때 롬 9:25-26에 서 인용하는 구약 본문형태는 히브리어 호세아 본문보다는 그리스어 호세아 본문을 사용 했을 개연성이 높다.

자들의 주장처럼 호세아서의 원래 문맥의 의미와는 상관없는 해석을 하고 있는가? 다시 말해 로마서 9:25-26에서 인용하고 있는 호세아 1-2장은 북이스라엘 백성의 구원과 회복을 말하고 있는 반면에 바울은 이 호세아 본문을 이방인들의 구원을 말하는 본문으로 탈바꿈시켜 놓았는가? 이 질문이 이번 장에서 다루는 핵심 질문이다. 먼저 살펴보아야 할 주해적 과제는 과연 로마서 9:25-26이 이방인들의 구원을 다루는 본문인가라는 문제다. 표면적으로 보면 이 구절에는 이방인을 가리키는 것처럼 보이는 어구들인 "내 백성이 아닌 자", "사랑받지 못하던 자"라는 표현이 등장한다. 그리고 바울은 24절에서 하나님께서 구원을 주시기로 계획하신 긍휼의 그릇에 '이방인들'이 포함된다고 주장하기 때문에, 바로 뒤에 이어지는 25-26절도 이방인의 구원을 뒷받침하는 구절로 해석할 가능성을 자연스럽게 열어주는 것으로 보일 수도 있다.

하지만 나는 학자들 대다수의 해석과는 달리 바울이 25-26절에서 인용하고 있는 호세아 본문이 유대인들과 이방인들의 구원 모두를 포함하고 있는 내용이라고 보는 것이 더 타당하다고 생각한다.[33] 그 이유는 다음과 같다. 첫째, 24절과 25-26절의 구문론적 관계가 이를 뒷받침한다. 구문상 25-26절은 24절의 주장을 뒷받침하는 내용을 담고 있다. 바울은 24절에서 긍휼의 그릇(23절)에 해당하는 대상이 유대인이라고 먼저 언급한다. 그리고 바로 이어지는 내용은 이방인 중에서 부름 받은 자도 이 긍휼의 그릇에 포함되는 자들이라고 설명한다. 따라서 24절은 유

---

33 David Starling, *Not My People*, 119-127에 이 구절에 대한 다양한 해석 경향과 이를 주장하는 학자들이 제시된다.

대인만의 구원이나 이방인만의 구원을 설명하는 구절이 아니라 두 그룹 모두의 구원을 설명하는 구절이다. 그리고 이어지는 25절에서 바울은 접속사 ὡς를 사용하여 호세아서의 두 개의 본문을 인용한다. 접속사가 도입하고 있는 구약인용문은 구문론적으로 단지 ἀλλὰ καὶ ἐξ ἐθνῶν만을 수식하는 것이 아니라, 접속사의 기능상 24절 문장 전체(ἐκάλεσεν οὐ μόνον ἐξ Ἰουδαίων ἀλλὰ καὶ ἐξ ἐθνῶν)를 수식하는 역할을 한다고 볼 수도 있기 때문이다. 접속사 ὡς가 24절 문장 전체를 수식한다고 볼 수 있는 또 다른 근거는 24절에 사용된 "부르다"(καλέω)라는 동사가 25-26절에서 2회 사용될 뿐 아니라, 구조상 구약인용구의 맨 처음과 맨 마지막에 수미상관구조(inclusio)로 사용된다는 점이다.

^{24}Οὓς καὶ ἐκάλεσεν ἡμᾶς οὐ μόνον ἐξ Ἰουδαίων ἀλλὰ καὶ ἐξ ἐθνῶν,

^{25}ὡς καὶ ἐν τῷ Ὡσηὲ λέγει·

καλέσω τὸν οὐ λαόν μου λαόν μου καὶ τὴν οὐκ ἠγαπημένην ἠγαπημένην·

^{26}καὶ ἔσται ἐν τῷ τόπῳ οὗ ἐρρέθη αὐτοῖς· οὐ λαός μου ὑμεῖς, ἐκεῖ κληθήσονται υἱοὶ θεοῦ ζῶντος.

이런 점들은 25-26절의 내용이 하나님이 부르신 대상이 유대인 가운데서 선택받은 사람들(ἐξ Ἰουδαίων)과 이방인 가운데서 선택받은 사람들(ἐξ ἐθνῶν)이라고 말하는 24절을 뒷받침하는 내용이라는 해석에 무게를 실어준다. 바울은 25-26절에서 호세아 본문을 인용하면서 24절에서 설명한 내용, 즉 하나님이 부르신 사람은 두 그룹의 사람들, 다시 말해 유대인과 이방인 가운데 부름을 받은 '우리'(ἡμᾶς)라는 점을 구약을 통해 뒷받침하려 했다고 볼 수 있다. 그렇다면 기존에 해석하던 대로 호세아 본문이 이방인들의 구원만을 다루는 본문인데 반해 바울이 로마서에서 이 본문을 인용하면서 구약의 원래 의미를 확대해석했다거나 왜곡했다는 말은 타당한 해석이 아니다. 그 이유는 호세아 본문이 일차적으로 이스라엘 민족의 구원을 다루고 있는 본문이기 때문이다. 그리고 이 호세아서 본문이 로마서 9:25-26에 인용되면서 원래 문맥의 의미가 사라지지 않고 그대로 존재한다고 볼 수 있다. 호세아서의 내용을 아는 로마 교회의 유대인 그리스도인들 및 구약성경을 아는 이방인 그리스도인들은 호세아서가 일차적으로 유대인들의 구원과 회복을 예언하는 것이라고 이해하는 데 거부감이 없었을 것이다. 바울은 호세아 본문을 통해 일차적으로 하나님이 유대인 가운데서 선택받은 사람에게 구원을 주신다고 말하고자 한 것이 분명하다. 호세아서 전체의 일차적 메시지가 이스라엘 민족의 구원과 관련된 것이기 때문이다. 특히 바울이 호세아서를 인용하면서 사용하는 인용 도입구는 앞서 논의한 것처럼 특이하다. 바울은 호세아서에 유대인과 이방인의 구원이 기록되었다고 표현하지 않고, 하나님이 말씀하신 형태로 구약을 인용하여 "그[하나님]가 호세아서에서도 말씀하셨다"(ὡς καὶ ἐν τῷ Ὡσηὲ λέγει)고 기록하고 있기 때문이다. 하나님이 말하는 주체로 볼 수 있는 또 다른 근거는 25절의 호세아 인용문에 다시 한번 하나님이 주어로 등장하기 때문이다. 이와 같은 사실을 종합해 볼 때 바울은 24-26절에서 유대인과 이방인 모두의 구원을 다루고, 이어지는 27-29절에서 이사야 본문을 인용하면서 유대인들의 구원에 집중하며, 30절 이하에서는 이방인(30절, "의를 따르지 아니한 이방인들")의 구원을 다루는 패턴을 취하고 있다고 볼 수 있다. 물론 30절 이하에서 바울은 이방인의 구원을 이야기하면서도 곧바로 이스라엘의 불신앙과 실패를 다루고 있는 것이 사실이다. 이런 현상은 바울이 로마서 9-11장에서 다루는 주제가 이스라엘의 구원 문제라는 점을 염두에 두면 충분히 이해할 수 있다. 문맥상 바울의 궁극적 관심은 이스라엘의 구원 문제이기 때문이다. 그럼에도 바울은 24-26절에서 하나님의 주권적 선택을 설명하면서 유대인과 이방인의 구원 문제를 설명하고 있기에 이방인들이 언급된다고 볼 수 있다. 바울이 인용한 호세아 본문(25-26절)은 이방인들의 구원 문제만을 다루기 위해 원래의 의미와 문맥과는 무관하게 변경된 증거 본문이 아니다. 대신에 그 본문은 24절의 주장을 뒷받침하며 호세아서에서 하나님이 일차적으로 유대인의 구원, 그리고 이에 못지않은 이방인들의 구원 이 두 가지 모두를 말하고 있다는 구약의 근거를 제시하는 역할을 하고 있다.

둘째, 그렇다면 바울이 유대인들의 회복만을 예언하는 것처럼 보이는 호세아서에서 어떻게 이방인들의 구원이라는 주제를 읽어 낼 수 있었는가는 여전히 해결해야 할 과제다. 호세아서는 이스라엘 백성의 구원을 말하고 있는 반면에, 바울은 이 호세아 본문을 원래 문맥의 의미와는 무관하게 자신의 신학인 이방인의 구원의 정당성을 보장하는 증거 본문으로 왜곡해서 해석하고 있는 것인가? 언뜻 보기에는 학자들 대다수가 주장하듯이 바울은 호세아 본문의 원래 의미와 주제를 임의로 변경해 자신의 신학을 옹호하는 근거로 사용하는 듯하다. 그럼에도 우리가 앞으로 증명해 보이겠지만, 호세아 본문에는 이방인의 구원을 암시하는 내용 또한 존재한다. 바울은 호세아서 본문에 내재된 이방인의 구원이라는 의미론적 잠재성에 근거하여 호세아서 인용 본문을 이방인의 구원도 예언하는 본문으로 해석한 것이 틀림없다. 바울이 이방인의 구원을 암시한다고 본

호세아서 본문상의 근거는 다음 두 가지인데, 이 점은 호세아 2장 전체에서 찾아볼 수 있다.[34]

(1) 바다의 모래와 같이 됨(호 2:1): 아브라함 언약

바울이 호세아 본문에서 이스라엘 민족의 구원을 보았을 뿐만 아니라 한 걸음 더 나아가 호세아서가 이방인의 구원까지를 예언한 것으로 볼 수 있었던 근거는 호세아서가 아브라함 언약을 암시하고 있다는 점에 있다. 바울은 로마서 9:26에서 호세아 2:1(70인역)을 인용한다. 그런데 로마서에 인용된 호세아 2:1은 다음과 같이 아브라함 언약을 암시하고 있다.

롬 9:26 καὶ ἔσται ἐν τῷ τόπῳ οὗ ἐρρέθη αὐτοῖς· οὐ λαός μου ὑμεῖς, ἐκεῖ κληθήσονται υἱοὶ θεοῦ ζῶντος.

호 2:1(70인역) καὶ ἦν ὁ ἀριθμὸς τῶν υἱῶν Ισραηλ ὡς ἡ ἄμμος τῆς θαλάσσης ἣ οὐκ ἐκμετρηθήσεται οὐδὲ ἐξαριθμηθήσεται καὶ ἔσται ἐν τῷ τόπῳ οὗ ἐρρέθη αὐτοῖς οὐ λαός μου ὑμεῖς ἐκεῖ κληθήσονται υἱοὶ θεοῦ ζῶντος

우리가 이 구약 본문에서 주목해야 할 부분은 이스라엘 백성의 수가 바

---

34 우리가 호 2장 전체를 연구대상으로 삼는 이유는 바울이 호 2장 전체를 염두에 두고 있다고 보기 때문이다. 바울이 호 2장 전체를 염두에 두고 있는 근거는 그가 롬 9:25-26에서 호 2장의 맨 첫 구절(1절)과 맨 마지막 구절(25절)을 인용하고 있다는 사실에 있다.

닷가의 모래와 같이 된다(ἦν ὁ ἀριθμὸς τῶν υἱῶν Ισραηλ ὡς ἡ ἄμμος τῆς θαλάσσης)는 표현이다. 호세아 2:1-2은 미래에 있을 이스라엘의 회복에 관한 예언으로, 하나님의 심판을 받아 더 이상 하나님의 백성이 아니라고 선언 받은 이스라엘 민족이 살아 계신 하나님의 아들들로 회복되는 내용을 담고 있다.[35] "바다의 모래와 같다"는 어구는 일차적으로 이스라엘 민족의 수적 증가를 가리키는 표현으로 볼 수 있다. 하지만 호세아서는 여기서 단순히 이스라엘 민족의 수가 급격히 증가할 것이라는 표면상의 이야기를 하는 것이 아니다. 그 이유는 이 대목에서 호세아서가 창세기에 나오는 아브라함 이야기를 연상시키면서 궁극적으로 아브라함의 언약을 암시하고 있기 때문이다.[36] 바다의 모래와 같이 된다는 표현은 흥미롭게도 창세기 22:17과 문자적 유사성이 있다.

호 2:1(70인역) καὶ ἦν ὁ ἀριθμὸς τῶν υἱῶν Ισραηλ ὡς ἡ ἄμμος τῆς θαλάσσης ἣ οὐκ ἐκμετρηθήσεται οὐδὲ ἐξαριθμηθήσεται καὶ ἔσται ἐν τῷ τόπῳ οὗ ἐρρέθη αὐτοῖς οὐ λαός μου ὑμεῖς ἐκεῖ κληθήσονται υἱοὶ θεοῦ ζῶντος

창 22:17(70인역) ἦ μὴν εὐλογῶν εὐλογήσω σε καὶ πληθύνων πληθυνῶ τὸ σπέρμα σου ὡς τοὺς ἀστέρας τοῦ οὐρανοῦ καὶ ὡς τὴν ἄμμον τὴν

---

35 Douglas Stuart, *Hosea-Jonah* (WBC 31, Waco: Word, 1987), 36.
36 Mark E. Rooker, "The Use of the Old Testament in the Book of Hosea," *Criswell Theological Review* 7.1 (1993), 53. Douglas Stuart, *Hosea-Jonah*, WBC 31 (Waco: Word, 1987), 38. 참고. David Starling, *Not My People*, 119.

παρὰ τὸ χεῖλος τῆς θαλάσσης καὶ κληρονομήσει τὸ σπέρμα σου τὰς πόλεις τῶν ὑπεναντίων

호세아서에서는 "바다의 모래와 같이"(ὡς ἡ ἄμμος τῆς θαλάσσης / כְּחוֹל הַיָּם)라고 되어 있고, 창세기에는 "바닷가의 모래와 같이"(ὡς τὴν ἄμμον τὴν παρὰ τὸ χεῖλος τῆς θαλάσσης / וְכַחוֹל אֲשֶׁר עַל־שְׂפַת הַיָּם)라는 어구가 사용되고 있다. 호세아서는 미래에 있을 이스라엘의 구원과 회복이 하나님이 아브라함에게 하셨던 약속, 즉 그의 자손이 바닷가의 모래와 같이 많아질 것이라는 아브라함 언약의 성취라고 본 것이다. 그러나 스탈링 같은 학자는 이 어구가 아브라함 언약을 연상시킬지는 모르지만, 호세아 본문 자체에 이방인의 구원을 다루는 어구가 없기 때문에 호세아 본문을 이방인의 구원과 연관시킬 수는 없다고 주장한다.[37] 하지만 바울이 호세아 인용문을 아브라함 언약과 관련해서 해석했을 가능성은 그가 아브라함의 씨를 이야기하는 바로 전 문맥인 로마서 9:7-9의 창세기 인용문에 의해 더욱 확고히 뒷받침된다. 아브라함의 씨가 다 그의 자녀가 아니고 오직 이삭에게서 난 자라야 네 씨라 불리리라는 아브라함에 관한 내용과 이삭에 관한 내용에서 사용된 "불리리라"(κληθήσεταί)는 동사가 흥미롭게도 호세아 인용 본문에 그대로 사용되고 있기 때문이다. 에이지슨은 바울이 호세아서를 인용한 이유가 로마서 9:7에 인용된 창세기 21:12 본문과의 언어적 고리(verbal connection)인 "부르다"라는 동사 때문이라고 제안하는데, 이 점은 아브라함 이야기와 호세아 인용문 간의 긴밀한 관계를 더욱 분명하게 확증해 준

---

37   David Starling, *Not My People*, 119.

다.[38] 결국 바울은 호세아 2:1에 암시된 아브라함 언약이 담고 있는 이방인 구원의 의미까지 읽어내고 있으며, 로마서에서 호세아서를 인용하면서 이 본문 안에 잠재되어 있던 아브라함 언약의 함의를 밖으로 드러내 사용하고 있다고 볼 수 있다.

바울에게 아브라함 언약은 특별한 의미가 있다. 특히 로마서에서 아브라함 언약은 바울이 이방인의 구원 문제를 다룰 때 중요한 근거가 되기 때문이다. 로마서 4장에서 아브라함을 언급하는 문맥에서 바울은 우선 아브라함이 오직 믿음으로만 의롭게 되는 구약성경의 근거라고 제시한다(4:3). 한 걸음 더 나아가 바울은 아브라함이 단지 할례자의 조상일 뿐만 아니라 무할례자의 조상으로서, 이방인도 하나님의 백성이 될 수 있다는 근거라고 제시한다(4:9-12). 바울은 아브라함이 유대인이든 이방인이든 "모든 사람의 조상"이라고 천명한다(4:16). 또한 로마서보다 먼저 기록된 갈라디아서에서도 바울은 아브라함을 언급하면서 "모든 이방인"이 아브라함을 통해 복을 받게 될 것이 구약성경에 예언되어 있다고 가르친바 있다(갈 3:8). 결국 바울에게 있어 아브라함은 이방인들을 하나님의 백성이 되게끔 만드는 중요한 인물이며, 바울은 아브라함 언약을 이방인의 구원을 포함하고 있는 약속으로 이해하고 있다. 따라서 호세아 2:1에 암시된 아브라함 언약을 본 바울은 자연스럽게 호세아 2:1이 말하는 종말론적 구원은 단순히 이스라엘 민족의 회복과 구원뿐만 아니라 이방인의 구원도 포함하는 것으로 보았을 개연성이 매우 높다. 물론 유대인들이 이

---

38 James W. Aageson, "Scripture and Structure in the Development of the Argument in Romans 9-11," *Catholic Biblical Quarterly* 48(1986), 272.

호세아 본문에서 이방인의 구원을 보았는가와 바울이 똑같은 구약 본문에서 이방인의 구원을 이야기하는 것으로 이해했는가는 별개 문제다. 하지만 바울은 때때로 유대인들이 보지 못하는 구약 본문의 의미를 섬세하게 끌어내어 논증을 펼치기도 한다는 점은 호세아서에서 바울이 이방인의 구원을 읽어냈을 가능성을 더해준다.[39] 결국, 구원에 이방인들이 포함된다는 바울의 호세아 해석은 호세아 본문의 의미와는 무관한 주장이 아니라 호세아서에서 충분히 유추해낼 수 있는 의미다.

(2) 그 땅에서 올라오리니(호 2:2): 새 출애굽 모티프

바울이 호세아서에서 이방인의 구원을 볼 수 있었던 또 다른 근거는 로마서에서 인용하는 호세아 본문이 새 출애굽 사상을 담고 있다는 점에 있다. 우선 바울이 인용하는 호세아 본문 자체가 출애굽 사건에서 나온 표현을 담고 있다. 로마서 9:25에서 인용된 호세아 2:1의 구절인 "내가 내 백성이 아닌 자들을 내 백성이라…부르리라"와 또한 26절에 인용된 "너희는 내 백성이 아니라 한"이라는 호세아 2:23의 표현은 출애굽기 6:7의 λήμψομαι ἐμαυτῷ ὑμᾶς λαὸν ἐμοὶ καὶ ἔσομαι ὑμῶν θεός("내가 너희를 내 백성으로 삼고, 나는 너희의 하나님이 되리니")를 암시한다. 물론 호세아서는 출애굽기의 표현을 부정적으로 표현한 것이지만 하나님과 이스라엘과의 언약이 깨어진 관계를 호세아서가 반영하고 있다는 점을 고려한다면,

---

39 예를 들면, 고난받는 메시아 사상은 유대인들이 구약에서 읽어 낼 수 없는 사상이었다. 하지만 초기 교회는 유대인들이 읽는 동일한 구약 본문으로부터 고난받는 메시아 사상을 도출해 낼 수 있었던 원리와 유사하다.

호세아가 출애굽기에 나온 이 언약 관계를 염두에 두었다고 보아도 무리는 아니다. 우리가 다루고 있는 호세아 1:10뿐만 아니라 다른 구절에서도 출애굽기를 연상케 하는 내용이 더 존재한다. 예를 들면 루커는 호세아 1:9("나는 너희 하나님이 되지 아니하리라")도 출애굽기 3:14("나는 스스로 있는 자")의 히브리어 언어유희라고 본다.[40]

호세아 2:1(= 개역개정 1:10, "너희는 내 백성이 아니라⋯너희는 살아계신 하나님의 아들들이라 할 것이라")에서 출애굽 사건이 암시되었지만 여기서 그치는 것이 아니다. 그다음 구절인 호세아 2:2(=1:11, 개역개정)은 미래에 일어날 이스라엘 민족의 회복을 설명하면서 남측 유다와 북측 이스라엘이 하나가 되고, 지도자 한 사람을 세워 그 땅에서부터 올라올 것이라고 말한다. 한 명의 지도자를 중심으로 남측 유다와 북측 이스라엘이 연합하는 미래의 구원의 날에 이들은 "그 땅에서부터" 올라온다. 여기서 주목해야 할 부분은 "그들이 그 땅에서 올라온다"(καὶ ἀναβήσονται ἐκ τῆς γῆς)는 표현이다. 이 표현을 히브리어의 관용어로 보고 '땅을 차지한다'는 의미로 해석하는 학자도 있다.[41] 혹은 이스라엘 백성의 인구수가 늘어나는 의미로 보는 이도 있다.[42] 하지만 70인역에서 "땅에서 올라오다"(ἀναβαινειν ἐκ τῆς γῆς)라는 표현은 호세아 2:2을 포함해서 모두 5회만 사용되는 어구다(창 2:6; 출 13:18; 삼상 28:13, 14; 호 2:2). 이 중 호세아 본문과 가장 유사한 본문이 출애굽기 13:18("이스라엘 자손이 애굽 땅에서 대열을 지어 나

---

40 Rooker, "The Use of the Old Testament in the Book of Hosea," 56.
41 Hans Walter Wolff, *Hosea* (Philadelphia: Fortress, 1974), 28. Daniel J. Simundson, *Hosea, Joel, Amos, Obadiah, Jonah, Micah* (Nashville: Abingdon Press, 2005), 20.
42 참고. Wagner, *Herald of the Good News*, 87.

올 때에")이다. 또한 바울이 인용하는 호세아 2:1의 바로 다음 구절인 호세아 2:2도 아래의 본문 비교가 보여주는 것과 같이 "이스라엘 자손"(οἱ υἱοὶ Ισραηλ)이라는 주어와 "그 땅에서 올라온다"(ἀναβήσονται ἐκ τῆς γῆς)는 어구가 출애굽기 13:18과 문자적으로 동일하게 나타난다.

출 13:18 καὶ ἐκύκλωσεν ὁ θεὸς τὸν λαὸν ὁδὸν τὴν εἰς τὴν ἔρημον εἰς τὴν ἐρυθρὰν θάλασσαν πέμπτη δὲ γενεὰ ἀνέβησαν οἱ υἱοὶ Ισραηλ ἐκ γῆς Αἰγύπτου

호 2:2 καὶ συναχθήσονται οἱ υἱοὶ Ιουδα καὶ οἱ υἱοὶ Ισραηλ ἐπὶ τὸ αὐτὸ καὶ θήσονται ἑαυτοῖς ἀρχὴν μίαν καὶ ἀναβήσονται ἐκ τῆς γῆς ὅτι μεγάλη ἡ ἡμέρα τοῦ Ιεζραελ

이와 같은 문자적 유사성은 호세아 2:2의 "이스라엘 자손이 그 땅에서 올라온다"는 개념이 출애굽 사건을 의미하는 것임을 보여준다. 그러므로 호세아서는 미래에 일어날 이스라엘의 구원을 새 출애굽 사건으로 보고 있다고 결론지을 수 있다.

이뿐만 아니라 히브리어 구약 본문에서 "그 땅으로부터"(מֵאֶרֶץ '메 에레츠' 혹은 מִן הָאָרֶץ '민 하아레츠')라는 어구는 출애굽 사건과 관련되어 빈번하게 사용되는 표현이다.[43] 또한 가장 중요한 근거는 호세아 2:17로, 이

---

43   예를 들면, 출 1:10; 3:8; 6:1, 11, 13, 26; 7:2, 4; 11:10; 12:17, 33, 41, 42, 51; 13:18; 16:1, 6, 32; 19:1; 민 9:1; 15:41; 신 1:27; 8:14; 수 24:17; 삿 2:12; 19:20; 삼상 12:6; 왕하 17:7.

본문과 문자적으로 동일한 "그 땅으로부터…올라오다"(עָלָה מֵאֶרֶץ '알라… 메에레츠')라는 표현이 출애굽기 13:18, 레위기 11:45, 사사기 19:30, 이사야 11:16에서 명백하게 출애굽 사건을 가리키는 어구로 사용되고 있다는 점이다. 구약 여러 본문에서 "그 땅으로부터 올라오다"라는 어구가 출애굽 사건을 나타내는 표현으로 쓰일 뿐만 아니라, 보다 의미심장한 사실은 호세아서 자체에서 "그 땅으로부터 올라오다"라는 표현이 호세아 2장에서만 단 2회(2:2, 17) 사용되는데, 이 어구가 호세아 2:17에서 "애굽 땅에서 올라오던 날과 같이 하리라"(ἀναβάσεως αὐτῆς ἐκ γῆς Αἰγύπτου)라고 사용되면서 분명하게 출애굽 사건을 가리킨다는 점이다. 따라서 호세아 2:2에 유사하게 사용된 "유다 자손과 이스라엘 자손이 함께 모여 한 우두머리를 세우고 그 땅에서부터 올라오리니"(ἀναβήσονται ἐκ τῆς γῆς)라는 구절도 미래에 벌어질 이스라엘의 구원이 과거 출애굽 사건과 같은 성격의 새 출애굽 사건이 될 것임을 암시하는 구절로 보는 것이 자연스럽다.[44] 호세아 11:11("그들은 애굽에서부터 새 같이…떨며 오리니"[καὶ ἐκστήσονται ὡς ὄρνεον ἐξ Αἰγύπτου])도 미래의 구원을 새 출애굽으로 묘사하고 있다.[45] 따라서 미래의 구원을 또 하나의 새 출애굽 사건으로 보는 것이 호세아서의 중요한 신학적 주제 가운데 하나임을 부정할 수 없다.

결국 이와 같은 점들은 호세아 2:2이 미래에 벌어질 이스라엘의 구

---

44 호세아서 히브리어 해당 본문에도 출애굽의 의미가 있는 것으로 볼 수 있다. 참고. Francis I. Andersen & David Noel Freedman, *Hosea: A New Translation with Introduction and Commentary* (Garden City: Doubleday, 1980), 209. Douglas Stuart, *Hosea-Jonah* (Waco: Word, 1987), 39. 이 본문에서 출애굽 이미지를 보는 학자들은 우리가 연구하는 어구가 출애굽 이미지와 함께 죽음의 땅에서 돌아옴이라는 이중적 의미를 지닌 것으로 보는 경향이 있다.

45 Donald E. Gowan, 『구약성경의 종말론』 (서울: 기독교문서선교회, 1999), 58-59.

원을 새 출애굽 사건으로 묘사하고 있음을 알 수 있게 해준다. 호세아서에서는 미래에 있을 이스라엘의 구원은 하나님이 이스라엘을 이집트에서 건져낸 출애굽 사건과 같을 것이며, 우상숭배로 파괴되었던 언약 관계가 회복되어 그들은 하나님의 백성이 되고 하나님은 그들의 하나님이 되는 사건이 될 것이라고 설명한다. 그리고 바울은 틀림없이 이와 같은 호세아서에서의 새 출애굽 사건으로서의 종말적 구원이라는 개념에서 이방인들의 구원을 읽어냈을 것이다. 다음의 논의는 새 출애굽과 이방인의 구원 사이의 관계를 더 분명하게 뒷받침해 줄 것이다.

바울이 이해한 이방인들의 구원이 새 출애굽 사건과 관련이 있다는 점은 그것들 사이에 상관관계가 있음을 살펴봄으로써 그 연결고리를 찾을 수 있다. 종말의 구원사건으로서 새 출애굽 모티프에 이방인의 구원이라는 주제가 포함되어 있다는 점은 어렵지 않게 발견된다. 이사야 11:10-16에 나타난 미래의 이스라엘 백성의 회복을 "여호와께서 애굽 해만을 말리시고" 혹은 "그 하수를 쳐 일곱 갈래로 나누어 신을 신고 건너가게 하실 것이라"는 표현(15절), 그리고 이 구원의 날이 "이스라엘이 애굽 땅에서 나오던 날과 같게 하시리라"는 구절(16절)은 출애굽 사건을 연상시킨다.[46] 그리고 같은 문맥에서 이방인들이 하나님의 구원에 참여함을 나타내는 사상들이 등장한다. 예를 들면 "열방이 그에게 돌아오리니"(10절) 또는 "여호와께서 열방을 향하여 기치를 세우시고 이스라엘의 쫓긴 자들을 모으시며 땅 사방에서 유다의 흩어진 자들을 모으시리

---

46 J. Alec Motyer, *The Prophecy of Isaiah: An Introduction & Commentary*, (Downers Grove: IVP, 1993), 126-27.

니"(12절)라는 개념이 여기에 해당한다. 특히 "열방을 위해 기치(깃발)를 세우신다"는 표현은 흩어진 이스라엘 백성이 고국으로 돌아올 때 이방인들이 함께 시온에 온다는 '열방의 종말론적 시온 순례' 사상을 반영하는 것이다.[47] 요약하면 이사야 11장에는 새 출애굽 모티프와 열방의 종말론적 시온 순례 모티프가 함께 등장한다. 따라서 이사야서를 포함하여 구약을 알고 있는 유대인들은 이 두 사상을 결합하는 것이 낯설지 않았을 것이다. 특히 유대인이었던 사도 바울 역시 종말론적 새 출애굽 사건을 언급하는 호세아 2:2에서 열방의 종말론적 시온 순례 사건을 함께 보았을 가능성이 높다.[48]

바울이 이사야 11장을 통해 이스라엘의 종말론적 새 출애굽 사건과 열방의 종말론적 순례 개념을 결합했을 개연성은 로마서 자체의 문맥에서 발견할 수 있다. 바울은 로마서에서 이사야 11장을 직접 인용하기 때문이다(롬 15:12). 우선 그는 이방인들이 이새의 뿌리인 메시아에게 소망을 두게 되며 하나님의 백성이 될 것을 말하는 문맥인 로마서 15:12에서 "이새의 뿌리 곧 열방을 다스리기 위하여 일어나시는 이가 있으리니 열방이 그에게 소망을 두리라"는 이사야 11:10을 인용한다. 그리고 앞서

---

47 J. Alec Motyer, *The Prophecy of Isaiah*, 126; 김태훈, "유대주의 보편주의 관점에서 본 종말론적 순례의 전통", 「신약논단」 (2010 가을호), 772-80. 이 논문에서 김태훈은 초기 유대교의 종말론적 순례 전통에 다음과 같은 현상이 함께 결부되어 나타난다고 설명한다: (1) 이스라엘의 적들의 무너짐, (2) 예루살렘/시온의 회복과 영광, (3) 흩어진 포로들이 시온에 모임, (4) 이방인들의 순례.

48 Donald E. Gowan은 구약성경이 묘사하는 종말의 구원과 관련된 여러 사건으로 약속의 땅으로의 회복, 메시아, 이방인들의 구원에의 참여, 종말론적 용서, 새 마음, 새 영, 새 언약 그리고 새 하늘과 새 땅 등을 제시한다. 도널드 고완, 『구약성경의 종말론』 (서울: 기독교문서선교회, 1999).

살핀 대로 바울이 인용하는 이 구약 본문(사 11:10-16)은 종말의 구원을 새 출애굽 사건으로 묘사하면서 동시에 이방인이 이스라엘 백성과 함께 구원에 참여한다는 사상을 담고 있다. 따라서 바울이 이사야 11장에 나오는 새 출애굽 사건으로서의 종말론적 구원에 이방인의 구원도 포함된다는 사상을 지니고 있었음을 부정할 수 없고, 바울은 이 관점으로 새 출애굽을 예언하는 호세아 2:2에서 이방인들의 구원을 보았음이 분명하다.

이와 더불어 바울이 로마서 9:25-26에서 호세아서를 인용한 직후에 이사야 10:22을 인용하고 있다는 사실이 중요하다. 이것은 바울이 적어도 이사야 10-11장의 문맥을 염두에 두고 있음을 시사하기 때문이다. 바울이 이사야 11:10을 로마서 15:12에서 인용했고, 또 로마서 11:25-26에서 이사야 10:22를 인용하기 때문에 바울이 이사야서를 해석할 때 자신이 인용한 이사야 10장과 11장을 염두에 두었을 가능성이 있다. 더 나아가 로마서 전체에서 직접 인용된 이사야 본문의 범위를 보더라도 1장에서 65장에 이르기 때문에 바울 사도가 이사야서 전체를 염두에 두었다고 보아도 과장된 주장은 아니다.[49] 결국 바울에게 구약 예언서가 예언한 종말의 구원은 새 출애굽 사건과 같은 것이며, 호세아서를 읽으면서 이 두 개념 즉 새 출애굽과 이방인들의 종말론적 시온 순례 사상을 결합하여 이 종말의 구원에 이방인들이 참여하게 될 것이라고 해석한 것으로 볼 수 있다.

결국 바울이 로마서 9:25-26에서 호세아 2장의 처음 문장과 마지

---

49 바울이 로마서에서 인용하는 이사야 본문은 1장(롬 1:9), 10장(롬 9:27), 27장(롬 11:27), 29장(롬 11:8; 롬 9:20), 45장(롬 14:11), 49장(롬 14:11), 52장(롬 2:24, 롬 15:21), 59장(롬 3:15; 롬 11:26), 65장(롬 10:20)이다.

막 문장을 인용하면서 이방인의 구원을 읽어낸 것은 호세아 본문에 잠재해 있던 본래의 의미를 드러낸 것이라고 볼 수 있다. 중요한 점은 바울 사도만이 호세아서 본문을 이방인들의 구원을 포함하는 것으로 해석하지는 않는다는 사실이다. 잘 알려진 대로 베드로전서에서도 이 호세아 본문은 이방인들의 구원을 설명하는 것으로 해석된다(벧전 2:10).[50] 따라서 호세아 본문을 인용하거나 암시하는 신약 저자들은 이 본문을 이방인의 구원과 연관지어 해석하는 경향이 있었음을 발견할 수 있다. 그러므로 우리가 지금까지 분석했듯이 호세아 본문이 이스라엘의 구원뿐만 아니라 이방인의 구원을 포함한다고 본 바울의 해석은 호세아 본문과는 무관한 자의적인 해석과 주장이 아니라 호세아 본문으로부터 나온 정당한 해석임을 알 수 있다.

4. 결론

바울의 호세아 인용과 이에 근거한 이방인의 구원 사상은 로마서를 해석하는 이들에게 난제 중 하나였다. 바울이 호세아서를 인용하면서 호세아서의 원래 문맥과는 동떨어진 의미로 사용하고 있는 것으로 보이기 때문이다. 우리는 이 장에서 이스라엘의 구원 문제만을 다루는 듯한 호세아 본문으로부터 바울이 어떤 방식으로 이방인의 구원 사상을 도출해 낼 수

---

50   J. Ramsey Michaels, *1 Peter* (WBC 49, Waco: Word, 1988), 112-13; Karen H. Jobes, *1 Peter* (BECNT, Grand Rapids: Baker, 2005), 163.

있었는지 그의 해석 과정을 탐구해 보았다. 바울은 호세아서 본문이 일차적으로 유대인의 구원 문제를 말하는 본문이라고 본다. 동시에 그는 호세아 2장에서 암시된 아브라함 언약과 새 출애굽 사상에 이방인의 구원이 포함되어 있다고 보았다. 특히 바울은 새 출애굽 사건과 결부되어있는 열방의 종말론적 순례 사건이 이방인이 하나님의 백성이 되는 사건이라고 본 것이다. 바울은 호세아서 본문을 통해 호세아서가 예언한 이스라엘의 수가 바닷가의 모래와 같이 되는 날에 이방인이 하나님의 백성이 되며, 종말론적 구원의 사건인 새 출애굽 사건에서 이방인이 하나님의 백성 안으로 들어온다는 사상을 보았다. 결국 바울의 호세아서 해석은 호세아 본문과 상관 없는 해석이 아니라 호세아서에 내재한 이방인 구원의 신학을 읽어낸 결과다. 바울의 호세아서 해석을 통한 이방인 구원의 신학은 호세아 본문에 심긴 씨앗에서 나온 해석의 열매다.

4장

<h1 style="text-align:right">바울은 구약 본문을
왜곡하고 있는가?</h1>

로마서 11:26-27의 'Eκ Σιών에 관한 연구

이 장은 로마서 11:26-27에 인용된 이사야 59장과 그 해석에 관한 연구다.[1] 바울은 로마서 11:25-26에서 로마의 이방 그리스도인들이 유대 그리스도인들에 대해 가지고 있는 자만심을 경계하기 위해서 바울이 알게 된 '비밀'(τὸ μυστήριον)을 설명한다. 이 비밀의 내용을 25절과 26절에서 제시한 바울은 그다음에 이어지는 구절에서 이 비밀이 구약성경에 약속된 것이었음을 밝히며 이를 뒷받침하기 위해 26-27절에서 구약성경을 인용한다. 바울이 인용하는 구약 본문이 우리가 가지고 있는 구약 히브리어 본문(HB/MT)에서 온 것이 아니라 70인역 본문에서 왔다는 데 대해 학자들은 의견 일치를 보인다. 하지만 논란이 되는 부분은 ἐκ Σιών 어구다. 이 어구는 바울이 저본(Vorlage)으로 사용하고 있다고 여겨지는 70인역 본문에도 존재하지 않고, 그렇다고 히브리어 본문을 반영하고 있지도 않은 것으로 보이기 때문이다. 이 장은 바울의 구약 사용과 관련해 로마

---

1   이 장은 "로마서 11:26-27의 'Eκ Σιών에 관한 연구: 바울은 구약 본문을 왜곡하고 있는가?"라는 제목으로 한국복음주의 신약학회 학술지인 「신약연구」(2014년 여름호): 306-334에 실린 내 논문을 학회의 허락을 받아 다시 게재하는 글이다.

서 11:26-27절에 사용된 ἐκ Σιών에 관한 기존의 설명들을 비평적으로 검토해 보고 새로운 대안적 설명을 제시하고자 한다.

1. 본문 비교

'온 이스라엘'의 구원 문제와 관련해 바울이 로마서 11장 26-27절에서 구약 본문을 인용하고 있다는 사실은 "기록된 바"(καθὼς γέγραπται)라는 인용 도입구가 보여주는 것처럼 의심할 여지가 없다. 그리고 인용 도입구 뒤에 바울이 직접 인용문 형태로 사용하고 있는 구약 본문은 이사야 59:20-21(70인역)과 이사야 27:9(70인역)이다.[2]

로마서 11:26-27	이사야 59:20-21(70인역)
[26]καὶ οὕτως πᾶς Ἰσραὴλ σωθήσεται, καθὼς γέγραπται· ἥξει ἐκ Σιὼν ὁ ῥυόμενος, ἀποστρέψει ἀσεβείας ἀπὸ Ἰακώβ [27]καὶ αὕτη αὐτοῖς ἡ παρ' ἐμοῦ διαθήκη, ὅταν ἀφέλωμαι τὰς ἁμαρτίας αὐτῶν.	[20]καὶ ἥξει ἕνεκεν Σιων ὁ ῥυόμενος καὶ ἀποστρέψει ἀσεβείας ἀπὸ Ιακωβ [21]καὶ αὕτη αὐτοῖς ἡ παρ' ἐμοῦ διαθήκη εἶπεν κύριος···
	이사야 27:9(70인역)
	[9]διὰ τοῦτο ἀφαιρεθήσεται ἡ ἀνομία Ιακωβ καὶ τοῦτό ἐστιν ἡ εὐλογία αὐτοῦ ὅταν ἀφέλωμαι αὐτοῦ τὴν ἁμαρτίαν ὅταν θῶ σιν πάντας τοὺς λίθους τῶν βωμῶν κατακεκομμένους···

---

2   학자 중 일부는 롬 11:26-27에 사용된 구약 본문은 사 59:20-21, 사 27:9 그리고 렘 31:33이라고 본다(예컨대, Thomas Schreiner, *Romans*[BECNT; Grand Rapids: 1998], 619). 그러나 나는 문자적 유사성과 주제적 유사성을 근거로 볼 때 이 구절에서 렘 31:33 이 사용되었다는 데 동의하지 않는다.

로마서 11:26에서 καθὼς γέγραπτα 다음 부분에서 시작해 27절 접속사 ὅταν 바로 직전까지의 본문(ἥξει ἐκ Σιὼν ὁ ῥυόμενος, ἀποστρέψει ἀσεβείας ἀπὸ Ἰακώβ. καὶ αὕτη αὐτοῖς ἡ παρ' ἐμοῦ διαθήκη)은 이사야 59:20-21과 많은 부분에서 문자적 유사성이 매우 현저하므로 바울이 이사야 59:20-21을 인용하고 있다고 볼 수 있다. 더 나아가 로마서 11:26-27과 이사야 59:20-21이 둘 다 세 가지 내용 즉 (1) 구원자가 온다는 내용, 그리고 (2) 그 구원자가 와서 야곱(이스라엘)에서 불경건을 제거할 것이라는 내용, 마지막으로 (3) 언약에 관한 내용을 다루고 있다는 사실을 고려할 때, 바울이 이사야 59:20-21을 로마서 11:26-27a에서 인용하고 있음이 분명해 보인다.

그리고 이어지는 로마서 11:27b 부분(ὅταν ἀφέλωμαι τὰς ἁμαρτίας αὐτῶν)은 이사야 27:9의 ὅταν ἀφέλωμαι αὐτοῦ τὴν ἁμαρτίαν 구절과 인칭 대명사를 제외한 나머지 부분이 문자적으로 일치하고 있으므로 바울이 이사야 27:9을 직접 인용하고 있다고 볼 수 있다. 요약하면 바울은 로마서 11:26-27에서 이사야 59:20-21과 이사야 27:9을 결합해 인용한다. 바울은 바로 앞 구절들(25-26절)에서 제시하고 있는 모든 이스라엘의 구원, 유대인들에게 일어나는 부분적인 완악함, 그리고 이방인들의 충만한 수가 하나님 백성의 공동체 안으로 들어옴을 주 내용으로 하는 '비밀'이 구약성경에 이미 약속되어 있었다고 주장하는 것이다. 이를 뒷받침하기 위해 바울은 이사야서에서 두 구절(59:20-21과 27:9)을 인용하고 있다.

2. 'Εκ Σιών에 관한 기존의 연구와 한계

로마서 11:26-27을 주석하는 학자들이나 바울의 구약 사용에 관심을 가진 논문들은 이 두 구절 가운데 특히 우리가 지금 주목하고 있는 ἐκ Σιών 구절에 관심을 가져왔다. 그 이유는 이 어구가 이사야 59:20에 해당하는 히브리어 구약 본문(HB/MT)이나 70인역 어디에도 나오지 않기 때문이다.[3] 히브리어 구약 본문(MT)에 의하면 이 구절은 "시온으로"(לְצִיּוֹן, to Zion)라고 되어 있다. 반면 70인역 구약 본문은 ἕνεκεν Σιων(시온을 위해서, 시온 때문에, for Zion's sake)이라는 표현을 사용하고 있다.

사 59:20(HB/MT)

וּבָא לְצִיּוֹן גּוֹאֵל וּלְשָׁבֵי פֶשַׁע בְּיַעֲקֹב נְאֻם יְהוָה:

사 59:20(70인역)

καὶ ἥξει ἕνεκεν Σιων ὁ ῥυόμενος καὶ ἀποστρέψει ἀσεβείας ἀπὸ Ιακωβ

이와 달리, 바울은 로마서 11:26에서 이사야 59:20을 인용하면서 이것의 히브리어 본문(HB)이나 70인역 본문 어디에도 나오지 않는 표현인 ἐκ

---

3 엄밀히 말하면 시온이라는 지명은 구약 히브리어 본문(HB)과 70인역 본문에 다 등장하고 있고, 문제가 되는 부분은 전치사다. 구약 히브리어 본문이나 70인역 본문에서 구원자의 구원은 시온에 집중되어 있다. 반면에 바울의 경우 시온이 구심점이고 출발점이기는 하지만 시온 만을 위해 구원자가 오신다고 표현하지는 않는다는 점에서 외관상 차이가 있다. 다시 말해 HB와 70인역에서 '시온'은 구원의 구심점인 반면 로마서에서 '시온'은 구원의 원심점이다.

Σιών('시온으로부터')이라는 표현을 사용하고 있다.[4] 시온과 관련한 이 어구를 둘러싼 이사야 본문과 로마서 11:26의 차이 때문에 적지 않은 의견들이 제시되어왔다.

(1) 바울 이전의 구약 본문에서 그 해답을 찾는 경우

우선, 바울이 로마서 11장에서 인용하는 구약 본문의 저본(Vorlage)이 처음부터 ἐκ Σιών 형태였다고 보는 견해가 있다. 이 견해에 의하면 바울이 로마서 11:26에서 인용하고 있는 이사야 본문의 몇몇 70인역 사본들이 ἐκ Σιών 형태를 가지고 있다.[5] 그러나 이 견해는 설득력이 떨어진다. 그 이유는 학자들이 이 70인역 사본들은 바울에게 영향을 미친 70인역 이문들이 아니라 오히려 그 반대로 로마서로부터 영향을 받은 신약 후대의 본문들이라고 판단하고 있기 때문이다.[6]

이와 달리 크리스토퍼 스탠리는 문제의 구절인 ἐκ Σιών이 바울 이전의 구약 본문에 이미 있었다고 보며 좀 더 철저하게 이 구절을 분석했

---

4 이사야서 사해사본(1QIsaᵃ)도 이사야 마소라 본문(MT)과 비슷한 형태를 가지고 있다. "And a Redeemer will come to Zion(אל ציון), to those in Jacob who turn from transgression, says the Lord." 1QIsaᵃ 영어번역본은 다음의 책에서 가져왔다. Martin Abegg Jr. et al. *The Dead Sea Scrolls Bible* (New York: Harper Collins, 1999), 369.

5 소문자 사본(minuscules), Bohairic Coptic 사본, 그리고 Ephiphanius, Hilary, Jerome 의 인용문에 이런 현상이 일어난다. 참고. Christopher Stanley, *Paul and the Language of Scripture: Citation Technique in the Pauline Epistles and Contemporary Literature*, Cambridge: Cambridge University Press, 1992, 167.

6 Christopher R. Bruno, "The Deliverer From Zion: The Source(s) and Function of Paul's Citation in Romans 11:26-27," *Tyndale Bulletin* 59.1 (2008), 122 각주 13; Mark A. Seifrid, "Romans," G. K. Beale & D. A. Carson eds., *Commentary on the New Testament Use of the Old Testament* (Grand Rapids: Baker, 2007), 674에 수록된 글.

4장 바울은 구약 본문을 왜곡하고 있는가?

다.[7] 그는 바울 이전의 유대인들 사이에서는 하나님이 그의 백성을 구원하시고 '시온에서'(ἐκ Σιών) 통치하실 것이라는 사상이 있었고, 이 사상이 70인역 본문의 여러 문맥에서 등장한다고 주장한다.[8] 이를 근거로 스탠리는 히브리어 본문 혹은 이것을 번역한 그리스어 구약성경(70인역)에서 바울이 사용하고 있는 ἐκ Σιών 어구가 이미 그 이전에 있던 ἕνεκεν Σιών을 대체해 사용되었을 것이며, 바울은 단지 이것을 이어받아서 사용하고 있다고 주장한다.[9] 스탠리에 의하면 바울이 로마서 11:26에서 이 구약 본문을 본인이 인용하면서 변형시킨 것이 아니라, 그가 참고한 이전 사본(Vorlage)에서 이미 이 변형이 일어난 것이다. 그러나 스탠리의 주장도 그리 설득력은 없어 보인다. 그 이유는 바울 시대 이전의 구약 사본에 로마서 11:26에서와 같은 ἐκ Σιών을 가지고 있는 이사야 59장 본문이 등장하지 않기 때문이다.[10]

(2) 바울이 'Ἐκ Σιών이 포함된 다른 구약 본문을 인용하고 있다는 견해

'Ἐκ Σιών이라는 구절의 출처를 이사야 59장이 아닌 구약의 다른 본문에서 찾는 연구도 있다. 브루노는 로마서 구절이 이사야 2:3(70인역)에서 온 것이라고 본다. 그에 의하면 바울은 로마서 11:26-27에서 세 개의 구약

---

7 Stanley, *Paul and the Language of Scripture.*
8 Stanley, *Paul and the Language of Scripture*, 167.
9 Stanley, *Paul and the Language of Scripture*, 168.
10 Shiu-Lun Shum, *Paul's Use of Isaiah in Romans*, 239. Shum은 바울 이전의 문헌에서 롬 11:26-27에 나오는 사 59:20-21과 사 27:9의 결합과 똑같이 하나로 합쳐진 본문이 등장하지 않는다는 점을 근거로 롬 11:26에 등장하는 ἐκ Σιών의 변형은 바울 자신이 로마서를 쓰면서 만들어 놓은 것이라고 주장한다.

본문을 인용하고 있다. 그리고 이 세 개의 구약 본문은 위에서 살펴본 대로 이사야 59:20-21(70인역), 이사야 27:9(70인역) 그리고 ἐκ Σιών이라는 구절이 나오는 이사야 2:3(70인역)이다.[11] 브루노는 철저하게 헤이스가 제시하는 구약 본문의 암시적 사용 판단 기준에 근거하여 우리의 관심 구절인 로마서 11:26-27에 이사야 2:3이 암시적으로 사용된다고 본다. 그는 헤이스의 기준―바울이 로마서에서 이사야서를 사용할 수 있었는가(availability), 같은 구약 본문이 반복적으로 사용되는가(recurrence), 주제적 일치성이 있는가(thematic coherence), 역사적 개연성이 있는가(historical plausibility), 마지막으로 해석사(the history of interpretation)―을 로마서 11장에서 바울이 어떤 구약 본문을 사용하는지에 대한 판단기준으로 삼는다.[12] 브루노의 주장대로 이사야 2:3의 문맥이 다루는 주제와 로마서 11:25-27이 다루고 있는 주제가 동일하게 이스라엘에 대한 하나님의 언약적 신실성과 이방인들의 구원이라는 점은 흥미롭다. 그러나 이러한 주제적 유사성에도 불구하고, 브루노가 이미 인정한 대로 이사야 2:3과 로마서 11:26은 문자적 유사성 측면에서 ἐκ Σιών이라는 두 개의 단어 외에는 문자적으로 겹치는 부분이 없다는 것이 그의 견해의 가장 큰 약점이며, 또한 이사야 2:3이 로마서의 다른 부분에서 사용되지 않는다는 점도 바울이 이 본문을 로마서 11:26에서 암시적으로 사용하고 있다고 보는 브루노의 견해를 약화시킨다.

　　라이트는 브루노보다 앞서 로마서 11:26에서 바울이 이사야 2:3 그

11　Bruno, "The Deliverer from Zion," 123.
12　Bruno, "The Deliverer from Zion," 124-125.

리고/혹은 미가 4:2을 암시적으로 사용하고 있다고 보았다.[13] 그도 앞서 논의한 브루노와 같이 이사야 2:3(혹은 미가 4:2) 본문이 최종적인 언약의 갱신을 이야기하는 본문으로서 하나님이 이스라엘과 언약을 갱신하게 될 때 이스라엘이 복을 받고 이 복이 이방인에게 흘러나가며 이때 율법 (torah)이 '시온에서' 이방인들에게 흘러나간다는 의미를 다루는 본문이지만, 바울이 이 본문을 가져다가 율법(torah)이 아니라 메시아(구원자)가 그 역할을 대신한다는 의미로 해석하고 있다고 설명한다.[14] 라이트의 해석은 상당히 흥미로운 주장임에도 불구하고 그가 로마서 11:26에서 정말로 이사야 2:3 혹은 미가 4:2이 사용되었는지 철저하게 논증하는 단계를 생략하고, 대신 바울이 이 본문을 사용하고 있다고 전제하면서 신학적 의미를 분석하고 있다는 것이 이 주장의 약점이다. 이 같은 라이트의 주장은 앞서 지적했던 브루노의 주장에 존재하는 약점을 그대로 지니고 있다. 즉 라이트의 견해에는 로마서 11:26과 이사야 2:3 혹은 미가 4:2 사이에 문자적으로 유사한 단어는 ἐκ Σιών 두 개뿐이라는 약점이 있다.

(3) 바울이 직접 'Ἐκ Σιών을 만들어 냈다는 견해

논의의 대상인 ἐκ Σιών라는 표현의 출처를 아예 바울 자신으로 보는 견해도 있다. 이 견해는 바울이 구약 본문을 인용할 때 자신의 신학적 견해에 따라 시온이라는 장소와 관련된 어구를 히브리어 본문에도 만족하지

---

13   N. T. Wright, The Climax of the Covenant: Christ and the Law in Pauline Theology (London: T&T Clark, 1991), 250.

14   Wright, The Climax of the Covenant, 250.

못하고 동시에 70인역 본문도 바울의 신학을 충분히 담지 못한다고 생각한 결과, 아예 이사야 59:20을 인용하면서 원래 있던 '시온으로'(HB), 혹은 '시온을 위하여'(70인역)라는 어구를 대신해 바울 자신의 어구인 ἐκ Σιών을 자기가 인용하고 있는 구약 본문에 새롭게 첨가했다고 본다.

로마서에 인용된 이사야서 사용을 체계적으로 연구한 와그너는 두 가지 사항을 근거로 본 연구의 초점이 되고 있는 ἐκ Σιών 어구는 바울의 손에서 만들어진 것이라고 본다. 우선, 그는 바울이 로마서의 다른 곳(10:15; 9:26)에서 구약을 인용할 때 본문을 자기의 신학에 따라 약간씩 변경한다는 점을 근거로 든다.[15] 두 번째 근거로 와그너는 다른 바울 서신들을 볼 때, 예루살렘이나 이스라엘 땅에 대한 바울의 관심이 상대적으로 적다는 점을 제시한다.[16]

이와 유사하게 셤도 바울 이전의 문헌에서 로마서 11:26-27에 나오는 두 본문의 결합, 즉 이사야 59:20-21과 이사야 27:9의 결합과 똑같은 합성 본문형태가 등장하지 않는다는 점을 근거로 하여 로마서 11:26에 등장하는 ἐκ Σιών의 변형은 바울 자신이 로마서를 쓰면서 만든 것이라고 주장한다. 와그너와 셤의 견해는 이 구절이 바울 자신에게서 유래했다고 보는 점에서 이 장에서 앞으로 논증할 내 의견과 같다. 하지만 이들은 이 구절이 이사야 59장의 원래 문맥을 충분히 고려해서 그 의미를 드러내기 위한 해석적 작업이라는 점을 드러내지는 못하고 있다.

나는 이 장에서 로마서 11:26에 사용된 ἐκ Σιών 어구를 다시 검토

---

15 J. Ross Wagner, *Heralds of the Good News: Isaiah and Paul 'n Concert" in the Letter to the Romans*, (Leiden: Brill, 2002), 285-6.

16 Wagner, *Herald of the Good News*, 286.

해 보려고 한다. 그리고 이사야 본문과 바울의 논증을 좀 더 세심하게 분석한 후 로마서 11:26에서 사용되는 ἐκ Σιών 어구는 바울이 직접 이사야 59장의 그리스어 번역본(70인역)을 변형했음을 보여주려고 한다. 더나아가 이 변형은 바울이 자신의 기독교 신앙을 변증하기 위해 이사야 59장의 본문을 왜곡한 것이 아니라, 오히려 이사야 59장과 60장 그리고 더넓게는 이사야 65장의 원래 문맥에 철저히 근거해서 구약 본문의 원래의미를 충분히 드러내는 바울 자신의 해석적 변형임을 입증하고자 한다.

3. 로마서에서 이사야 59장 사용과 해석

신약 저자 중에서 이사야 59장을 직접 인용하는 저자는 바울뿐이다. 그리고 이 인용은 로마서에서만 발견되는데 여기서 그는 이사야 59장을 두번 인용한다(롬 3:15; 11:26). 오직 바울만이 이사야 59장을 인용하고 있는이러한 독특한 현상은 로마서에서의 이사야 59장 해석이 바울만의 신학을 반영하고 있음을 시사한다.[17]

(1) 로마서 11장의 문맥과 '비밀'(μυστήριον)

우선 바울의 이사야 59장 인용과 해석을 분석하기 위해 로마서 11장의

---

17 롬 3장에서의 사 59장 사용에 대해서는 나의 다른 글을 참고하기 바란다. 김경식, "구약은
유대인이나 헬라인이나 다 죄 아래 있다고 말하는가?: 로마서 3:9-18에서 바울의 이사야
59장 해석", 「신약논단」 (2012년, 가을호): 937-79.

문맥을 살펴볼 필요가 있다. 바울은 로마서 9-11장에서 이스라엘의 구원 문제를 다루고 있다. 그리고 바울은 이러한 이스라엘의 구원 문제를 다루면서 이방 그리스도인들이 유대 그리스도인들에게 가지고 있는 잘못된 생각을 교정하려고 한다. 바울이 11:25에서 "형제"라고 부르는 사람들은 문맥상 이방 그리스도인들이다. 이방 그리스도인들은 유대인들이 복음을 받아들이지 않는 당시의 상황을 보면서 하나님이 이방인을 선택한 반면 유대인을 버렸다는 잘못된 생각으로 '스스로 지혜 있다'고 생각하는 영적 자만에 빠져 있다. 이 잘못된 태도를 교정하기 위해 바울은 '신비/비밀'(τὸ μυστήριον)에 대해 설명한다.[18] 25절에 목적을 나타내는 접속사 ἵνα절로 표현된 내용은 바울이 비밀에 대해서 말하는 목적이 분명히 이방 그리스도인들의 잘못된 영적 자만심을 교정하려는 의도임을 보여준다.

그렇다면 이방인들의 영적 교만을 교정하기 위해 바울이 설명하고 있는 '비밀'의 내용은 무엇인가? 이 비밀의 내용을 바울은 접속사 ὅτι를 사용해 25절과 26절에서 제시한다. 이 비밀의 내용은 주해상 몇 가지 논란이 있는 부분을 염두에 두더라도 다음과 같은 세 가지 내용으로 구성되어 있다고 할 수 있다. 이 세 가지 내용은 (1) 유대인들 가운데 일부가 완악해짐, (2) 이방인들의 충만한 수가 구원을 얻게 됨, 그리고 (3) '모든 이스라엘'(πᾶς Ἰσραήλ)이 구원을 받게 됨을 골자로 하고 있다.[19] 이 장의 관심사와 관련해서 주목해야 할 부분은 바울이 말하는 '신비'(비밀)가 이미 구

---

18 Schreiner, *Romans*, 613.
19 Schreiner, Romans, 614. Schreiner는 이 비밀의 내용이 (1) 이스라엘의 일부가 일정 기간 동안 완악해 짐, (2) 이방인들의 구원이 이스라엘의 구원보다 시간상 먼저 일어날 것임, 그리고 (3) 모든 이스라엘이 결국 구원받게 될 것임이라는 세 부분으로 이루어져 있다고 본다.

약에 예언되어 있다고 말한다는 사실이다. 그 이유는 자기가 말하는 비밀의 내용을 뒷받침하기 위해 바울은 이사야 본문들(59장과 27장)을 인용하고 있기 때문이다.

그렇다면 바울이 자신의 논증을 뒷받침하기 위해 인용하는 구약 본문은 위에서 말한 비밀 가운데 일부만을 뒷받침하는가, 아니면 세 요소 전부와 관련이 있는가? 다시 말해 바울이 직접 인용하고 있는 구약 본문은 '온 이스라엘'의 구원이라는 세 번째 요소만을 뒷받침하는가, 아니면 앞에 나오는 두 가지 다른 요소까지도 다 포함하고 있는가? 이 질문이 로마서 11:26-27에 인용된 구약 사용의 이해를 위해 반드시 해결해야 할 주해의 핵심이다.

일단 바울이 인용하는 구약 본문은 이스라엘의 구원 문제를 뒷받침하는 역할을 하는 것처럼 보인다. 그 이유는 비밀의 내용에 해당하는 25절의 ὅτι부터 26절의 구약 인용 대목 바로 전까지에 "이스라엘"이라는 단어가 2회 반복해서 등장하기 때문이다. 또한 26절에 인용된 구약 본문 중 "야곱"이라는 단어는 앞에서 두 번이나 반복되고 있는 "이스라엘"과 문맥상 같은 의미로서, 이 단어들은 모두 이스라엘 민족과 관련이 있는 내용이기 때문이다. 26-27절에 인용된 구약 본문은 이처럼 일차적으로 이스라엘(야곱)의 구원 문제와 관련이 있는 것으로 보인다. 그럼에도 이 인용 본문은 이방인들의 구원 문제와도 암시적으로 밀접한 관련이 있는 것으로 보인다. 우선 25절에 나오는 ὅτι 절의 내용이 유대인들의 부분적인 완악함만을 다루지 않고, 그다음에 나오는 전치사 ἄχρι가 이끄는 문장이 이방인들의 구원 문제를 포함하고 있기 때문이다. 바울이 이방인들의 영적 교만을 경계하기 위해서 제시하는 '비밀'의 내용 일부가 이방인들의 구원과 관련이 있다.[20] 그렇다면 이방인의 구원계획에 관한 비밀이 구약성경에 이미 약속되어 있다고 바울이 논지를 펼치기 때문에 '이방인들의 충만한 수가 들어옴'과 이를 뒷받침하는 구약성경의 내용도 당연히 '이방인들이 하나님의 백성이 됨'이라는 주제를 포함하고 있다고 추측해 볼 수 있다. 그리고 바울이 이 이방인들의 충만한 수가 하나님의 백성으로 들어옴이라는 주제를 보여주는 어구가 다름 아닌 ἐκ Σιών이라고 할 수 있다. "시온에서"라는 이 구절은 시온을 이스라엘만을 위한 배타적인 영역으로 보지 않고, 시온을 중심으로 하지만 동시에 거기서 출발하여 이방인들에게로 구원이 ·전파되는 내용을 암시하고 있기 때문이다. 이 장의 다음 논증들은 이러한 주장을 뒷받침하게 될 것이다.

앞서 살핀 대로, 이사야 59:20의 히브리어 본문(HB)이나 70인역 본문은 구원자가 '시온으로'(לְצִיּוֹן) 혹은 '시온을 위하여'(ἕνεκεν Σιων) 온다고 하는 사상을 지니고 있어서 두 본문 모두 시온(예루살렘) 중심적인 사상과 밀접한 관련이 있다. 하지만 이방인의 사도인 바울은 로마서에서 유대인들의 구속사적 특권(1:16; 3:1-2)을 분명히 인정하고 있음에도, 그렇다고 유대인만이 배타적 특권을 가지고 있다고 생각하지도 않는다. 믿음을 가진 자는 그가 유대인이든 이방인이든 간에 모든 자가 하나님의 현재적 칭의(3:28)와 종말론적 구원(롬 3:30; 5:9-10; 8:34-39)을 경험하게 된다는 것이 바울의 주장이다. 그리고 유대인들의 구속사적 특권과 함께 이방인들이 하나님의 백성이 된다는 사상을 잘 표현할 수 있는 것이 ἐκ Σιών이라는 어구다. 그렇다면 바울은 자신의 신학을 뒷받침하기 위해 인용하

---

20 나와 유사한 견해를 가지고 있는 학자는 Schreiner다. Schreiner, *Romans*, 614.

고 있는 이사야 본문을 자의적으로 변형하고 있다고 보아야 하는가? 만일 바울이 구약 본문을 자의적으로 변형한다면 바울은 구약 본문의 문맥을 존중하는 대신 자기의 사상을 구약 본문에 투사한다고 볼 수 있지 않을까? 이제 이 질문을 다룰 차례이다.

(2) 구원자가 '시온에서' 온다?

바울은 이사야 59:20에 약속된 '구원자'(ὁ ῥυόμενος)를 예수 그리스도로 이해했음이 틀림없다.[21] 이사야서를 바울이 로마서에 인용해 놓은 본문형태로 해석하면 '예수 그리스도가 시온에서(ἐκ Σιών) 오신다'가 된다. 그렇다면 바울은 왜 메시아가 히브리어 본문(HB)처럼 '시온으로' 오신다, 혹은 70인역처럼 '시온을 위해서' 오신다고 표현하지 않고, 대신에 '시온에서'(ἐκ Σιών) 오신다고 말하기 위해 이사야 59장의 본문을 변형하는가?

　이 어구를 둘러싼 다양한 신학적 설명이 여러 관점에서 제시되어왔다. 우선, 이 어구를 통해 바울은 이방인의 사도로서 예루살렘 중심적이자 지엽적인 이스라엘 민족의 회복을 보편주의적 관점으로 확장하기 위해 이 어구를 사용했다는 설명이 있다.[22] 이 ἐκ Σιών 어구가 '디아스포라 유대인들의 관점'을 반영하고 있으며 하나님의 시온에서의 종말론적 통치를 묘사한다는 또 다른 관점의 설명이 있다.[23] 이 어구를 구약(특히 이

21　Schreiner, *Romans*, 619-20.

22　James D. G. Dunn, *Romans 9-16* (WBC 38B; Texas: Word, 1988), 682.

23　J. Ross Wagner, "Isaiah in Romans and Galatians," *Isaiah in the New Testament*, Steve Moyise and Maarten J. J. Menken eds., (London: T&T Clark, 2005), 126에 수록된 글.

사야서)의 문맥과는 상관없이 초기 유대교와 이후 바울과 신약 저자들의 '하늘의 시온' 사상에서 그 해답을 찾는 시도도 있다.[24] 이 어구를 주석하는 학자의 상당수가 여기에 나오는 시온을 단순히 지상의 예루살렘과 동의어인 지명으로 보지 않고, 유대교와 신약성경 여러 곳에 산재해 있는 '하늘의 시온' 사상(갈 4:26; 히 12:22)에서 해석의 실마리를 찾으려고 한다.[25] 즉 그들은 바울이 지금 인용하고 있는 구약 본문은 로마서의 문맥상 재림과 관련이 있기 때문에, 여기에 나오는 시온도 단순히 지상의 예루살렘 지명을 의미하는 것이 아니라, 예수의 재림과 관련이 있는 하늘의 시온이라고 해석하려 한다.

그러나 좀 더 구약 본문의 원래 문맥에 관심을 기울인 견해는 이 어구(ἐκ Σιών)가 이사야 59장이 아니라, 여호와의 통치가 시온에서 시작된다는 사상을 보여주는 본문들인 시편 14:7(=13:7, 70인역) 혹은 이사야 2:3 등에서 온 구절이라고 주장하기도 한다. 시편 13:7(70인역)이나 이사야 2:3에 ἐκ Σιών이라는 어구가 분명히 사용되고 있기 때문이다. 만일 이 견해가 옳다면 바울은 로마서 11:26-27에서 세 개 이상의 구약 본문을 합성해서 인용하고 있는 셈이다. 이 세 개의 구약 본문은 이사야 59장, 이사야 27장 그리고 시편 14편(13편, 70인역)이다. 혹은 이사야 59장, 27장, 그리고 이사야 2장이 결합한 형태가 될 것이다. 브루너 같은 학자

---

24 Douglas Moo, *The Epistle to the Romans* (NICNT; Grand Rapids: Eerdmans, 1996), 728; 그리고 James D. G. Dunn, *The Theology of Paul the Apostle* (Grand Rapids: Eerdmans, 1998), 306-7.

25 Schreiner, *Romans,* 619; Mark A. Seifrid, "Romans," G. K. Beale & D. A. Carson eds., *Commentary on the New Testament Use of the Old Testament* (Grand Rapids: Baker, 2007), 674에 수록된 글.

는 후자의 가능성이 더 높다고 판단한다.[26]

그러나 나는 이 장에서 바울이 ἐκ Σιών 어구를 사용하는 것은 그가 이사야 59장의 문맥을 충분히 반영한 해석적 인용임을 보여주고자 한다. 다시 말해 나는 바울이 이사야 59:20을 인용하면서 이 본문에 ἐκ Σιών 어구를 삽입하지만, 사실 이 어구는 이사야 59:20과 이 구절을 포함한 이사야서의 좀 더 넓은 문맥을 충분히 고려한 해석을 반영하고 있는 바울 자신의 구약 사용임을 밝히고자 한다. 바울이 구약을 인용하면서 자신의 논증을 뒷받침하는 경우, 우리는 인용되고 있는 구약의 문맥을 자세히 살펴볼 필요가 있다. 그러나 지금까지 살핀 기존 연구들은 이사야서의 문맥 보다는 바울의 신학이나, 신약 저자들의 하늘의 시온 사상에서 그 해답을 찾아 바울의 이사야 인용 본문 가운데 등장하는 ἐκ Σιών을 해석하려는 경향이 강했다. 하지만 바울이 변형한 구절이 이사야 59-60장의 의미를 충분히 반영한 바울의 해석적 구약 인용 형태라고 보는 것이 더 타당해 보인다. 다음의 논의가 이 사실을 좀 더 구체적으로 뒷받침할 것이다.

4. 이사야 59장 그리고 이방인과 이스라엘의 구원 과정

로마서 11:25-26에 나오는 비밀의 내용인 "이방인들의 충만한 수가 들어오기까지 유대인들의 더러는 완악해짐"과 이런 방식을 통한 "온 이스

---

26 Bruno, "The Deliverer From Zion." Bruno는 롬 11:26-27에 인용된 이사야의 예언이 재림의 시기를 가리키는 미래적인 것이 아니라, 예수의 초림과 교회의 탄생으로 이미 성취되었다고 본다.

라엘의 구원"의 관계는 보통 바울이 전하는 복음을 이방인들은 적극적으로 수용하고, 다른 한편으로 선민인 이스라엘 백성들은 거부하는 바울의 선교적 상황과 경험에 근거해서 바울 자신이 정립한 신학이라고 알려져 있다.[27] 그러나 나는 바울의 선교적 경험이 구약에 등장하는 이방인들과 유대인들의 구원순서를 다시 해석하는 데 영향을 주었다고 본다.[28] 다시 말해서 바울이 구약성경과는 관계없이 자신의 선교경험을 통해 이방인들이 먼저 구원을 얻고 나중에 유대인들이 회심하고 돌아오는 과정을 재정립한 것은 아니다. 오히려 사도 바울의 선교적 경험이 그로 하여금 구약 본문을 다시 읽도록 했을 것이다. 이러한 과정을 통해 바울이 그전까지 유대인으로서 읽었던 구약성경에 사실은 바울 당시에 벌어지고 있는 '이방인들이 하나님의 백성으로 유입됨'과 '유대인들의 복음 거부' 및 그러나 궁극적으로 '모든 이스라엘이 회심하게 될 것'이라는 사상이 예전부터 예언되어 있었음을 바울 사도가 재발견하게 되었을 것이다. 이렇듯 바울의 선교적 경험이 이미 구약 본문에 예언되어 있던 하나님의 구원계획을 재발견하는 계기가 되었지, 오로지 바울의 선교적 경험에만 의존해서 구약성경과는 관계없는 새로운 하나님의 구원계획이 수립된 것이 아니

---

27 예를 들면 John Ziesler, *Paul's Letter to the Romans* (London: SCM, 1989), 283-4.

28 Schreiner, *Romans*, 617; Peter Stuhlmacher, *Paul's Letter to the Romans* (Edinburgh: T&T Clark, 1994), 171. Schreiner와 Stuhlmacher는 바울이 구약에 등장하는 이방인들의 예루살렘으로의 종말론적 순례 전승을 변형시켰다고 본다. 즉 구약에는 종말에 이스라엘 백성이 먼저 회복되고 그 후 이방인이 예루살렘으로 순례 와서 하나님의 구원의 복에 참여하게 될 것이라고 묘사되어 있지만, 바울은 이방인이 하나님의 백성이 되는 사건이 먼저 일어나고 그 후 '온 이스라엘'의 구원이 일어날 것이라고 말하여 이방인들의 예루살렘으로의 종말론적 순례 전승에 나타나는 구원의 순서를 바꾸었다고 본다.

다.[29] 그리고 바울의 이사야 59-60장 해석이 바로 그가 구약 예언을 재발견한 과정을 잘 보여준다고 볼 수 있다. 그렇다면 이제 이 같은 주장이 타당한지 밝혀 보자.

이사야 59장은 이방인들의 회심과 선민 이스라엘의 구원을 동시에 묘사하고 있다. 하지만 이사야 59장이 설명하는 이 두 그룹의 하나님 백성 됨에는 분명히 시간적 순서가 있다. 바울이 로마서 11:26에서 인용하는 이사야 59:20은 문맥상 이스라엘 민족의 구원과 관련된 내용이다. 구속자가 임하며 야곱의 자손에게 임한다. 20절에 나오는 "시온"이나 "야곱의 자손"이라는 단어는 이 구절이 이스라엘 백성의 구원과 밀접한 관련이 있음을 보여준다. 하지만 이 구절 바로 앞의 19절은 '여호와의 이름과 영광을 두려워하는 사람들'에 대한 것임을 주목해야 한다.

사 59:19(70인역)

καὶ φοβηθήσονται οἱ ἀπὸ δυσμῶν τὸ ὄνομα κυρίου καὶ οἱ ἀπ' ἀνατολῶν ἡλίου τὸ ὄνομα τὸ ἔνδοξον ἥξει γὰρ ὡς ποταμὸς βίαιος ἡ ὀργὴ παρὰ κυρίου ἥξει μετὰ θυμοῦ

사 59:19(HB)

וְיִירְאוּ מִמַּעֲרָב אֶת־שֵׁם יְהוָה וּמִמִּזְרַח־שֶׁמֶשׁ אֶת־כְּבוֹדוֹ

כִּי־יָבוֹא כַנָּהָר צָר רוּחַ יְהוָה נֹסְסָה בוֹ׃

---

29 바울은 바울 서신 여러 곳에서 자신이 전하는 복음은 구약성경과 별개의 복음이 아니라 이 복음이 구약에서 증거되었고 약속되었다는 점을 가르치면서, 자신이 전하는 복음과 구약 간의 연속성을 매우 강조한다(참고. 롬 1:2, 3; 3:21).

이 구절이 이방인들과 관련이 있음에는 이견이 없다. 논란이 되는 것은 과연 여기에 묘사된 사건, 즉 하나님의 이름을 두려워하고(φοβηθήσονται οἱ ἀπὸ δυσμῶν τὸ ὄνομα κυρίου), 그의 이름(οἱ ἀπ' ἀνατολῶν ἡλίου τὸ ὄνομα τὸ ἔνδοξον 그의 영광스러운 이름, 70인역)을 두려워한다는 내용이 부정적인 의미로서 이방인들을 향한 하나님의 심판과 진노를 의미하는 것인지, 아니면 긍정적인 측면에서 이방인들이 하나님께 돌아와 하나님을 예배하게 될 것이라는 이방인들의 구원을 의미하는지에 관한 문제다.[30] 그러나 린치가 설득력 있게 논증하듯이 이사야에서 하나님의 '이름'과 '영광' 그리고 이것을 '두려워하다'라는 개념이 동시에 나올 때 이 두려움은 심판에 대한 두려움이 아니라 하나님을 예배함을 의미한다(참고. 사[70인역] 29:23, 50:10).[31] 따라서 19절은 이방인들이 궁극적으로 하나님의 백성이 되어 하나님을 예배할 것이라는 예언이다. 그리고 이후 20절은 이스라엘의 회복을 다루는 내용으로, 구속자가 이스라엘 백성들에게 임해 이들을 구원한다는 사상을 내포하고 있다.[32] 따라서 19절과 20절을 연속해서 읽는다면 이방인이 하나님을 예배하며 그의 백성이 되는 일이 일어나고, 이어

---

30 John N. Oswalt, *The Book of Isaiah 40-66* (NICOT; Zondervan: Eerdmans, 1998), 529. Oswalt는 '하나님을 두려워함'이라는 개념이 긍정적인 의미와 부정적인 의미 둘 다를 가질 수 있음을 지적한다. 또한 19절 후반부도 논쟁의 대상이다. 이 구절에서 가리키는 강물처럼 밀려오는 주체가 누구냐가 논쟁의 핵심으로, 번역에 따라서 이 주체를 하나님으로 볼 수도 있고, 하나님의 대적자로도 볼 수 있다. 이 부분을 둘러싼 자세한 논쟁은 다음을 참고하라. Allan Harman, *Isaiah* (Fearn, Scotland: Christian Focus, 2005), 393-4.

31 Matthew J. Lynch, "Zion's Warrior and the Nations: Isaiah 59:15b-63:6 in Isaiah's Zion Traditions," *CBQ* 70 (2008), 253. Lynch는 사 66:2b(MT)을 근거로 제시하고, 또한 사 57:11; 63:17; 66:5(MT)을 근거 구절로 제시하고 있다.

32 여기서 나는 구원자가 시온으로 오는 것인지, 시온을 위해서 오는 것인지에 관한 논의를 잠시 보류하고, 구원자가 이스라엘을 구원하기 위해서 오신다는 부분에만 초점을 맞추어 분석하고자 한다.

서 구속자가 이스라엘 백성에게 임해 이들의 죄를 용서하는 일을 하게 된다. 결국 바울이 로마서 11:25-26에서 말하는 이방인의 구원에 이은 모든 유대인의 구원이라는 순서가 이사야 59장에 그대로 나타나고 있다.[33] 사실 바울이 구약의 사건 발생 순서를 자신의 논증에 사용하는 예는 낯설지 않다. 바울이 로마서 4:9-10에서 아브라함과 할례의 문제를 논할 때도 아브라함이 의롭게 된 것이 할례받기 '이전'이라고 논증하며 창세기 15장과 17장의 순서를 자신의 논증에서 중요하게 사용하고 있다는 점은 널리 알려진 바다. 따라서 바울이 구약을 사용하는 다른 예에 비추어 보더라도 그가 이방인들의 구원과 모든 이스라엘의 구원의 순서를 다루는 근거가 바울 자신의 선교적 경험에 기초하는 동시에 이사야 59:19-20에 뿌리 내리고 있다고 보는 것이 타당하다. 다시 말해 바울은 그의 선교적 경험을 통해 이방인들이 믿음에 근거해 하나님 백성의 공동체로 들어오고 있고 이들이 교회의 대다수를 차지하고 있는 반면, 다수의 이스라엘 백성이 복음을 거부하는 상황을 만나게 된다. 그리고 그는 이러한 상황 가운데 구약 이사야서를 읽으면서 자신이 지금 경험하고 있는 상황이 이미 오래전에 이사야서에 예언되어 있음을 발견하게 된 것이다. 바울 자신의 선교적 경험이 그가 구약을 새롭게 보는 눈을 열어주었을 것이다. 그리고 바울은 구약성경 특히 이사야서에 자신이 경험하는 현상이 이미 예언되었음을 새롭게 보게 되었던 것이다.

---

33 롬 11:25-27에 이방인의 구원이 먼저 있고, 그 후에 모든 이스라엘의 구원이 일어날 것이라는 구원 과정의 순서가 등장하고 있다는 견해는 이미 로마서 주석가들에 의해 인정되고 있는 사실이다. 참고. Moo, *Romans*, 716-7; Schreiner, *Romans*, 614.

(1) 바울과 이스라엘의 구원 문제

그럼에도 바울은 자기 동족 이스라엘의 구원을 포기하지 않고 있다. 바울은 비록 지금은 유대인 가운데 오직 소수의 "남은 자들"($\lambda\epsilon\hat{\iota}\mu\mu\alpha$ 롬 11:5)만 복음을 받아들이고 있지만, 종말에는 "온 이스라엘"($\pi\hat{\alpha}\varsigma$ $\mathrm{'I}\sigma\rho\alpha\acute{\eta}\lambda$ 롬 11:26) 이 구원받게 될 것을 또한 구약, 특히 로마서 11:26-27에서 인용하고 있는 이사야 59장을 통해 재확인했을 것이다. 이방인들이 하나님의 백성이 되는 일은 지금 일어나고 있는 반면, 이스라엘은 부분적인 완악함에 사로잡혀 복음을 거부하고 있다. 그러나 바울이 깨달은 '비밀'은 종말에 '온 이스라엘'이 구원을 받게 된다는 것이다. 종말에 있을 하나님의 백성은 이방인을 포함하는 보편적 공동체이다. 그리고 바울은 이 비밀 즉 온 이스라엘이 미래에 구원받는다는 근거를 그가 인용하고 있는 이사야 59장과 27장에서 보고 있다.

그렇다면 하나님의 종말론적 통치는 예루살렘에서 시작된다는 구약의 전통을 바울은 어떻게 보고 있는가? 바울은 로마서에서 이스라엘 백성의 구속사적 특권을 인정하고 있다. 그가 로마서에서 2회(1:16; 2:10) 사용하는 "먼저는 유대인에게요 또한 헬라인에게로다"($\mathrm{'I}o\upsilon\delta\alpha\acute{\iota}\omega$ $\tau\epsilon$ $\pi\rho\hat{\omega}\tau o\nu$ $\kappa\alpha\grave{\iota}$ $\mathrm{'E}\lambda\lambda\eta\nu\iota$)는 표현이나, 로마서 9-11장에서 보여주는 대로 "하나님의 은사와 부르심에는 후회하심이 없기" 때문에(롬 11:29) 과거 이스라엘과 맺으신 언약 관계에는 전혀 변함이 없이 하나님이 약속을 이행하실 것이라는 사상은 바울이 간직하고 있는 유대인들의 구속사적 특권을 보여주는 근거들이다. $\mathrm{'E}\kappa$ $\Sigma\iota\acute{\omega}\nu$은 유대인들이 구속사에서 가지고 있는 이런 특권을 함축하고 있는 어구로 보인다. 그 이유는 이사야 59-60장에서 하나님은 이스라엘 백성의 타락에도 불구하고 종말에 그들을 구원하신다고 말하고 있는데, 바울이 로마서 11:26-27에서 이스라엘의 종말론적 회복을 말하는 문맥에서 이사야 59:20-21을 직접 인용하고 있기 때문이다.

'온 이스라엘'(πᾶς Ἰσραήλ)의 구원은 분명 이스라엘 백성에 대한 하나님의 언약적 신실성이 지켜지는 사건이다. 그럼에도 '온 이스라엘'의 구원은 이스라엘 민족 전체가 한 명도 빠짐없이 구원받는다는 의미로 볼 수는 없다. 그 이유는 바울이 이 '온 이스라엘의 구원'을 뒷받침하기 위해 인용하고 있는 이사야 59:20-21(HB)의 문맥이 이스라엘 백성들 가운데 타락한 자들은 구원받을 수 없음을 명백하게 보여주기 때문이다. 이사야 59:20(HB/MT)은 하나님께서 종말에 시온에 오셔서 야곱의 자손에게 임하신다고 하지만, 하나님이 구원하시는 야곱의 자손은 모든 야곱의 자손이 아니라 이들 중에 있는 특정한 사람임을 밝힌다. 다시 말해 하나님이 구원을 베푸시는 대상은 모든 이스라엘 백성이 아니라 "야곱의 자손 가운데서 죄과를 떠나는 자"(וּבָא לְצִיּוֹן גּוֹאֵל וּלְשָׁבֵי פֶשַׁע בְּיַעֲקֹב נְאֻם יְהוָה:)들이다.[34] 구원자가 가져다주는 하나님의 자비를 경험하기 위해서는 불법에서 회개하고 돌아서는 것이 그 선행조건이다. 따라서 이사야 59:20(HB)은 분명히 종말에 죄 사함을 받고 구원받게 될 이스라엘 자손은 이스라엘 민족 전체가 아니라, 이들 가운데서도 불법을 회개한 자들만이라고 분명히 밝힌다. 뿐만 아니라 하나님이 종말에 시온에 임할 때 혹은 하나님의 신현(theophany) 장면에서 세상에 거주하는 사람들 사이에 구원받는 자와 심판받는 자 사이의 구분이 지어질 것이고 이런 구분은 심지어 시온에 거주하

---

34 Oswalt, *The Book of Isaiah 40-66*, 530.

는 자들 사이에서도 이뤄질 것이라는 사상은 이사야서(9장, 66:6)뿐 아니라 구약 전반(출 12:38; 수 6장; 수 9장; 삼상 8:9-10)에 흐르고 있는 중요한 주제다.[35]

흥미롭게도 바울이 로마서 11:26에서 말하는 '온 이스라엘의 구원' 개념과 유사한 사상이 이사야 59장의 근접문맥인 이사야 60:21에 등장한다. 이사야 60:21의 "네 백성이 다 의롭게 되어 영원히 땅을 차지한다"에서 모든 의로운 자들(כֻּלָּם צַדִּיקִים)을 하나님의 종말론적 구원의 수혜자라고 밝힌다. 이 구절은 언뜻 보면 예루살렘의 백성 전부가 의롭게 된다는 사상을 포함하고 있는 것으로 보인다. 하지만 위에서 논증한 대로 이사야 59장에서 하나님이 종말에 임하셔서 죄 사함을 허락하시고 구원을 베푸실 대상은 이스라엘 백성 전부가 아니라 "야곱의 자손 가운데서 죄과를 떠나는 자들"(וּלְשָׁבֵי פֶשַׁע בְּיַעֲקֹב)이다(사 59:20).

물론 바울이 로마서 11:26-27에서 인용하고 있는 구약 본문은 이사야 59장의 히브리어 본문형태가 아니라 70인역(70인역)의 본문형태에 더 가깝다는 점을 이 장의 서두에서 지적했다. 따라서 우리는 이사야 59장의 70인역(70인역) 본문을 분석해 보아야 한다. 이사야 59장에서 이스라엘의 구원 문제와 관련해 히브리어 본문(HB)과 70인역 두 본문형태에 드러나는 외관상의 중요한 차이점은 히브리어 이사야 59장에서 하나님이 구원을 베푸시는 대상은 이스라엘 백성 중에서 야곱의 죄과를 떠난 자인 반면에, 70인역 이사야 59장에 등장하는 하나님의 구원의 수혜

---

35 Matthew J. Lynch, "Zion's Warrior and the Nations: Isaiah 59:15b-63:6 in Isaiah's Zion Traditions," *CBQ* 70 (2008), 254.

자는 '야곱'이라는 점이다. 70인역 이사야 59장은 구원자가 '야곱'에게서 죄악을 제거한다고 말하기 때문이다. 히브리어 본문의 경우 구원의 수혜자는 이스라엘 민족 가운데 특정한 그룹 즉 죄를 돌이킨 자들을 의미한다. 그러나 70인역 본문의 경우 야곱은 이스라엘 백성 가운데 죄과를 떠난 특정한 그룹이 아니라 이스라엘 백성 전반을 의미하는 것처럼 보인다. 그렇다면 이사야 59장 70인역 본문은 이스라엘 민족 전체를 구원의 수혜자로 묘사하고 있는가? 표면상 이사야 59:20(70인역)은 야곱에게서 죄를 제거한다는 약속을 다루고 있지만, 좀 더 넓은 문맥인 이사야 65:7(70인역)에 의하면 야곱의 구원은 하나님이 무조건적으로 이스라엘 백성 전부를 구원하시는 사건이 아니다. 이 구절은 이스라엘 백성 가운데 패역한 자들은 하나님이 심판하신다는 경고를 분명히 하고 있기 때문이다(사 65:1-7). 이 패역한 자들을 가리켜 불순종하는 백성(2절), 진리의 길이 아닌 자신들의 죄를 추구했던 자들(2절)이라고 부르고, 이것 때문에 하나님은 그들에게 그들의 죄대로 갚으신다(6절, $\dot{\alpha}\pi o\delta\acute{\omega}\sigma\omega$ $\tau\grave{\alpha}$ $\check{\epsilon}\rho\gamma\alpha$ $\alpha\dot{\upsilon}\tau\hat{\omega}\nu$ $\epsilon\grave{\iota}\varsigma$ $\tau\grave{o}\nu$ $\kappa\acute{o}\lambda\pi o\nu$ $\alpha\dot{\upsilon}\tau\hat{\omega}\nu$). 또한 이사야 65:8(70인역)은 하나님이 이스라엘 백성 전부를 멸하시지는 않는다($o\dot{\upsilon}$ $\mu\grave{\eta}$ $\dot{\alpha}\pi o\lambda\acute{\epsilon}\sigma\omega$ $\pi\acute{\alpha}\nu\tau\alpha\varsigma$)고 제시함으로써 이스라엘 가운데 일부를 심판하신다고 말하며, 이 구절은 결국 이스라엘 전부가 구원받는 것은 아님을 분명히 보여준다. 그렇다면 이사야 59장을 이사야 65장과 결부해서 해석하는 논증이 가능한가? 그렇다. 그 이유는 이사야 59장과 65장 모두 종말에 있을 '이스라엘의 회복'을 묘사하는 동일한 주제를 다루고 있기 때문이다(참고. 사 65:18). 더구나 바울은 이사야 65장을 로마서 10:20-21에서 직접적인 형태로 인용하고 있는데, 이러한 사실은 바울이 로마서를 기록하면서 이사야 59-65장(70인역)에 나오는 종말론적 이스라엘의 회복 사상을 염두에 두고 있을 가능성을 농후하게 시사하고 있다.[36] 따라서 이사야 59:20(70인역)에서 야곱에게서 죄과를 제거한다고 말할 때, 바울이 이스라엘 민족 전체가 죄 용서의 수혜자, 즉 구원의 대상이라고 말하지 않고 있음이 분명하다.

(2) 이사야 59-60장과 이방인의 구원

지금까지 분석한 바와 같이 이사야 59장은 이스라엘의 구원(20-21절)만 다루는 것이 아니라 이방인의 구원 문제(19절)도 다루고 있다. 뿐만 아니라 이사야 59장이 위치하는 좀 더 넓은 문맥인 이사야 60장에 이르면 이스라엘의 구원 문제와 이방인들의 구원 문제가 이사야 59장에서보다 더 뚜렷하게 묘사된다. 우리는 앞에서 이미 이사야 60:21이 로마서 11:26과 개념적으로 매우 유사하다고 밝힌 바 있다. 따라서 이사야 59장과 60장을 로마서 11:26-27을 해석하는 구약의 배경으로 보아도 큰 무리는 없을 것이다. 더구나 바울은 로마서 11:26-28에서 이사야 59장과 60장을 연결하는 59:20-21을 인용하고 있어서 독자에게 이사야 59장과 함께 이사야 60장을 읽도록 요청하고 있다. 주제 측면에서도 이사야 59:20-21이 '예루살렘'의 회복을 다루고 있고, 이어지는 이사야 60장의 내용 또한

---

36 사 60장(HB)의 문맥도 '영원히 땅을 차지할 자' 즉 회복된 이스라엘 땅에 거주할 수 있는 사람이 누구인가를 보여준다(60:21). 그리고 사 59-60의 문맥상 이 거주자들의 자격은 '죄과를 떠나는 것'이다(사 59:20). 그렇다면 바울이 로마서에서 직접 인용하는 사 59 장의 문맥을 넘어서 60장까지 문맥을 넓혀 사 60장의 사상을 염두에 두고 있었다고 볼 수 있는 근거가 있는가? 이러한 반론은 쉽게 해소될 수 있다. 그 이유는 바울이 이미 롬 10:20-21에서 사 59장뿐만 아니라 사 65장까지 넘어가 65:1-2을 직접 인용문의 형태로 사용하고 있기 때문이다.

예루살렘이 종말에 누리게 될 회복에 관한 내용(60:1-2, 10, 19-22)이므로 이사야 59장과 60장은 하나의 주제를 다루는 단락으로 볼 수 있다. 따라서 바울이 로마서 11:26-27에서 인용하고 있는 이사야 59:20-21은 단순히 이사야서의 두 구절만 미시적으로 보며 해석할 것이 아니라 좀 더 넓은 문맥인 이사야 59장과 60장을 함께 읽으며 해석해야 한다. 골딩게이도 이사야 59:21-62:12은 회복된 이스라엘에 관한 환상이라는 주제를 다루는 한 단위라고 보고 있다.[37]

이사야 60:1-2은 빛의 이미지를 사용해서 이스라엘에게 임할 하나님의 구원을 어둠 가운데 있는 이스라엘에게 빛이 비칠 것이라고 묘사한다. 2절의 어두움이 땅을 덮을 것이라는 내용은 출애굽기의 10가지 재앙중 흑암 재앙을 연상시키는 구절로, 이사야는 이스라엘에게 임하는 종말론적 구원을 과거 이스라엘의 출애굽 사건을 통해서 묘사하고 있다.[38] 그리고 이어지는 이사야 60장의 여러 구절은 이스라엘의 구원이 이방인에게 미치는 영향을 설명하는 내용으로 가득하다. 즉 열국의 왕들이 이스라엘로 나오고(3절), 스바 사람들이 예물을 가지고 온다(6절). 잘 알려진 대로 이사야서는 종말에 있을 하나님의 구원이 단지 이스라엘에게만 국한된 것이 아니라 이방인도 구원의 수혜자로 참여할 것이라는 사상이 강하게 나타나는 구약 예언서다.[39] 그럼에도 이사야서에서 구원의 중심지는

---

37 John Goldingay, *Isaiah* (NIBC; Peabody: Hendrickson, 2001), 14. Motyer도 사 59:14-60:22을 한 단위로 본다. J. Alec Motyer, *The Prophecy of Isaiah: An Introduction & Commentary* (Downers Grove: IVP, 1993), 489.

38 Wagner, *Heralds of the Good News*, 290. 각주 223 참고.

39 G. I. Davies, "The Destiny of the Nations," Jacques Vermeylen ed., *The Book of Isaiah - Le Livre D'Isaie: Les Oracles et Leurs Relectures Unite et Complexite de L'ouvrage* (Leuven: Leuven University Press, 1989), 105에 수록된 글. Davies는 이사야를 열방을 위한 예언자라고 부

예루살렘이다(사 60:3, 4, 10). 즉 이사야서에는 이스라엘이 종말론적 구원의 중심에 설 것이고, 이방인이 예물을 가지고 예루살렘 성전에 와서 하나님을 예배할 것이며 하나님의 구원에 참여할 것이라는 사상이 나타난다. 그리고 이사야 59-60장이 이 사상을 분명하게 드러내고 있다.

(3) 로마서 11:25-26에서의 이사야 59-60장 해석

이와 같은 관찰을 통해 우리는 바울이 로마서 11:25-27에서 이사야 59:20-21을 인용하여 자신이 로마 교회 성도들에게 가르치는 비밀의 내용을 뒷받침하기 위해 제시하는 그의 논리를 따라갈 수 있다. 바울은 이사야 59장에서 이스라엘이 하나님의 구원계획의 중심부에 서 있음을 읽어낸다. 그러나 그는 동시에 이사야 59장이 단순히 시온 중심적인 사상만 가지고 있지 않다는 사실도 읽어낸다. 이방인의 구원 문제가 이사야 59:19에 암시적으로 설명되어 있고, 이런 이방인의 종말론적 구원 문제는 이사야 60장에 이르면 더더욱 분명하게 제시되고 있기 때문이다. 바울은 이사야 60장에 나오는 이방인의 예루살렘으로의 종말론적 순례 전승을 이방인이 하나님의 백성이 되는 사건으로 파악한 것이 틀림없다.[40] 로마서 11:25에서 그가 사용하는 "이방인의 충만한 수가 들어오기까지"(τὸ πλήρωμα τῶν ἐθνῶν εἰσέλθη)라는 어구는 이 순례 전승을 암시하고

른다.

40 바울 당시 유대인들에게 이방인의 예루살렘으로의 종말론적 순례 전승은 잘 알려진 개념이다. 참고. Dunn, *Theology of Paul the Apostle*, 535. 특히 각주 10.

있기 때문이다.[41]

바울이 이사야 59장을 인용하면서 이사야 본문에 등장하지 않는 ἐκ Σιών 어구를 사용하는 이유도 여기 있다고 볼 수 있다. '시온'(이스라엘, 사 60:14, 70인역)은 하나님의 구원이 시작되는 장소이지 끝나는 장소가 아니다. 구원자가 이스라엘을 구원하기 위해(사 60:14, 70인역) 오시지만, 단지 이스라엘만을 위해 오시는 것은 아니다. 이사야 59장과 60장이 보여주듯이 하나님의 종말론적 구원 약속은 이스라엘에게 우선적으로 주어지지만, 그렇다고 이스라엘에게만 배타적으로 주어지지는 않는다. 종말론적 구원에는 반드시 이방인이 참여하게 된다. 이것이 이사야 59:19과 60장이 보여주는 내용이다. 이사야 60장이 분명하게 보여주듯이 종말에 회복될 이스라엘은 유대인만으로 구성된 배타적 공동체가 아니라 이방인을 포함하는 보편적 공동체다. 바울은 이방인이 예루살렘으로 종말론적 순례를 오는 것이 자신의 선교를 통해 이루어지고 있음을 보았다.

바울은 로마서 11:25-27에서 이방인의 영적 교만을 경계하는 과정의 일환으로 구약을 통해 자신이 알게 된 '비밀'을 제시한다. 그리고 그가 인용하는 이사야서의 내용을 통해 짐작할 수 있듯이 이 비밀은 이사야서에 다 제시되어 있었다. 하지만 바울은 이것이 '비밀'이었다고 말함으로써 유대인들은 동일한 구약 본문인 이사야 59-60장을 읽으면서도 자신이 깨달은 내용과 같은 방식으로 이 구약성경을 이해할 수 없었다는 점도 암시하고 있다.[42] 과거 구약성경에 '숨겨져' 있어서 잘 이해할 수 없었지

---

41 Stuhlmacher, *Romans*, 170-171. Schreiner, *Romans*, 617.

42 Dunn, *Romans 9-16* (WBC 38B; Dallas: Word, 1988). 678. Dunn은 바울이(마치 쿰란 공동체와 유사하게) 이 비밀을 구약성경과 관련해 이해하게 되었을 것이라고 암시하면서도,

만, 이제 바울 당시에 계시를 통해 '공개된' 비밀의 내용은 이방인의 충만한 수가 구원을 경험하는 것이다. 그리고 이방인들의 충만한 수가 구원의 수혜자가 되는 동안 이스라엘에 부분적인 완악함이 임해 복음을 거부하는 일이 벌어진다. 그리고 "이러한 방식으로"(καὶ οὕτως) 종국에는 언약의 백성 이스라엘이 구원을 받게 되는 일이 종말에 발생하게 된다.[43] 따라서 하나님이 자기 백성 이스라엘을 버리지 않았기 때문에(롬 11:1), 로마 교회의 이방 그리스도인들은 선민인 유대인들을 향해 교만해서는 안 된다는 것이 바울의 주장이다.

바울은 단지 로마서 11:26-27에서만 이사야 59장을 인용하는 것이 아니라, 그다음 구절들인 11:28-32에서도 이사야 60장을 간접적으로 암시하고 있다. 그는 28-32절에서는 이스라엘 백성을 하나님이 '사랑'하시고 '긍휼'을 베푸시는 대상으로 암시하는 대목에서 이사야 60장을 사용하고 있다. 이스라엘 백성은 구속사에서 특권을 갖고 있는 사람들로서 "조상들로 말미암아 사랑을 입은 자"(롬 11:28)다. 이 대목에서 바울은 하나님이 이스라엘을 '사랑'하셨다고 말함으로써 이사야 60:10을 간접적으로 암시한다.

롬 11:28 κατὰ μὲν τὸ εὐαγγέλιον ἐχθροὶ δι᾽ ὑμᾶς, κατὰ δὲ τὴν ἐκλογὴν ἀγαπητοὶ διὰ τοὺς πατέρας·

그의 논증의 무게중심은 '계시'를 통해 받게 되었다는 측면에 있다고 주장한다.
43 Schreiner, *Romans*, 621.

사 60:10 καὶ οἰκοδομήσουσιν ἀλλογενεῖς τὰ τείχη σου καὶ οἱ βασιλεῖς αὐτῶν παραστήσονταί σοι διὰ γὰρ ὀργήν μου ἐπάταξά σε καὶ διὰ ἔλεον ἠγάπησά σε

바울 서신 전체에서 ἀγαπητοί가 사용되는 경우는 대부분 이방 그리스도 인 혹은 유대 그리스도인과 이방 그리스도인이 함께 포함된 편지의 수신 자들을 가리키는 상황(롬 1:7; 12:9), 그리고 바울의 동역자들을 가리키는 경우(롬 16:5, 8)다. 그러나 전적으로 이스라엘 민족의 선택을 언급하는 문맥에서 '사랑'과 관련된 단어가 사용되는 경우는 이곳 로마서 11:28밖 에 없다. 따라서 선민 이스라엘을 사랑하셨다는 내용을 담고 있는 이사야 60:10이 로마서 11:28에 사용되고 있을 가능성이 매우 높다.

더 나아가 바울은 로마서 11:31에서 하나님이 미래에 이스라엘 백 성들에게 긍휼을 베푸신다고 말하면서 다시 한번 이사야 59:16(70인역) 과 60:10(70인역)을 간접적으로 사용한다.

롬 11:31 οὕτως καὶ οὗτοι νῦν ἠπείθησαν τῷ ὑμετέρῳ ἐλέει, ἵνα καὶ αὐτοὶ [νῦν] ἐλεηθῶσιν.

사 59:16 καὶ εἶδεν καὶ οὐκ ἦν ἀνήρ καὶ κατενόησεν καὶ οὐκ ἦν ὁ ἀντιλημψόμενος καὶ ἠμύνατο αὐτοὺς τῷ βραχίονι αὐτοῦ καὶ τῇ ἐλεημοσύνῃ ἐστηρίσατο

사 60:10 καὶ οἰκοδομήσουσιν ἀλλογενεῖς τὰ τείχη σου καὶ οἱ βασιλεῖς αὐτῶν παραστήσονταί σοι διὰ γὰρ ὀργήν μου ἐπάταξά σε καὶ διὰ <u>ἔλεον</u>

<u>ἠγάπησά</u> σε

특히 이사야 60:10은 로마서 11:28-32에 나오는 중요한 단어인 '자비/긍휼'(ἔλεον)과 '사랑하다'(ἠγάπησα)를 동시에 사용해 이스라엘 백성에게 적용하고 있으므로, 이사야 59장과 60장이 로마서 11:28-32의 중요한 신학적 근거 본문으로 작용하고 있음이 다시 한번 확인된다.

　이러한 사실들은 바울이 이스라엘을 바라보는 중요한 관점을 시사한다. 바울은 이스라엘에게 적용되던 '사랑'과 '긍휼'을 로마서 11장에 와서는 이방 그리스도인에게도 거리낌 없이 적용하고 있다. 그는 이스라엘에게 주어졌던 혜택이 이제 인종의 울타리를 넘어 이방 그리스도인에게까지 확대되고 있다고 보고 있기 때문이다. 이스라엘의 특권이었던 하나님의 사랑과 긍휼이 더 이상 이스라엘의 특권으로만 남아 있지 않다. 그러나 동시에 바울은 사랑과 긍휼이 이스라엘 민족에게서 떠나지 않았고(29절), 오히려 미래에 이들에게 주어질 것이라는 믿음(31절)을 포기하지 않는다. 그리고 바울은 로마서 11:26-27서 ἐκ Σιών을 시온 중심적이면서도 민족적 울타리를 넘어서 이방인을 포함하는 전 세계적 구원의 의미를 내포하고 있는 어구로 사용하고 있다.

5. 결론

바울은 신약 저자 가운데 유일하게 이사야 59장을 사용한다. 이사야 59

장은 로마서에서만 2번 사용되는데(3:15-17; 11:26), 모두 인용 도입구를 가지고 등장한다는 특징이 있다. 또 하나의 특징은 이사야 59장은 홀로 인용되지 않고 항상 다른 구약 본문들과 결합되어 사용된다는 점이다. 주제상으로도 독특한 측면이 있다. 이사야 59장이 로마서 3장에서는 '이스라엘의 죄'를 다루는 문맥으로 이스라엘의 패역을 통해 모든 사람이 죄인이라는 논증을 펼치기 위해 사용된다. 반면에 로마서 11장에서는 '이스라엘의 구원'을 다루는 문맥으로 이스라엘의 회복과 함께 모든 사람이 하나님의 긍휼을 얻게 될 것이라는 사상을 보여주기 위해 사용되고 있다. 즉 로마서에서 이사야 59장은 이스라엘의 죄와 이스라엘의 구원이라는 두 가지 주제를 통해 이것이 이방인에게 어떤 영향을 미치는지를 보여주는 역할을 한다. 이 장에서는 로마서 11:25-27에 사용된 이사야 59장 인용문 분석을 통해 바울이 이사야 59장의 본문에 나오지 않는 ἐκ Σιών이라는 어구를 사용한 의도가 바울 자신의 이사야 59장 이해에 기초한 해석적 사용임을 입증해 보였다. 바울이 구약을 인용하면서 본문의 어구를 변형해 사용하는 경우에도 그가 그것을 자의적으로 왜곡한 것이 아니라, 인용하고 있는 구약 본문의 원래 의미를 반영하는 해석을 통해 사용한 것임을 로마서 11:26에 사용된 ἐκ Σιών이라는 어구가 보여준다. 이사야 59장은 구원자가 단지 이스라엘의 구원만을 위해서 오시는 분이 아니라 이방인에게까지 구원의 혜택을 주시는 분임을 보여주는 내용인데, 바울은 이 구약 본문의 의미를 잘 드러내기 위해 민족적 이스라엘의 회복을 다루는 로마서 11:25-27의 문맥에서 이사야 59장의 인용문에 자신의 해석적 어구인 ἐκ Σιών을 사용하고 있다.

바울, 모세의 노래, 그리고 유대인과 이방인

로마서에서의 신명기 32장 사용 연구

이 장은 로마서에서 나타난 바울의 신명기 32장 사용과 해석을 다룬다.[1] 신명기 32:1-43은 "모세의 노래"(the Song of Moses)라는 이름이 붙어 있는 본문으로 신명기의 결론부에 위치한다. 흥미롭게도 신명기 32장이 로마서에서 직접적으로 3번이나 사용되고 있다. 나는 바울의 구약 사용에 관한 다른 연구에서 신명기 32장이 바울에게 매우 중요한 구약 본문으로 작용하고 있음을 밝힌 적이 있다.[2] 그리고 그 경우 신명기 32장을 직접적으로 인용하는 것은 아니지만 암시나 반향의 방식으로 사용하고 있으면서 바울의 윤리적 가르침의 근거를 제공하고 있다고 밝혔다. 흥미롭게도 신명기 32장이 로마서에서는 아주 분명하게 직접적으로 여러 번 인용되고 있다. 이 장의 연구는 구약과 초기 유대교 그리고 심지어 신약성경에서 중요하게 다루어지고 있는 신명기 32장을 바울이 로마서에서 어떻게

---

1 이 장은 "바울, 모세의 노래, 그리고 유대인과 이방인-로마서에서의 신명기 32장 사용 연구"라는 제목으로 「신약연구」(2012년 12월호): 930-960에 실린 내 논문을 약간 수정한 것이다.

2 김경식, "바울 윤리의 기원과 배경: 고린도전서 8:1-11:1을 중심으로", 「신약연구」 7권 3호 (2008): 483-515. 이 책의 6장에 실린 논문이다.

읽고 해석하고 있는지를 밝히는 데 목적이 있다. 이 장에서 나는 바울이
자기의 신학적 목적을 위해 신명기 32장을 파편화시키며 왜곡하는 것이
아니라 신명기 32장의 전체 문맥을 고려하면서 인용하고 있다는 점을 보
여 줄 것이다. 이러한 바울의 신명기 32장 해석과 사용을 근거로 바울이
하나님이 구원과 심판에 있어서 이방인과 유대인을 차별하지 않으신다
는 주제를 신명기 32장 본문에 내재한 의미론적 잠재성(semantic potential)
을 해석적 씨앗으로 사용하여 로마서에서 발전시키고 있음을 보여줄 것
이다.

1. 로마서에서의 신명기 사용

바울이 로마서에서 신명기를 의도적으로 사용하고 있다는 점은 그가 신
명기 본문을 직접적으로 인용하는 대목에서 분명하게 드러난다. 신명기
32장을 차치하더라도 신명기의 여러 본문이 로마서에서 인용되고 있다.[3]
다음의 목록은 로마서 본문에 인용되고 있는 신명기 본문이다.

　(1) 로마서 10:6-8 = 신명기 30:12-14 인용
　(2) 로마서 11:8 = 신 29:4 인용

3 　로마서를 포함한 신약성경 전체에서의 신명기 사용목록은 John M. Court ed., *New*
　Testament Writers and the Old Testament: An Introduction (London: SPCK, 2002), 101-103
　을 참고하라.

로마서에 나타난 신명기 사용에서 특이한 점은 신명기에 기록된 십계명 본문이 요약적으로 사용되고 있다는 점이다. 다음의 두 구절은 십계명이 기록된 본문인 신명기와 출애굽기 본문이 로마서에서 사용되고 있는 대목이다.

(3) 로마서 7:7 = 신명기 5:21, 또한 출애굽기 20:17 인용
(4) 로마서 13:9 = 신 5:17-19, 21, 또는 출 20:13 이하 인용

신명기 32장 본문을 제외하고 로마서에서 사용된 신명기 본문을 보더라도 신명기 5장, 29장, 30장이 사용되고 있음을 알 수 있다.[4] 로마서에서 사용되는 신명기 본문의 분포 위치를 보면 로마서의 신학적 논증 단락 (1-11장) 가운데, 특히 율법의 역할을 논의하는 로마서 7장에서 신명기 5장이 사용되고 있다. 그리고 이스라엘과 이방인 간의 관계를 설명하는 로마서 9-11장에 신명기 29장, 30장, 32장이 사용되고 있고, 이후 통상적으로 로마서 12장에서부터 시작된다고 보는 바울의 윤리적 가르침 단락인 로마서 12장에 신명기 32장이, 로마서 13장의 율법을 논의하는 문맥에서 다시 신명기 5장의 십계명 본문이 사용되고 있다. 마지막으로 로마서의 결론부에 해당하는 로마서 15장에 다시 한번 신명기 32장이 인용되고 있다. 요약하자면 바울은 로마서에서 신명기 5장, 29장, 30장 그리고 이 장에서 연구할 32장을 로마서 7장 이후 여러 문맥(7, 11, 12, 13, 15

---

4 바울 서신을 포함해 신약 전반에서 사용되는 신명기에 관한 포괄적인 연구는 Steve Moyise & Maarten J. J. Menken, *Deuteronomy in the New Testament: The New Testament and the Scriptures of Israel* (London: T&T Clark, 2007)을 참고하라.

장)에 걸쳐 사용하고 있다.

2. 신명기 32장 "모세의 노래"의 중요성

위에서 제시한 로마서에 나타난 신명기 사용 목록은 바울이 전개하는 신학적 논증에서 신명기를 염두에 두고 있다는 점을 잘 보여준다. 이제 본격적으로 신명기 32장의 사용과 해석을 살펴보자. 거스리는 신명기 32장의 "모세의 노래"가 구약과 유대교에서 얼마나 중요하게 다루어졌는지를 설명한 적이 있는데, 그의 말은 그대로 옮겨놓을 가치가 있다.

전통적으로 신명기 32:1-43은 모세의 노래라고 불린다. 이 본문은…고대 필사자들뿐만 아니라, 최근의 연구자들에게 신명기의 어떤 본문보다, 그리고 구약의 어떤 다른 본문보다 많은 관심을 받아왔다. 이 모세의 노래는 성전, 회당 그리고 초기 교회에서 예전 목적으로 사용되었으며, 그리스어를 사용하는 유대인 사이에서 이 본문의 인기는 70인역 시편의 마지막에 있는 노래(the Odes)에 이 노래가 있다는 점을 통해 분명히 드러난다.…탈무드에서는 모세오경에 나오는 두 찬양, 즉 출애굽기 15장과 신명기 32장이 기록될 때 특정한 방식으로 기록되어야 한다는 규정이 있다(b. Meg. 16b). 따라서 신명기 32장은 과거 유대인들에게 아주 중요한 본문이었다.[5]

---

5 George H. Guthrie, "Hebrews," G. K. Beale and D. A. Carson eds., *Commentary on the New Testament Use of the Old Testament* (Grand Rapids: Baker, 2007), 930-31에 실린 글.

비들에 의하면 신명기 내에서 "모세의 노래"(신 32장)는 신명기 신학 전체를 요약하는 본문이다.[6] 신명기 32장은 구약성경 내에서도 신명기보다 후대의 글들인 이사야서와 시편에서 이 본문이 사용된 흔적이 보인다. 예를 들면 카이저는 신명기 32장 본문이 이사야 40-48장에서 직접 사용되고 있다고 주장한다.[7] 신약에서는 신명기 32장이 로마서뿐만 아니라 신약성경 다른 곳에서도 사용된다.[8] 바울 서신에서는 고린도전서 10:20, 22에서 신명기 32:17이 사용되고 있다. 또한 히브리서 10:30에는 신명기 32:35, 36이 사용되고 있다. 더불어 요한계시록 15:3-4에 언급된 모세의 노래도 신명기 32:4과 흡사하다. 사도행전 17:26도 신명기 32:8과 개념상 매우 유사하다. 또한 왓슨은 신명기 32장이 바울 서신 중 빌립보서 2:15, 로마서 3:1-8 그리고 고린도전서 10:20-22에서 암시적으로 사용되고 있다고 주장한 바 있다.[9] 신명기 32장 모세의 노래는 신약성경에서뿐만 아니라 초기 유대교 문헌에서도 여러 번 사용되고 있다. 워터스는 징크의 논문을 인용하면서 구약 외경들에서 신명기 32장이 사용된다고 말한다.[10] 그에 의하면 집회서 17:17(=신 32:8-9), 바룩 4:7(=신 32:16-17),

---

6   Mark E. Biddle, *Deuteronomy* (Macon, Georgia: Smyth & Helwys, 2003), 471.

7   Thomas A. Keiser, "The Song of Moses: A Basis for Isaiah's Prophecy," *Vetus Testamentum* LV, 4 (2005): 486-500. 신 32장과 시 78편의 관계에 대해서는 Biddle, *Deuteronomy*, 471을 참고하라.

8   사용하는 기준이 애매해서 정확도에 관한 논란의 여지가 있지만, 신 32장이 신약에서 사용된 것을 개략적으로 추적하려면 *Novum Testamentum Graece* 27판의 부록 편인 *Loci Citati Vel Allegati*에 수록된 신 32장이 사용되고 있는 신약 본문 목록을 참고하라.

9   F. Watson, *Paul and the Hermeneutics of Faith* (London: T&T Clark, 2004), 453. Dunn도 신약성경에서 신 32장이 사용되는 대목으로 고전 10:20, 22(참고. 신 32:16-17), 빌 2:15(참고. 신 32:5) 그리고 히 1:6(=신 32:43, 70인역)을 지적하고 있다. 참고. Dunn, *Romans 9-16*, 625.

10   Guy Waters, *The End of Deuteronomy in the Epistles of Paul* (Tübingen: Mohr Siebeck,

그리고 마카베오하 7:6(=신 32:36)이 신명기 32장을 사용하고 있다. 그는 이외에 쿰란문서, 「모세의 유언」, 요세푸스, 필론 그리고 LAB에서 신명기 32장이 광범위하게 사용되고 있다고 주장한다.[11]

지금까지 제시한 근거들은 신명기 32장이 구약성경과 초기 유대교 및 신약성경에서 얼마나 자주 사용되고 있는지를 보여주고 있으며, 따라서 매우 중요한 구약 본문이었음을 분명하게 보여준다.

3. 로마서에서의 신명기 32장 사용

이제 본격적으로 로마서 전반에 걸쳐 사용되고 있는 신명기 32장 본문의 사용과 해석에 대해서 분석해보자. 사실 로마서에 나타난 신명기 32장의 사용에 관한 연구가 이제까지 전혀 없었던 것은 아니다. 이 신명기 본문이 로마서에 끼친 신학적 영향을 포괄적이고 체계적으로 연구한 사람은 벨이다.[12] 그는 자신의 폭넓은 연구에서 신명기 32장이 로마서 9-11장에 나오는 바울의 신학 사상에 지대한 영향을 미쳤다고 주장했다. 벨은 초기 유대교 문헌과 바울뿐만 아니라 다른 신약 저자들이 사용하는 신명기 32장의 사용을 연구하면서 신약의 다른 어떤 저자보다도 바울이 신명기 32장을 가장 중요하게 다룬 인물이라고 주장했다.[13] 분명 벨의 연구는 신명

2006), 29-78.

11 Waters, *The End of Deuteronomy*, 57.

12 Richard H. Bell, *Provoked to Jealousy: The Origin and Purpose of the Jealousy Motif in Romans 9-11* (WUNT 2/63; Tübingen: Mohr Siebeck, 1994).

13 Bell, *Provoked to Jealousy*, 269.

기 32장의 사용을 연구한 매우 포괄적이고 체계적인 시도다. 하지만 나는 그의 연구에 나타난 한계를 지적하지 않을 수 없다. 우선 그의 연구는 로마서 9-11장에서 사용되는 신명기 32장을 '시기'(jealousy)라는 주제에만 초점을 맞추고 다루다 보니, 로마서 10장에 집중하면서 상대적으로 로마서 12장과 15장에서 인용되는 신명기 32장의 해석을 충분히 다루지 못했다. 물론 벨은 신명기 32장이 로마서 13장과 15장에서 인용되고 있다고 밝힌다. 하지만 그의 연구에는 인용된다고 밝히는 정도에서 멈추고 더 이상의 논의를 진행하지 않는 약점이 있다. 이 장은 벨의 연구의 한계를 넘어 로마서 전반에서의 신명기 32장 사용을 의미론적 잠재성이라는 새로운 각도에서 분석해보고자 한다. 바울은 신명기 32장 본문을 3번, 즉 로마서 10장, 12장, 그리고 15장에서 모두 인용 도입구를 통해 사용하고 있다.

(1) 이스라엘의 불순종과 신명기 32장(롬 10:19)

바울은 로마서 10:19에서 신명기 32:21을 거의 문자적으로 인용한다. 또한 "먼저 모세가 이르되"(πρῶτος Μωϋσῆς λέγει)라는 인용 도입구를 사용하고 있다. 바울이 여기서 신명기 본문을 사용하고 있는지 판단하기 위해 두 본문을 분석해 볼 필요가 있다.

가. 본문 비교

롬 10:19 ἀλλὰ λέγω, μὴ Ἰσραὴλ οὐκ ἔγνω πρῶτος Μωϋσῆς λέγει· ἐγὼ παραζηλώσω ὑμᾶς ἐπ' οὐκ ἔθνει, ἐπ' ἔθνει ἀσυνέτῳ παροργιῶ ὑμᾶς.

신 32:21(70인역) αὐτοὶ παρεζήλωσάν με ἐπ' οὐ θεῷ παρώργισάν με ἐν τοῖς εἰδώλοις αὐτῶν κἀγὼ παραζηλώσω αὐτοὺς ἐπ' οὐκ ἔθνει ἐπ' ἔθνει ἀσυνέτῳ παροργιῶ αὐτούς.

신 32:21(HB)

הֵם קִנְאוּנִי בְלֹא־אֵל כִּעֲסוּנִי בְּהַבְלֵיהֶם וַאֲנִי אַקְנִיאֵם
בְּלֹא־עָם בְּגוֹי נָבָל אַכְעִיסֵם:

위에서 보는 바와 같이 바울은 로마서 10:19에서 신명기 32:21(70인역)을 거의 문자적으로 인용하고 있다. 차이라고는 단지 κἀγώ가 ἐγώ로 변한 점, 그리고 대명사가 "그들"에서 "너희"로 바뀐 점밖에는 없다. 하지만 이런 차이가 신명기 32:21의 원래 의미에 큰 변화를 가져오지는 않는다. 바울은 이러한 인칭대명사의 변화를 통해 로마서의 수신자들에게 신명기 32장의 의미를 직접 적용하고 있다고 볼 수 있다.[14]

나. 로마서 10장의 문맥

바울은 로마서 10:14-21에서 이스라엘 백성의 실패에 관해 이야기한다.[15] 그는 이스라엘 백성에게 복음을 들을 기회가 있었고, 또한 복음을 이해할 기회도 주어졌다고 주장한다. 그는 이스라엘 백성에게 복음을 이

---

14 참고. James Dunn, *Romans 9-16* (WBC 38B; Waco: Word, 1988), 625. Dunn은 바울 자신, 좀 더 정확히 표현하면 하나님이 자기 백성에게 말씀하신다는 인상을 주기 위해 여기서 너희라는 대명사를 사용했다고 주장한다.

15 Douglas Moo, *The Epistle to the Romans* (NICNT; Grand Rapids: Eerdmans, 1996), 661-63.

해할 기회가 있었다는 사실을 뒷받침하기 위해 신명기 32장을 인용하여 논증한다. 바울은 이방인이 하나님의 백성 안으로 들어올 것이라는 예언이 이미 신명기 32장에 기록되었으며, 이방인의 구원이 결국 유대인으로 하여금 이를 시기하게 만드는 사건이라는 점을 신명기 32:21을 인용하여 논증해 간다.

바울은 신명기 32:21을 인용하면서 "먼저 모세가 이르되"(πρῶτος Μωϋσῆς λέγει)라는 인용 도입구를 사용한다. 구약성경을 인용하면서 모세가 말하거나 기록했다고 말하는 대목은 로마서에서 10:5과 10:19 두 곳밖에 없다. 두 본문 다 모세 오경에서 온 본문인데, 로마서 10:5에서는 바울이 레위기 18:5을 인용하면서 사용하는 도입구다.

먼저 신명기 32:21이 사용되고 있는 로마서의 큰 문맥을 보면, 바울은 이스라엘의 불순종과 관련해서 로마서 10:14-21에서 구약 본문을 6번 인용한다. 그는 15절에서 이사야 52:7을 사용하고 있으며, 16절에서 이사야 53:1을, 18절에서는 시편 19:4을 인용하고, 19절에서는 신명기 32:21, 그리고 20-21절에서 이사야 65:1-2을 인용하여 자신의 논증을 뒷받침한다.

(1) 15절 - 이사야 52:7

(2) 16절 - 이사야 53:1

(3) 18절 - 시편 19:4

(4) 19절 - 신명기 32:21

(5) 20-21절 - 이사야 65:1-2 (구약 2회 인용)

바울은 로마서 10:14-21에서 이스라엘 백성이 복음을 불순종한 문제를 지적한다. 16절에서는 이 단락에서의 바울의 주장을 이스라엘 백성들이 "다 복음을 순종치 아니하였도다"라고 핵심적으로 요약한다. 비록 유대 인들에게 그리스도의 말씀이 전해져서 복음을 들을 기회가 그들에게 충분히 주어졌음에도 불구하고 선민인 이스라엘 백성은 하나님을 "순종하지도 아니하고 거슬러 말하는 백성"으로 남아 있기로 선택했다고 바울은 주장한다. 위의 5개의 구약 본문 가운데 (2) 이사야 53:1과 (3) 시편 19:4은 이스라엘 백성들이 복음을 듣고 회개할 수 있는 기회가 주어졌다는 사실에 초점을 맞춘다. 반면 뒤에 위치한 구약 본문인 신명기 32장과 이사야 65장은 이스라엘 백성의 불순종에 대한 하나님의 반응에 초점이 맞춰진 본문이다.

흥미롭게도 여기에 사용되고 있는 신명기 32장과 이사야 65장은 서로 놀라우리만큼 유사한 주제를 공유하고 있다. 먼저, 이 두 구약 본문은 하나같이 이스라엘 백성의 우상숭배와 이를 통해 이스라엘 백성이 하나님을 거부한 것이 중요한 주제다(신 32:15-18; 사 65:3-5). 둘째, 두 본문 다 하나님을 거부한 이스라엘 백성을 하나님이 엄하게 심판하신다는 주제를 다루고 있다(신 32:15-42; 사 65:6-7). 마지막으로, 하나님이 신실한 이스라엘 백성을 구원하신다는 주제가 두 본문 모두에 등장한다(신 32:43; 사 65:8-10, 17-25).

신명기 32장과 이사야 65장 사이의 유사성에도 불구하고, 둘 사이에는 분명한 차이점도 발견된다. 중요한 차이는 '시기'라는 주제다.[16] 이

---

16   Dunn은 바울이 신 32장을 롬 10장에서 인용하는 이유를 다른 구약 본문과는 달리 신 32

사야 65장에는 이 주제가 등장하지 않는 반면에 신명기 32장에는 이 주제가 등장하고 있다. 바울이 로마서 10:19에서 인용하는 신명기 32:21이 이 주제를 잘 드러낸다.

신 32:21(70인역) αὐτοὶ παρεζήλωσάν με ἐπ' οὐ θεῷ παρώργισάν με ἐν τοῖς εἰδώλοις αὐτῶν κἀγὼ παραζηλώσω αὐτοὺς ἐπ' οὐκ ἔθνει ἐπ' ἔθνει ἀσυνέτῳ παροργιῶ αὐτούς

이 시기라는 주제를 나타내는 동사인 παραζηλώσω는 단지 로마서 10:19에서만 사용되는 것이 아니라, 로마서 11장에 가서 2번 더 사용된다. 이 동사는 흥미롭게도 신약성경에서 오직 바울 서신(롬10:19, 11:11, 14; 고전 10:22)에만 등장하는 단어다.

롬 10:19 ἀλλὰ λέγω, μὴ Ἰσραὴλ οὐκ ἔγνω Ἐ πρῶτος Μωϋσῆς λέγει· ἐγὼ παραζηλώσω ὑμᾶς ἐπ' οὐκ ἔθνει, ἐπ' ἔθνει ἀσυνέτῳ παροργιῶ ὑμᾶς.

롬 11:11 Λέγω οὖν, μὴ ἔπταισαν ἵνα πέσωσιν Ἐ μὴ γένοιτο· ἀλλὰ τῷ αὐτῶν παραπτώματι ἡ σωτηρία τοῖς ἔθνεσιν εἰς τὸ παραζηλῶσαι αὐτούς.

장에 독특하게 '하나님이 이스라엘 백성들을 시기하게 만들다'는 사상이 나타나기 때문이라고 주장한다. Dunn, *Romans 9-16*, 625.

5장 바울, 모세의 노래, 그리고 유대인과 이방인

롬 11:14 εἴ πως παραζηλώσω μου τὴν σάρκα καὶ σώσω τινὰς ἐξ αὐτῶν.

더 나아가 놀랍게도 이 동사가 사용되는 고린도전서 10:20-22은 우리가 지금 분석하고 있는 신명기 32장을 암시하는 본문이다.[17] 신명기 32장의 본문과 παραζηλώσω 동사의 결합은 로마서 10장과 11장에 등장하는 시기라는 주제를 신명기 32장에 비추어 볼 수 있는 가능성을 열어준다. 다시 말해 바울은 로마서 10-11장에서 신명기 32장에 호소하면서 '이방인들이 이스라엘을 시기하게 만들다'라는 주제를 전개한다. 바울은 신명기 32:21을 단지 로마서 10:19에서만 인용하는 데서 멈추는 것이 아니라, 유대인과 이방인의 구원 문제를 다루는 로마서 11:11, 14에서 다시 신명기 32:21을 암시적으로 사용하며 해석하고 있다. 이러한 사실은 신명기 32장 본문이 유대인과 이방인의 구원 문제를 다루는 로마서 9-11장에서 핵심 주제를 제공하는 구약 본문임을 보여준다.

구약성경에서 παραζηλόω('시기하게 만들다') 동사가 나오는 본문들은 흥미롭게도 그리 많지 않다(신 32:21; 왕상 14:22; 시 36:1, 7, 8[70인역]; 시 77:58[70인역]). 이 가운데서 시편 36:1, 7, 8(70인역)에서 이 동사가 사용될 때 이 단어는 사람이 다른 사람에 대해서 가지는 행동을 가리키는 것이었지만, 시편 36편(70인역)의 경우를 제외하면 이 동사가 사용되는 문맥은 모두 이스라엘 백성의 우상숭배와 관련이 있다(신 32:21; 왕상 14:22; 시 78:58[=시77:58, 70인역]). 구약의 시가서 및 예언서와 비교해 모세 오경이 가지고 있는 신학적 중요성을 고려하면 신명기 32장이 다른 구약 본

---

17   김경식, "바울 윤리의 기원과 배경", 504.

문(구약 시가서와 예언서)에 등장하는 '시기'라는 주제의 모판이 된 것 같다.[18] 다시 말해 로마서 10-11장에서 바울이 말하는 '구원 계획에 있어 유대인이 이방인을 시기함'이라는 주제에 결정적인 영향을 미치는 구약 본문은 신명기 32장이다.

다. 로마서 10장에서 바울의 신명기 32장 해석: 이스라엘의 우상숭배, 심판, 그리고 구원

신명기 32장은 신실한 하나님과 패역한 이스라엘을 뚜렷이 대조하고 있다. 한편으로는 신실하지 못한 이스라엘, 다른 한편으로는 패역한 이들을 심판하시지만 결국 이스라엘 백성을 구원하시는 공의와 구원의 하나님이 강하게 대조되고 있다. 이 문맥에서 하나님은 이스라엘 백성들 심판하시는 분으로만 묘사되지 않고 결국 이들을 구원하시는 분으로 그려진다. 다음과 같은 신명기의 문맥에서 이 점을 볼 수 있다. 즉 신명기 32:21은 이 구절이 위치한 신명기 32장의 앞뒤 근접 문맥만 놓고 보면 하나님이 이스라엘 백성을 심판하신다는 문맥에 위치해 있다. 하지만 신명기 32장의 내용은 하나님의 심판으로 끝나지 않고 하나님의 구원으로 결론지어진다(참고. 신 32:43). 다시 말하자면 신명기 32:21만 보면 심판에 관한 내용이다. 그러나 신명기 32장 전체 문맥을 계속 따라가면서 읽으면 신명기 32:21은 이스라엘 백성의 구원이라는 주제와 관련지어 해석할 수 있다. 결국 바울은 로마서 10:19에서 단순히 신명기 32:21 한 구절만 미세하게 현미경으로 보지 않고 신명기 32장의 전체 문맥을 고려하여 이 구

---

18 Bell, *Provoked to Jealousy*, 284.

절을 구원의 메시지로 읽고 있는 것이다. 이스라엘 백성이 시기심을 갖고 결국 하나님의 구원에 동참하게 될 것이라고 말하는 로마서 11:14은 위의 해석이 바울이 신명기 32:21을 인용하면서 염두에 두었던 해석임을 뒷받침한다.[19]

던은 신명기 32:21에 나오는 동사들 즉 '시기하게 만들다'($\pi\alpha\rho\alpha\zeta\eta\lambda\dot{\omega}\sigma\omega$) 그리고 '노엽게 하다'($\pi\alpha\rho\sigma\rho\gamma\iota\tilde{\omega}$)라는 동사가 미래시제라는 점에 근거하여 바울이 신명기 32:21을 종말에 일어날 사건에 대한 예언으로 해석했을 것이라고 주장한다.[20] 하지만 바울이 단지 동사의 미래시제에 근거해서 신명기 32장을 바울 당시의 사건을 예언하는 내용으로 해석했다기보다는, 내가 여기서 논증하듯이 더 근본적인 해석의 차원에서 신명기 32장 전체를 읽어 가면서 이 본문을 이스라엘 백성에 대한 구원의 메시지로 해석했다고 보는 것이 더 타당해 보인다.

동시에 바울이 신명기 32장 전체 문맥을 염두에 두고 있다는 사실에 기초해서 우리는 그가 로마서 10장에서 신명기 32:21을 인용하면서 이스라엘 백성의 우상숭배를 염두에 두고 있었을 것으로 추측할 수 있다. 신명기 32장은 이스라엘 백성이 우상숭배를 통해 하나님의 질투심을 유발했다고 밝힌다(신 32:16). 결국 우상숭배를 행한 이스라엘 백성에 대한 하나님의 심판이라는 신명기 32장의 문맥이 신명기 32장이 로마서 10장의 바울의 논증에 던져주는 해석의 빛이다. 다시 말해 바울은 이스라엘

---

19 Dunn도 나와 비슷하게 신 32:21 인용의 중요성을 롬 11:11-16과 연결지어 해석하려고 했다. 하지만 그는 나와 달리 신 32장의 전체 문맥에 대한 바울의 해석 과정에 기초해서 이스라엘 백성의 구원과 하나님의 신실하심을 연관지어 해석하지는 못하고 있다. 참고. Dunn, *Romans 9-16*, 631.

20 Dunn, *Romans 9-16*, 625.

백성이 복음을 순종하지 않는 상태(롬 10:16)를 이스라엘 백성이 우상숭배에 빠진 상태와 같다고 암묵적으로 주장하는 것이다. 과거 이스라엘 백성이 우상숭배에 빠져 하나님을 배반한 것처럼, 바울은 그 당시 유대인이 복음을 거부하는 행동도 그리스도를 통해 구원의 길을 제시하고 있는 하나님을 배반하거나 배척하는 행동으로 결국 우상숭배와 다를 바 없는 행동이라고 여기고 있다.

요약하자면 로마서 10-11장의 논증에서 바울은 이방인의 구원 문제와 유대인의 시기를 통한 구원 문제를 설명하면서 '시기'라는 주제를 신명기 32장에 호소하며 유대인의 구원 문제를 의미심장하게 다루고 있다. 이스라엘이 현재 복음을 배척하고 있지만 바울은 이러한 패역의 상태에서도 신명기 32장에 근거해서 이스라엘 백성의 구원이라는 소망을 버리지 않고 있으며, 로마서 10:19에서 신명기 32:21을 인용하면서 자기 동족 이스라엘의 구원을 암시하고 있다. 그러나 바울은 또한 신명기 32장을 인용해서 복음을 받아들이기를 거부하는 이스라엘의 현재 상태가 신명기 32장에 나오는 우상숭배에 빠져 하나님을 배척하는 모습과 전혀 다르지 않다고 암묵적으로 비판하고 있다.

(2) 원수 갚기와 신명기 32장(롬 12:19)

바울이 신명기 32장을 두 번째로 사용하는 구절은 로마서 12:19이다. 이 신명기 본문이 사용되고 있는 로마서의 문맥은 그리스도인들에게 원수를 직접 갚으려 하지 말고 하나님께 맡겨서 그분이 보복하도록 하라는 윤리적 가르침을 주는 대목이다.

가. 본문 비교

신명기 본문과 로마서 12:19을 비교해 보면 바울이 신명기 32:35을 인용하고 있음이 분명해진다.

롬 12:19 μὴ ἑαυτοὺς ἐκδικοῦντες, ἀγαπητοί, ἀλλὰ δότε τόπον τῇ ὀργῇ, γέγραπται γάρ· ἐμοὶ ἐκδίκησις, ἐγὼ ἀνταποδώσω, λέγει κύριος.

신 32:35(70인역) ἐν ἡμέρᾳ ἐκδικήσεως ἀνταποδώσω ἐν καιρῷ ὅταν σφαλῇ ὁ ποὺς αὐτῶν ὅτι ἐγγὺς ἡμέρα ἀπωλείας αὐτῶν καὶ πάρεστιν ἕτοιμα ὑμῖν.

신 32:35 (HB)
לִי נָקָם וְשִׁלֵּם לְעֵת תָּמוּט רַגְלָם כִּי קָרוֹב יוֹם אֵידָם וְחָשׁ
עֲתִדֹת לָמוֹ׃

위에서 보는 바와 같이 로마서 12:19과 신명기 32:35(70인역) 사이에는 밀접한 문자적 유사성이 존재한다. ἐκδίκησις라는 명사와 ἀνταποδώσω라는 동사가 문맥상 밀접하게 신명기 본문과 로마서 본문에 나타난다는 점은 바울이 로마서 12:19에서 이 신명기 구절을 가져다 사용하고 있음을 입증해준다.

하지만 여기서 예상할 수 있는 반론을 짚고 넘어갈 필요가 있다. ἐκδίκησις라는 명사와 ἀνταποδώσω라는 동사가 긴밀한 관계로 등장하는 본문이 구약에서 신명기 32:35(70인역)뿐인가라는 반론이 제기될 수 있

다. 사실 구약성경에 이 두 단어가 근접 문맥에서 등장하는 본문은 두 개
더 있다. 이사야 59:17-18(70인역)과 예레미야 28:6(70인역; 렘 51:6, 한글
성경)이 위에서 지적한 두 단어를 가까운 문맥에서 사용하고 있다.

사 59:17-18(70인역) ^{17}καὶ ἐνεδύσατο δικαιοσύνην ὡς θώρακα καὶ
περιέθετο περικεφαλαίαν σωτηρίου ἐπὶ τῆς κεφαλῆς καὶ περιεβάλετο
ἱμάτιον ἐκδικήσεως καὶ τὸ περιβόλαιον ^{18}ὡς ἀνταποδώσων ἀνταπόδοσιν
ὄνειδος τοῖς ὑπεναντίοις

렘 28:6(70인역) φεύγετε ἐκ μέσου Βαβυλῶνος καὶ ἀνασῴζετε ἕκαστος
τὴν ψυχὴν αὐτοῦ καὶ μὴ ἀπορριφῆτε ἐν τῇ ἀδικίᾳ αὐτῆς ὅτι καιρὸς
ἐκδικήσεως αὐτῆς ἐστιν παρὰ κυρίου ἀνταπόδομα αὐτὸς ἀνταποδίδωσιν
αὐτῇ

이 본문들의 비교에서 보듯이 ἐκδίκησις라는 명사와 ἀνταποδώσω라는 동
사가 신명기 32장뿐만 아니라 이사야 59장과 예레미야 28장(70인역)에
서, 그것도 근접문맥에서 긴밀하게 사용되고 있다. 따라서 비록 신명기
와 로마서 본문들 사이에 밀접한 문자적 유사성이 존재한다고 하더라도,
우리가 그것들만을 비교하여 바울이 로마서 12장에서 신명기 32장 본
문을 사용했다고 주장할 수는 없다는 반론이 제기될 수도 있다. 더 나아
가 이사야 59:17-18의 주제는 이스라엘 백성을 경제적 어려움에 빠트리
고 있는 사람들과 지도자들에게 하나님이 전적으로 보복하신다는 사상

을 다루고 있다.[21] 그리고 이사야 59장의 이 주제는 로마서 12:19의 주제와 비슷하다. 특히 아무도 자기 백성의 불의한 상황을 돌아볼 중재자가 없는 상황에서 하나님이 직접 개입하셔서 "야곱 가운데서 죄과를 떠나는 자"(사 59:20)를 구원하실 것이라는 주제는 로마서 12:19에서 말하는 원수에 대한 보복을 하나님의 진노에 전적으로 맡겨 버림이라는 주제와 아주 비슷하다.

하지만 로마서 12:19과 문자적으로 가장 유사한 본문은 신명기 32장 본문이다. 첫째, ἀνταποδώσω라는 동사의 인칭, 형태, 시제가 두 본문에서 동일하기 때문이며, 둘째, 신명기 32:35과 로마서 12:19에서 명사 ἐκδίκησις와 동사 ἀνταποδώσω의 어순이 일치하기 때문이다. 이러한 점은 예레미야 28:6(70인역)이 로마서 12:19에 사용되었을 가능성도 배제한다. 왜냐하면 예레미야 28:6(70인역)의 문맥이 다루는 것은 하나님이 패역한 이스라엘의 죄악에도 불구하고 바벨론을 심판하신다는 내용으로, 로마서 12:19의 주제와는 상이하기 때문이다.

나. 로마서 12장의 문맥

바울이 로마서 12:19에서 신명기 32:35을 사용한다는 사실을 근거로, 이제 이 신명기 본문에 대한 바울의 해석을 살펴보자. 바울은 로마서 12:9-21에서 성도들이 처해 있는 다양한 환경을 크게 두 가지로 구분하고, 이 상황에서 어떻게 행동해야 할지를 권면한다. 12:9-13은 성도들 상호 간의 책임과 윤리를 언급하는 단락이다. 형제(10절), 서로(10절), 성도들(13

---

21   Donald E. Gowan, 『구약 예언서 신학』(서울: 대한기독교서회, 2004), 408.

절)이라는 표현들은 9-13절의 내용이 성도가 교회 공동체 안에서 어떻게 행해야 할지를 교훈하는 본문임을 보여준다. 반면에 12:14-21은 적대적인 세상 속에서 성도들이 어떻게 행동해야 할지에 관한 윤리적 가르침에 초점을 맞춘다. 물론 이 단락에서 성도들 상호 간의 책임과 윤리를 완전히 배제할 수 없는 요소들이 있다. 예를 들면 15-16절은 성도들을 염두에 둔 표현으로 보인다. 하지만 전반적인 권면의 초점은 적대적인 세상과 이에 대한 성도들의 행동에 있다고 볼 수 있다. 14절의 "박해하는 자", 17절의 "모든 사람", 19절과 20절에 나오는 "원수"라는 단어들은 이 단락이 그리스도인들과 이들에 대해 적대적인 세상을 염두에 둔 것임을 확증해준다. 바울은 특히 적대적인 세상 속에서 살아가는 성도들의 삶을 다루는 14-21에서 구약 본문을 두 번 인용한다. 첫째, 19절에서 신명기 32:35을 인용하고 있으며 둘째, 20절에서 잠언 25:21을 인용하고 있다. 즉 그는 모세 오경에서 온 구약 본문과 시가서에서 나온 구약 본문을 결합해 윤리적 권면의 근거로 제시한다.

바울은 로마서 12:19에서 신명기 32장 본문을 사용할 때 "기록되었으되"(γέγραπται γάρ)라는 인용 도입구를 사용하여 자신이 인용하는 구절이 분명히 구약성경에서 온 본문임을 밝힌다. 바울은 이 인용 도입구를 로마서 14:11에서 한 번 더 사용하여 이사야 45:23을 인용한다. 또한 로마서에서 바울은 이 인용 도입구뿐 만 아니라 καθὼς γέγραπται라는 어구로 구약 본문을 14번 인용하기도 한다(1:17; 2:24; 3:4, 10; 4:17; 8:36; 9:13, 33; 10:15; 11:8, 26; 15:3, 9, 21). 바울이 인용하는 본문을 보면 신명기 본문에 문자적으로 등장하지 않은 구절인 "주께서 말씀하시니라"(λέγει κύριος)는 어구가 인용문 안에 들어와 있다. 그렇다면 바울이 신명기 32장에는 없는 본문을 임의로 추가한 것인가? 이 어구에 대해 엘리스는 "주께서 말씀하시니라"는 표현은 구약 본문을 인용하는 도입구가 아니라고 본다. 그는 그 이유에 대해 바울이 이미 "기록되었으되"(γέγραπται γάρ)라는 인용 도입구를 사용하고 있기 때문이라고 지적한다. 그에 의하면 이 구절은 아마도 초기 교회에서 활동한 예언자들이 사용하던 문구다.[22] 즉 엘리스는 "주께서 말씀하시니라"는 어구를 신명기 32장 본문과 관련짓지 않고 초기 교회의 예언과 연관지어 설명하고 있다. 로마서 12:19에서 인용되는 신명기 32:35의 사용에 관한 폭넓은 연구를 진행한 벨도 이 문구에 대해서는 앞서 지적한 엘리스의 주장이 빈약하다고만 주장할 뿐 신명기 32장과 관련지어 설명하지는 못하고 있다.[23] 나는 "주께서 말씀하시니라"는 어구는 바울이 신명기 32장에 대한 해석을 기초로 사용한 어구라고 본다. 바울은 여기서 신명기 32장의 "모세의 노래"를 단지 모세가 전하는 마지막 고별 설교나 교훈을 주기 위한 노래로 보지 않고 직접 하나님이 말씀하신 것으로 해석하고 있다. 특히 인용되고 있는 신명기 32:21의 원래 문맥에서 말하고 있는 주체는 '나'라는 일인칭으로 설명되고 있는 하나님이시다. 신명기 32:21은 신명기 32장에서 하나님이 직접 말씀하시는 직접 화법에 속하는 대목이다. 신명기 32:20에서부터 하나님이 직접적인 화자로 등장하여 42절까지 이른다. 게다가 신명기 32장에서 하나님이 말씀하신다는 구절을 두 번(신 32:20, 37)이나 사용하고 있다는 점은 바울로 하여금 신명기 32장의 모세의 노

---

22 E. Earle Ellis, *Paul's Use of the Old Testament* (Grand Rapids: Baker, 1981), 107-12.
23 Bell, *Provoked to Jealousy*, 256-58.

래를 단순히 모세가 가르친 교훈적 가르침으로서가 아니라 하나님께서 직접 하시는 말씀으로 보도록 만들었을 것이다. 따라서 바울이 이 신명기 본문을 인용하면서 32:35에 나오는 원수 갚기에 관한 말씀을 하나님이 직접 하신 말씀으로 보았기 때문에 로마서 12:19에서 이 신명기 본문을 인용하면서 "주께서 말씀하신다"라고 해석해서 이 어구를 추가한 것이다. 이는 바울이 원수 갚기 금지에 대한 가르침을 신명기 32:19에 호소하면서 단지 한 구절만 문맥에서 떼어내어 자기의 신학적 논증을 뒷받침하는 증거 본문으로 사용하는 것이 아니라 신명기 32장 본문의 문맥과 의미를 충분히 고려하고 있음을 보여주는 대목이다.

다. 신명기 32장의 문맥과 로마서 12장: 원수 갚기와 하나님의 차별 없음

바울이 인용하는 신명기 32:35의 본문은 원래 문맥상 하나님이 이스라엘 백성을 하나님의 원수들의 손에서 구원하실 것이라는 내용이다. 신명기 32장에는 두 가지 주제가 대조적으로 등장한다. 하나는 이스라엘 백성이 저지른 우상숭배 범죄이고 다른 하나는 하나님의 신실하심이다.[24] 신명기 32장 전반부(7-14)에는 하나님이 이스라엘 백성에게 베푸신 은총이 다루어진다. 이 구절들에 의하면 하나님은 이스라엘 백성을 창조하셨고(6절), 선택하셨으며(9절), 또한 출애굽(10-12절)과 광야 생활에서의 보호(13-14절)를 통해 자기 백성에게 은혜를 베푸셨다. 하지만 신명기 32장 중반부(15-18절)에서는 신실하신 하나님과 대조되는 불충스러운 이스라엘 백성의 패역을 다룬다. 이 패역의 대명사는 다름 아닌 우상숭배다(특히 16-17

---

24 Watson, *Paul and the Hermeneutics of Faith*, 453.

절). 그리고 신명기 32:19-25에서는 이스라엘 백성의 패역에 대해 내리는 하나님의 심판을 다룬다. 이후 바울이 지금 로마서에서 인용하고 있는 본문의 큰 문맥인 신명기 32:26-43에서는 하나님의 구원이 다루어진다.[25] 비록 이스라엘 백성이 패역했지만, 하나님이 원수들의 손에서 자기 백성을 건져내실 것이라고 하나님 자신이 선언하신다. 따라서 문맥상 신명기 32:34-35의 내용은 이스라엘 백성들에게 내려지는 심판이 아니라, 이스라엘의 원수들에게 내려지는 심판이다.[26]

바울은 로마서 12:19에서 하나님의 백성의 대적자들에게 내리는 심판을 다루는 신명기 32:35을 인용하고 있다. 물론 신명기의 문맥상 하나님이 구원하시는 대상은 이스라엘 백성이다. 하지만 바울이 인종적 구별로서의 하나님의 백성을 이야기하지 않고 있다는 사실은 로마서 전반에 걸쳐 분명히 드러난다. 바울에게 중요한 것은 믿음으로 하나님의 백성이 되는 것이며, 따라서 그는 인종적 구별이 기준이 되어 이스라엘 민족이 자동으로 하나님의 백성이 된다는 배타적 선민사상을 로마서에서 강하게 비판해 오고 있다. 이러한 바울의 신학적 전망은 그가 신명기 32장을 읽는 데도 영향을 준다. 바울에게 있어 하나님의 백성이 되는 것은 복음에 믿음으로 반응하는 자라면 누구에게나 열려 있는 가능성이다. 하지만 중요한 점은 바울이 이런 자신의 신학의 렌즈로 신명기 32장의 원래 의미를 왜곡하거나 변경하고 있는 것은 아니라는 것이다. 왜냐하면 신명기

---

25 신 32장의 상세한 구조 분석에 대해서는 다음의 논문을 참고하라. Matthew Thiessen, "The Form and Function of the Song of Moses (Deuteronomy 32:1-43)," *JBL* 123/3 (2004), 417.

26 Mark E. Biddle, *Deuteronomy* (Macon, Georgia: Smyth & Helwys, 2003), 479.

32장 본문에도 유대인과 이방인 간에 구별이 없이 하나님의 백성이 될 수 있다고 말하는 취지가 43절(70인역)에서 제시되고 있기 때문이다. 이스라엘 백성과 이방 민족이 하나가 되어 즐거워하는 모세의 노래 결론부(32:43, 70인역)는 바울이 신명기 32장을 단순히 인종적 구별의 구도로 읽지 않도록 그에게 해석의 길을 열어주고 있다. 흥미롭게도 신명기 32:43은 로마서의 결론부인 로마서 15:10에서 직접 인용되어 우리의 논증을 입증해 준다.

그러나 우리가 신명기 32:43까지 가지 않더라도 바울이 로마서 12:19에서 인용하고 있는 신명기 32:35(70인역)의 근접 문맥에서도 이방인과 이스라엘 백성의 민족적 구분이 심판의 기준이 아님을 암시하고 있는 구절이 있다. 바로 다음 절인 36절에는 하나님이 그의 백성을 심판할 것이라는 직접적인 언급이 나온다.

신 32:35-36(70인역)

^{35}ἐν ἡμέρᾳ ἐκδικήσεως ἀνταποδώσω ἐν καιρῷ ὅταν σφαλῇ ὁ ποὺς αὐτῶν ὅτι ἐγγὺς ἡμέρα ἀπωλείας αὐτῶν καὶ πάρεστιν ἕτοιμα ὑμῖν

^{36}ὅτι κρινεῖ κύριος τὸν λαὸν αὐτοῦ καὶ ἐπὶ τοῖς δούλοις αὐτοῦ παρακληθήσεται εἶδεν γὰρ παραλελυμένους αὐτοὺς καὶ ἐκλελοιπότας ἐν ἐπαγωγῇ καὶ παρειμένους

흥미롭게도 신명기 32장의 70인역 본문은 36절의 의미를 해석하면서 하나님이 그의 백성을 변호하실 것이라는 히브리어 구약 본문과 달리, 하나님이 그의 백성을 엄벌하신다는 의미의 심판으로 번역(해석)해 놓고 있다.

이러한 히브리어 본문과 70인역 본문 사이의 흥미로운 차이는 신명기 32:35-36에 등장하는 하나님의 심판 대상의 정체에 대한 해석적 논쟁이 있었음을 시사한다. 신명기 32장에서는 본문의 의미상 하나님의 심판에 있어 이스라엘 민족과 이방인 사이의 구분이 이미 모호해짐을 볼 수 있다. 그리고 바울은 신명기 32장을 해석하면서 이 모호성 즉 의미론적 잠재성에 기초해서 하나님이 자기 편에 서 있는 자신의 백성을 대적하는 자들은 그들이 이방인이든 유대인이든 불문하고 심판하신다는 사상을 발견하고 있음이 분명하다.

신명기 32:35(70인역)의 본문과 문맥은 하나님이 자기 백성을 핍박하는 대적자들을 심판하실 것이라는 내용을 담고 있다. 신명기 32:28-33(70인역)은 하나님의 도구로서 이스라엘을 괴롭히는 이방인들의 행패를 담고 있다. 그리고 신명기 32:34-35(70인역)에 이르면 하나님 자신이 심판의 날에 하나님의 백성을 괴롭히던 그들 곧 "우리의 원수들"(οἱ δὲ ἐχθροὶ ἡμῶν, 31절)을 처벌하신다. 그러나 이 원수들은 앞서 논증한 바와 같이 신명기 32장(70인역) 내에서 민족적 기준을 근거로 설정된 그룹이 아니다. 사실 히브리어 구약 본문(신 32장[HB])에도 하나님의 심판을 받는 대상이 이방인인지, 우상숭배에 빠진 이스라엘 민족인지 양자택일의 해석으로 보기보다는 오히려 이 두 그룹을 다 하나님의 심판 대상으로 본다는 흔적들이 분명히 보인다. 41절에 의하면 "내 대적자들"과 "나를 미워하는 자들"이 동일시된다.

신 32:41

אִם־שַׁנּוֹתִי בְּרַק חַרְבִּי וְתֹאחֵז בְּמִשְׁפָּט יָדִי אָשִׁיב נָקָם לְצָרַי

신명기 32장(HB)을 얼핏 읽으면 "내 대적자들"(צָרַי)은 하나님의 심판 도구로 사용된 이방 나라인 것처럼 보이다. 하지만 "내 대적자들"을 "나를 미워하는 자들"(מְשַׂנְאַי)이라고 41절이 다시 설명한다는 점은 이들을 단지 이방인들로 보는 데서 한 걸음 더 나아가 우상숭배에 빠진 이스라엘 민족으로 볼 수 있게 한다. 왜냐하면 "하나님을 미워하다"라는 어구는 구약성경에서 우상숭배에 빠진 이스라엘 민족을 가리키는 표현으로 사용되기 때문이다(출 20:5-6; 신 5:9).[27]

이 심판이 행해지는 시기는 "보복의 날"(35절)이고 "원수의 발들이 미끄러지는 때"(35절)이며 "그들의 멸망의 날"(35절)이다. 하나님은 패역하여 우상숭배에 빠진 자기 백성을 심판하시면서 이방인을 하나님의 도구로 사용하신다. 하지만 신명기 32:27은 이방인들이 자기들이 원하는 만큼 제한 없이 이스라엘 백성을 심판하고 핍박하도록 하나님이 방조하지는 않으신다고 밝힌다. 이러한 신명기의 문맥에 비추어볼 때, 바울은 로마서 12:19에서 신명기 32:35을 인용하면서 하나님 자신이 자기 백성을 핍박하는 불신자들의 핍박에 한계를 정하셨다고 암묵적으로 주장하는 것이다.

요약하자면 바울은 하나님께서 그들이 누구든지 간에 인종적 구별이 없이, 늘 자기 백성의 원수들을 심판하실 것이라는 점을 신명기 32:35(70인역)을 통해 효과적으로 전달하고 있다. 바울은 또한 신명기 32

---

27 Biddle, *Deuteronomy*, 480.

장을 통해 하나님의 원수들이 행하는 핍박은 무한정한 것이 아니라, 하나님의 주권 아래 있다고 암시하고 있다.

(3) 유대인과 이방인의 연합과 신명기 32장(롬 15:10)

바울이 로마서에서 세 번째로 그리고 마지막으로 신명기 32장을 인용하는 본문은 로마서 15:10이다. 이 두 본문을 비교해 보면 다음과 같다.

가. 본문 비교

롬 15:10 καὶ πάλιν λέγει· εὐφράνθητε, ἔθνη, μετὰ τοῦ λαοῦ αὐτοῦ.

신 32:43(70인역) εὐφράνθητε οὐρανοί ἅμα αὐτῷ καὶ προσκυνησάτωσαν αὐτῷ πάντες υἱοὶ θεοῦ εὐφράνθητε ἔθνη μετὰ τοῦ λαοῦ αὐτοῦ καὶ ἐνισχυσάτωσαν αὐτῷ πάντες ἄγγελοι θεοῦ ὅτι τὸ αἷμα τῶν υἱῶν αὐτοῦ ἐκδικᾶται καὶ ἐκδικήσει καὶ ἀνταποδώσει δίκην τοῖς ἐχθροῖς καὶ τοῖς μισοῦσιν ἀνταποδώσει καὶ ἐκκαθαριεῖ κύριος τὴν γῆν τοῦ λαοῦ αὐτοῦ.

신 32:43(HB)

הַרְנִינוּ גוֹיִם עַמּוֹ כִּי דַם־עֲבָדָיו יִקּוֹם וְנָקָם יָשִׁיב לְצָרָיו וְכִפֶּר אַדְמָתוֹ עַמּוֹ:

위에서 보는 바와 같이 신명기 32:43 본문은 히브리어 구약성경(HB)과

70인역 간에 상당한 차이가 있다.[28] 바울은 여기서 구약 히브리어 본문이 아닌 70인역 본문을 거의 완벽하게 문자적으로 인용하고 있다. 신명기 32:43의 히브리어 본문(HB)은 이방인들을 향해 이스라엘 백성을 칭송하라는 명령인 반면에 70인역 본문은 이방인들이 하나님의 백성들과 함께 즐거워하라는 명령이다.[29] 로마서에서 바울의 관심사 가운데 하나는 이방인과 유대인이 하나 되어 하나님을 찬양하며 즐거워하는 것이다. 이런 바울의 목적에 부합하는 본문이 70인역 본문이므로 그는 여기서 신명기 32:43의 히브리어 본문보다는 70인역 본문에 호소했을 것이다. 사실 바울은 랍비 가말리엘로부터 유대교 교육을 받은 사람으로서 히브리어 구약 본문을 알고 있었을 가능성이 높다.[30] 동시에 이방인 지역에서 복음을 전하던 그는 디아스포라 유대인과 하나님을 경외하는 이방인들이 참석하던 회당에서 구약성경을 해석하며 복음을 전했기 때문에 이방인 지역의 유대교 회당에서 사용하던 70인역 본문도 잘 알고 있었을 것이다. 그리고 바울은 그의 서신 대다수에서 자신의 편지를 받는 수신자들에게 구

---

28 70인역 번역: 신 32:43 "Be glad, O skies, with him, and let all the divine sons do obeisance to him. Be glad, O nations, with his people, and let all the angels of God prevail for him. For he will avenge the blood of his sons and take revenge and repay the enemies with a sentence, and he will repay those who hate, and the Lord shall cleanse the land of his people." 이 번역은 Albert Pietersma & Benjamin G. Wright, *A New English Translation of the Septuagint* (New York: Oxford University Press, 2009), 171에서 인용했다.
히브리 구약성경(HB) 번역: 신 32:43 "O nations, acclaim His people! For He'll avenge the blood of His servants, Wreak vengeance on His foes, And cleanse the land of His people." 이 번역은 다음 책에서 인용했음: *JPS Hebrew-English Tanakh: the Traditional Hebrew Text and the New JPS Translation,* 2nd edition, (Philadelphia: Jewish Publication Society, 1999).

29 참고. Bell, *Provoked to Jealousy*, 261. 이 차이점은 예컨대 다음과 같은 학자들에 의해 지적되어 왔다. Dunn, *Romans 9-16*, 849; Moo, *Romans*, 879 각주 40.

30 F. F. Bruce, 『신약사』(서울: 기독교문서선교회, 1978), 278-79.

약 인용 도입구를 사용할 때 및 이곳 로마서 15:10에서 "이르되"(λέγει)
라는 인용 도입구까지 사용해 가며 구약 본문에 호소할 때는 이방 수신자
들에게 친숙했던 그리스어 구약성경, 즉 70인역을 인용하기를 더 선호했
을 가능성이 높다.[31]

나. 로마서 15장의 문맥

바울은 로마서 15장 1-13절에서 로마에 있는 성도들에게 서로 연합할
것을 권면한다. 그리고 1-6에서 로마 교회의 강한 자들에게 초점을 맞춘
채 약한 자들을 용납하라고 가르친다. 그러고 난 후 바울은 7-13에서 강
한 자와 약한 자들을 구분하지 않고 모든 성도가 서로를 용납하고 받으라
(7절)고 권면한다. 이 단락은 하나님이 유대인과 이방인을 구분하지 않고
다 구원의 계획에 참여하도록 초청하셨음을 강조한다. 이를 위해 바울은
여러 구약 본문을 이 단락(7-13)에서 인용한다. 인용된 구약 본문의 목록
은 다음과 같다.

> 가. 9절 - 시편 18:49
>
> 나. 10절 - 신명기 32:43
>
> 다. 11절 - 시편 117:1
>
> 라. 12절 - 이사야 11:10

---

31 J. Ross Wagner, *Herald of the Good News: Isaiah and Paul "In Concert" in the Letter to the Romans* (Leiden: Brill, 2002), 344.

여기에 연속적으로 인용되는 4개의 구약 본문은 '열방'(ἔθνη)이라는 단어가 모두 등장한다는 특징이 있다.[32] 신명기 본문은 이 4개의 구약 본문 가운데서 2번째로 인용되고 있다.[33]

바울은 신명기 32:43을 인용하면서 앞서 언급한 대로 "이르되"(λέγει, 10절)라는 구약 인용 도입구를 사용한다. 그리스어 원문상에는 이 단어의 주어가 제시되지 않는 대신 동사 안에 주어의 인칭이 내포되어 있다. 따라서 '그가 말하다'라고 번역할 수도 있고, 혹은 '그것이 말하다'라고 번역할 수도 있다. 전자의 경우 '주님이 말씀하시다' 혹은 '모세가 말하다'는 의미로 해석할 수 있으며, 후자의 경우 '성경이 말하다'라고 해석할 수 있는 가능성이 다 열려 있다. 하지만 바울은 주님이 말씀하신다고 할 때는 주어를 분명히 밝히기 때문에 로마서 15장의 문맥에서는 "이르되"(λέγει, 10절)라는 도입 어구가 '성경이 말하다'라는 의미를 가진 것으로 해석할 수 있다. 실제로 바울은 로마서에서 "성경이 말하다"라는 표현을 자주 사용한다(롬 4:3; 9:17; 10:11).

다. 신명기 32장과 로마서 15장에서의 사용 의도: 하나님의 한 백성 됨과 경고

신명기 32:43은 신명기 32장에 나오는 모세의 노래의 맨 마지막 구절로서 이 노래의 절정에 해당한다. 이 노래의 절정에서 신명기 32장은 하나님의 구원을 경험하는 이방인과 이스라엘 백성이 민족적 구별 없이 '함

---

32 Moo, *Romans*, 878.
33 바울은 여기서 구약성경을 인용할 때 랍비들이 한 본문은 모세 오경에서, 또 다른 본문은 예언서에서, 그리고 다른 본문은 성문서에서 가져오던 구약 인용 방법을 사용하고 있는 것으로 보인다. 참고. Bell, *Provoked to Jealousy*, 259 각주 280.

께'(μετα,) 하나님을 찬송하라고 요구한다. 바울은 하나님을 찬양하는 일 (신 32:3)에 이방 민족과 이스라엘이 함께 참여한다는 "모세의 노래" 결론 부를 로마 교회의 연약한 자와 강한 자들이 "서로 받으라"(προσλαμβάνεσθε ἀλλήλους)는 권면(롬 15:7)을 뒷받침하는 데 있어 중요하게 생각한 듯하다.

신명기 32장에 의하면 하나님의 심판의 대상인 이방인도 하나님의 심판에 의해 다 멸망하는 것이 아니라 오히려 하나님의 백성과 함께 하나님을 예배하는 일(신 32:3)에 참여할 수 있다는 희망이 있다. 바울은 이방 인이 이스라엘 백성과 함께 즐거워한다는 구절(43절)에서 이방인이 하나님 백성의 일원이 된다는 사상을 재확인했을 가능성이 크다. 바울은 이미 로마서 전반에 걸쳐 하나님의 구원에는 차별이 없다는 사상을 전개해 왔다(2:6, 11; 10:12, 24). 여기에 이방인과 이스라엘 민족이 '함께' 기뻐한다는 신명기 32:43은 하나님의 백성 됨에 민족적·인종적 구별이 있을 수 없다는 바울의 사상과 부합하는 본문으로 작용하고 있다.

우리는 또한 로마서 15:10에서 사용된 신명기 32:43의 간접적이면서 암묵적인 기능을 놓치지 말아야 한다.[34] 신명기 32:43의 명시적 기능은 로마서 15:10의 문맥에서 유대인과 이방인이 연합하여 하나님을 찬양하는 것이다. 하지만 이 문맥에서 직접 명시되지는 않지만 암묵적으로 제시되고 있는 신명기 32:43의 기능을 주목할 필요가 있다.[35] 이 암묵적

---

34 로마서에서의 구약 사용을 다룬 Seifrid는 이 본문에서 긍정적인 구원의 측면만을 보았다. Mark A. Seifrid, "Romans," G. K. Beale and D. A. Carson eds., *Commentary on the New Testament Use of the Old Testament*, (Grand Rapids: Baker, 2007), 689에 수록된 글.

35 바울 서신에 인용되거나 암시되는 구약 본문이 지니고 있는 암묵적인 기능을 연구한 대표적인 학자는 Richad B. Hays이다. 그는 신약에서 사용되는 구약 본문의 말해지지 않은 암묵적 기능과 간접적인 수사학적 효과를 "Metalepsis"와 "Tropes"라고 명명한다. 참고. Richard B. Hays, "Who has believed our message?: Paul's Reading of Isaiah," John M.

기능은 심판과 관련이 있다. 앞서 논증했듯이 신명기 32장 본문에 의하면 심판의 관점에서 이스라엘 민족과 이방인 사이에는 민족적 구분이 없다. 이스라엘 민족도 하나님의 심판 대상이고 이방인도 하나님의 심판 대상이다. 특히 신명기 32:28-42에 등장하는 하나님의 심판 대상이 이스라엘 민족을 가리키는지 이방 나라들을 가리키는지에 관해 신명기 본문은 명확하게 구분하지 않고 애매하게 제시한다. 바울은 이러한 신명기 32장의 의미론적 애매성 혹은 의미론적 잠재성에 기초해서 자신의 해석작업을 진행한다. 즉 신명기 32장 자체에 내재해 있는 이 심판 대상에 대한 애매성이 바울로 하여금 이 본문에서 이방 나라와 선민 이스라엘 백성 사이에 차별이 없다는 주제의 해석상의 씨앗을 발견하게 했다고 볼 수 있다. 신명기 32장에는 하나님의 구원뿐만 아니라 하나님의 심판에 있어서도 민족적 구분이 심판의 기준이 될 수 없다는 사상의 씨앗이 내재해 있다. 바울은 이 차별 없음이라는 주제를 잘 요약하는 신명기 32:43을 로마서 15장의 유대인과 이방인 사이의 연합을 촉구하는 절정의 구약 본문들의 합창(연쇄적 인용)에서 사용하고 있다.

동시에 신명기 32장 본문은 강한 자들과 약한 자들 사이의 갈등이 진행되고 있는 로마서의 수신자들에게 암묵적인 경고의 메시지로 작용했을 가능성도 존재한다. 이러한 해석의 가능성은 신명기 32장 본문이 하나님의 심판은 이방인이나 유대인이나 아무런 구별이 없다고 암시하는 대목에서 발견할 수 있다. 특히 바울이 로마 교회 내의 갈등을 염두에

Court ed., *New Testament Writers and the Old Testament: An Introduction,* (London: SPCK, 2002), 52에 수록된 글.

5장 바울, 모세의 노래, 그리고 유대인과 이방인

두면서 하나님의 심판을 언급하는 로마서의 구절들은 로마서 15장에 인용된 신명기 32장이 간접적인 경고의 메시지로 작용하고 있음을 뒷받침해준다. 로마서 14:10-12에서 바울은 하나님의 심판대를 언급하면서 형제를 비판하거나 업신여기는 사람은 누구도 하나님의 심판을 피할 수 없다는 경고의 메시지를 던진다. 이 심판의 대상은 "우리가 다", "모든 무릎", "모든 혀" 그리고 "우리 각 사람"으로 표현되지만 실은 이방인이든 유대인이든 막론하고 형제를 비판하고 업신여기는 사람이라는 의미다. 유대인은 이방인을 무시했고(롬 2:1, 17-20), 강한 자인 이방인도 약한 자인 유대인을 무시했다(롬 11:16-20; 14:10).

신명기 32장의 "모세의 노래"는 선민인 이스라엘 백성이 하나님의 구원의 대상이었을 뿐만 아니라 때로는 하나님의 엄중한 심판의 대상이었다는 내용이다. 바울은 로마서 15장에서 신명기 32장의 전체 문맥을 로마서의 수신자들에게 환기하면서 로마 교회의 유대인들에게 암묵적인 경고의 메시지를 던진다. 동시에 신명기 32장은 이방인들도 하나님의 심판의 대상이라고 밝힌다. 따라서 바울은 로마서 15장에서 신명기 32장을 통해 유대인뿐만 아니라 이방인에게도 교만하지 말라고 경고하고 있는 것이다.

4. 결론

이제 로마서에 인용된 신명기 32장 사용에 대한 연구 결과를 요약해보자.

(1) 바울은 흥미롭게도 신명기 32장의 세 구절을 신명기 32장에 나

타난 순서대로 인용한다. 그는 로마서 10:19에서 신명기 32:21을 인용하고, 로마서 12:19에서 신명기 32:35을, 그리고 로마서 15:10에서 신명기 32:43을 인용한다. 신명기 32장의 구조상 32:19-25은 우상숭배에 빠진 이스라엘 백성들에 대한 하나님의 심판을 주제로 다루는 본문인데, 바울은 이 단락에서 첫 번째 신명기 본문을 인용한다. 또한 바울이 로마서 12장과 15장에서 인용하는 신명기 본문은 신명기 32장의 구조상 하나님의 구원을 다루는 문맥에 위치하는 단락(신 32:26-43)에서 온 구절들이다. 바울이 로마서에서 주로 이방인과 유대인의 관계를 다루는 단락인 로마서 9-11장과 14-15장에서 신명기 32장을 인용하고 있다는 점은 그가 신명기 32장에서 유대인과 이방인의 관계에 대한 신학적 전망을 발견했음을 보여준다. 심지어 윤리적 가르침을 주는 로마서 12장도 암묵적으로 신명기 32장에 나타난 하나님이 유대인과 이방인을 차별하지 않고 대하신다는 주제와 관련이 있다.

(2) 로마서에서의 신명기 사용은 독특하게 신명기 32장 본문 단독으로 사용되지 않는다는 점이 특징이다. 로마서 9장에서는 이사야서 및 시편과 함께 사용되고 있으며, 로마서 12장에서는 잠언과 함께 인용되고 있고, 마지막으로 로마서 15장에서는 시편 및 이사야서와 더불어 사용되고 있다.

(3) 바울은 신명기 32장에서 한두 개의 구절을 문맥과 관계없이 추출해서 자기의 신학적 논증을 뒷받침하는 증거 본문으로 사용하는 것이 아니라 로마서에 인용된 세 구절을 신명기 32장 전체의 문맥을 고려하며 사용하고 있다. 바울이 신명기 32장에서 세 구절(21, 35, 43)을 인용하고 있다는 점도 그가 이미 신명기 32장 전체의 문맥을 염두에 두고 있음을

5장 바울, 모세의 노래, 그리고 유대인과 이방인

보여주는 근거다.

(4) 바울은 구원과 심판의 문제에서 하나님이 이방인과 유대인을 대우하시는 데 있어 차별하지 않으신다는 주제를 신명기 32장 본문 안에 내재한 의미론적 잠재성을 해석의 씨앗으로 삼아 로마서에서 발전시키고 있다. 다시 말해 바울은 자기의 신학을 뒷받침하기 위해 신명기 32장의 원래 의미를 왜곡하고 있지 않으며 오히려 그 반대로 로마서에서 신명기 32장을 자세히 읽어 가면서 거기에 함축되어 있는 의미들을 풀어가며 사용하고 있다. 바울은 구원에 있어 민족적 구별이 절대기준이 될 수 없음을 신명기 32장에서 읽어 내고 있다. 동시에 바울은 심판에 있어서도 민족적 구별이 기준이 될 수 없다는 사상 역시 신명기 32장의 본문에서 읽어 낼 수 있었다. 구원과 심판에 있어서 하나님의 차별 없음이라는 주제는 신명기 32장 본문에 해석의 씨앗으로 내재해 있었고 바울은 이 신명기 본문을 세 번 인용하면서 이 본문이 지닌 의미론적 잠재성을 로마서에서 발전시켜 나가고 있다.

헤이스는 신명기 32장을 로마서의 요약이라고 보았다.[36] 물론 그의 주장은 과장된 면이 있다. 그러나 로마서의 중요한 주제인 이방인과 유대인 사이의 차별 없는 구원과 심판의 문제를 다루고 있다는 점, 그리고 하나님의 백성으로서의 원수 갚기 금지와 관련된 삶의 문제를 다루고 있다는 점에서 신명기 32장이 로마서의 주요 주제와 윤리의 일면을 담고 있는 중요한 구약 본문이라고 말하는 데는 지나침이 없을 것이다.

---

36 Richard B. Hays, *Echoes of Scripture in the Letters of Paul* (New Haven: Yale University Press, 1989), 164. 그는 다음과 같이 신 32장과 로마서의 관계를 요약한다: "요컨대 신명기 32장은 로마서를 담고 있다."

6장

바울 윤리의 기원과 배경

고린도전서 8:1–11:1을 중심으로

바울의 윤리적 가르침의 기원과 배경은 무엇인가?[1] 바울은 그의 이신칭의 가르침으로 유명하다. 이 이신칭의 가르침이 동전의 앞면이라면 동전의 뒷면에 해당하는 그의 사상은 율법 비판이다. 바울은 사람이 율법의 행위로 구원 얻는 것이 아니라 오직 믿음으로 구원 얻는다고 주장한다. 이런 바울의 율법 비판은 사람이 의롭게 되는 데 있어 율법은 아무런 역할도 하지 못한다는 주장이다. 바울의 이러한 율법 비판은 '과연 그가 그리스도인들에게 윤리를 이야기할 때 모세 율법을 사용하는가?'라는 질문을 제기하게 한다. 그가 그토록 비판하는 율법(혹은 율법의 행위)은 과연 그의 윤리적 가르침에서 어떤 역할을 하고 있는가?

바울의 율법 비판은 '그가 윤리가 전혀 중요하지 않다고 이야기하는가?'라는 질문을 던지게 만든다. 사실 이 질문은 21세기의 질문이 아니라, 바울 당시에 바울이 세운 이방교회들에서 제기된 문제이기도 하다.

---

1   이 장은 한국복음주의신약학회가 발간하는 「신약연구」에 실린 나의 다음 논문을 약간 수정한 것이다. 김경식, "바울 윤리의 기원과 배경: 고린도전서 8:1-11:1을 중심으로", 「신약연구」(2008년 9월호): 483-515.

예를 들면 갈라디아서가 바로 여기에 해당한다. 이런 이신칭의 교리가 신자들의 방종을 유발하는 것을 본 바울은 그 점을 호되게 비난한다. 이런 바울의 윤리적 가르침은 그가 기록한 서신서 거의 대다수에 존재한다. 따라서 우리는, 바울이 윤리가 결코 그리스도인의 삶과 관련이 없다는 사상을 지녔다는 생각을 거부한다.

'그렇다면 바울의 윤리와 모세 율법은 어떤 관계에 놓여 있는가? 사람이 율법과 율법의 행위로 의롭게 되지 못한다고 말하는 바울은 과연 자신의 윤리적 가르침을 제공할 때 구약율법에 의존하여 기독교 개종자들에게 거룩한 삶을 살도록 요구하는가?'라는 질문을 던져볼 필요가 있다. 그동안 학자들이 이 질문에 대해서 부정적인 의견을 펼쳐왔기 때문에 바울 윤리의 구약적 기초를 연구할 필요가 있다. 여러 학자가 모세 율법이 바울의 윤리적 권면에 큰 영향을 주지 않았으며, 바울 윤리의 근거도 아니라고 보았다.

우선 웨스터홈은 그의 책 『이스라엘의 법과 교회의 신앙』(Israel's Law and the Church's Faith)에서 이스라엘 백성의 삶을 규정하던 모세 율법의 내용과 바울이 가르친 그리스도인의 윤리의 내용 간에 공통적인 규범이 있다고 관찰한다. 즉 그는 우상숭배를 금지하고, 성적 타락을 부도덕한 행위라고 보는 것은 모세 율법이나 바울의 윤리적 가르침에서 공통으로 발견되는 내용이라고 본다. 하지만 그는 이러한 내용상의 유사성이 있다고 해서 곧바로 모세 율법이 그리스도인들에게 윤리적 규범으로서 여전히 유효한 것은 아니라고 본다.[2] 더 나아가 웨스터홈은 바울 윤리에 있어서

---

2   Stephen Westerholm, *Israel's Law and the Church's Faith: Paul and His recent Interpreters*

그리스도인의 삶을 규정하는 규범은 모세 율법이 아니라 이것을 대체한 성령의 윤리라고 여긴다.[3] 다시 말해서 그는 바울의 윤리에 있어서 모세 율법이 내용상으로는 그리스도인의 규범과 유사성이 있을지 몰라도 결코 모세 율법이 바울 사도의 윤리적 가르침의 기초는 아니라는 입장을 취한다.

사실 모세 율법이 바울 윤리의 기초임을 부정하는 학자는 웨스터홈만이 아니다. 이미 쇼엡스는 바울신학에 관한 그의 책에서 율법의 폐지라는 개념은 바울신학에서 메시아적 교리라고 보았다.[4] 그는 바울이 유대인들이 가지고 있는 율법, 그리고 율법과 언약 사이의 관계를 잘못 이해했다는 주장을 하면서도, 바울은 당시 유대인들이 가지고 있던 메시아 시대가 도래하면 모세 율법이 더 이상 필요 없게 된다는 사상을 그대로 반영한다면서 바울과 유대인 사이의 유사성을 주장했다. 쇼엡스는 바울의 율법관을 그리스도인들에게 그리스도의 법이라고 불리는 새로운 법이 주어졌다고 이해함으로써 모세 율법이 더 이상 그리스도인들의 삶에 아무런 역할을 하지 못한다고 주장했다.[5] 켈리도 모세 율법이 바울의 윤리적 가르침에 있어서 건설적인 역할을 하지 못한다고 주장했다.[6] 바울의 윤리에 있어서 모세 율법의 역할에 대한 부정적 견해를 보이는 학자들에 대해서는 로스너가 그의 책 서두에서 언급한 목록만 보아도 얼마나 많은 사

(Grand Rapids: Eerdmans, 1988), 214.

3　Westerholm, *Israel's Law and the Church's Faith: Paul and His recent Interpreters,* 214.

4　H. J. Schoeps, *Paul: The Theology of the Apostle in the Light of Jewish Religious History,* Harold Knight 역 (Philadelphia: The Westminster Press, 1959), 171.

5　Schoeps, *Paul: The Theology of the Apostle in the Light of Jewish Religious History,* 172-3.

6　Hamerton-Kelly, "Sacred Violence and 'Works of the Law': Is Christ then an Agent of Sin? (Galatians 2:17)," *CBQ* 52/1 (1990), 74.

람이 이런 주장을 하는지 알 수 있다.[7] 로스너는 바울을 연구하는 학자들이 모세 율법이 바울의 윤리적 교훈의 기초로 작용하지 않다고 보는 이유를 8가지로 요약했다.[8] (1) 바울은 율법의 윤리적 가르침에 대해서 자주 부정적인 언급을 했다. 그들은 이 점이 그리스도인들로 하여금 율법이 더 이상 가치가 없다고 암시한다고 생각하게끔 만든다고 여긴다. (2) 바울은 공공연히 구약성경의 많은 부분, 즉 할례(고전 7:19), 음식법(롬 14:14, 20), 그리고 절기법과 안식일법을 부정한다. (3) 바울이 자신의 윤리적 가르침을 뒷받침하려고 구약을 사용하는 경우 그의 구약 사용이 부주의하다. (4) 바울이 세운 교회의 대다수가 이방인으로 구성된 교회다. (5) 구약성경의 중요성을 분명히 말하는 디모데후서 3:16-17이 바울 이후, 혹은 바울의 저작이 아닌 목회 서신의 신학에 해당한다. (6) 예수의 말씀이나 바울 당시의 유대교로부터 기원하지 않은 그리스 사상 등이 바울의 윤리에 더 큰 영향을 미쳤다고 볼 수 있다. (7) 구약성서가 아니라 종말론이나, 성령, 사랑 그리고 사회적 정황이 바울의 윤리적 가르침의 기초를 이루고 있다고 볼 수 있다. 그리고 마지막으로 (8) 가장 설득력이 있어 보이는 이유로서, 바울이 윤리적 가르침을 제시할 때 구약성경을 상대적으로 조금밖에 인용하지 않는다.

학자들의 이런 견해에 비추어 과연 모세 율법이 바울의 윤리적 가르침에 아무런 영향을 미치고 있지 않은지 살펴볼 필요가 있다. 우리는 이 논의에서 바울의 구약 사용을 출발점으로 삼아야 한다. 바울 서신의 윤리

---

7 Brian S. Rosner, *Paul, Scripture, and Ethics: A Study of 1 Corinthians 5-7* (Grand Rapids: Baker, 1999), 3-4.

8 Rosner, *Paul, Scripture, and Ethics*, 4-9.

적 가르침을 살펴보면 흥미롭게도 바울은 모세 율법의 특정한 구절을 명시적으로 직접 인용하거나, 구약의 이야기를 가져다 쓰면서 윤리적 가르침을 주고 있다는 사실을 발견하게 된다. 바울 학계의 대다수가 부정적으로 보고 있는, 바울 윤리에 있어 모세 율법 사용을 다시 한번 자세히 연구해 볼 필요성을 바울 서신 자체가 보여준다.

1. 무엇이 문제인가?

앞서 언급했듯이 바울 윤리에 있어 모세 율법 사용에 관한 학자들의 연구는 다음과 같은 두 가지 한계점을 가지고 있다. 첫째, 지금까지 바울의 율법관을 연구한 논문이나 저서 대다수는 바울 서신에서 모세 율법에 대한 바울의 진술에만 국한해 바울의 율법관을 연구해왔다. 이와 같은 단점은 바울과 율법의 문제를 다루고 있는 대다수의 책에서 발견할 수 있는 현상이다. 대표적인 예가 휘브너의 『바울 사상에서의 율법』과 라이트의 『언약의 절정』이다.[9] 학자들 사이에서 바울이 모세 율법을 그의 서신서에서, 특히 윤리적 가르침에서 실제로 어떻게 사용(인용, 암시)하는지에 대한 관심이 부족했다. 둘째, 바울 윤리에 있어 모세 율법 사용을 연구한 몇몇 안 되는 소수의 학자에게도 한계가 있는데, 그것은 그들이 모세 율법을 예수 전승과의 상호 관계하에서 연구하지 않았다는 점이다. 나는 여기에 해당

---

[9]   Hans Hübner, *Law in Paul's Thought: A Contribution to the Development of Pauline Theology* (Edinburgh: T&T Clark, 1984); N. T. Wright, *The Climax of the Covenant: Christ and the Law in Pauline Theology* (T&T Clark, 1991).

하는 학자들의 견해를 비평적으로 살펴볼 것이다.

(1) 브라이언 로스너

앞서 언급한 학계의 지배적인 분위기에도 불구하고 그동안 바울 윤리의
구약적 기초를 연구한 시도가 있었던 것은 사실이다. 대표적으로 로스너
가 한 예이다. 그는 바울 신학계에서 바울 윤리의 기초로서 구약의 긍정
적 역할을 부정하는 대세에 반기를 들고 고린도전서 5-7장을 연구했다.[10]
그는 단순히 바울이 구약을 직접 인용하는 대목뿐만 아니라 암시적으로
사용하는 부분들까지도 면밀히 연구하는 섬세함을 보여주었다. 더 나아
가 그의 연구가 가지는 의의는 바울과 구약 사이에 '유대인들의 구약성경
해석과 이해'(Jewish mediation of the scriptures)라는 단계를 두었다는 점이다.
그에 따르면, 바울의 윤리적 가르침에 있어서의 구약 사용을 유대인들의
구약 사용이라는 렌즈를 통해서 바라보면, 그전에 구약 사용이라고 보지
못했던 바울의 표현이나 사상이 상당 부분 구약에서 온 것임을 알게 된
다. 즉 로스너는 바울이 구약을 직접 인용하기도 하고 때로는 간접적으로
암시해서 사용하기도 하는데, 기존 학자들은 주로 바울의 명시적인 구약
사용 빈도수만으로 바울의 구약 사용을 측정하려고 했다는 점을 지적했
다. 그는 더 나아가 바울을 연구하는 기존의 학자들은 구약과 바울 사이
에 존재하는 또 하나의 단계인 유대인들의 구약성경 이해와 해석의 단계

---

10 Brian S. Rosner, *Paul, Scripture and Ethics: A Study of 1 Corinthians 5-7* (Grand Rapids:
Baker, 1999).

를 무시했다는 점을 지적함으로써, 이 단계를 통해 보면 바울의 구약 사용의 정도가 더 확실해짐을 보였고, 따라서 바울이 자신의 윤리적 가르침에서 많은 부분을 구약과 모세 율법에 빚지고 있음을 밝혀냈다.

이러한 공헌에도 불구하고 이 책은 바울 윤리의 가르침에서 오로지 구약의 사용에만 초점을 맞추므로, 예수 전승(예수의 삶과 가르침)을 고린도 전서 5장과 마태복음 18장 사이의 유사성을 논할 때 간략하게만 다루고 더 이상 이러한 논의가 없다는 단점을 안고 있다. 게다가 로스너의 논의 는 고린도전서 5-7장까지에만 국한되어 있다.

(2) 리처드 헤이스

고린도전서가 바울이 고린도 교회 내에 존재하는 윤리적 문제를 다루는 서신이라는 점은 바울의 윤리를 연구하는 학자들에게는 무한한 실험대 가 되어왔다. 고린도전서에 나타난 바울의 구약 사용을 연구한 또 다른 대표적인 학자로는 헤이스를 들 수 있다. 그는 앞에서 언급한 로스너와 같이 바울의 윤리에 관심을 가지고 있지만 고린도전서에 등장하는 바울 의 구약 사용을 로스너보다 더 넓게 보고 이에 대한 접근을 시도했다. 바 울의 구약 사용에 관한 저서에서 그는 바울의 구약 사용이 기독론적이라 기보다는 교회론적이라고 주장한다.[11] 또한 헤이스는 바울의 윤리적 가르 침에 있어 구약 사용에 관한 주제를 그의 최근 책에서 다루고 있는데, 이

---

11 Richard B. Hays, *Echoes of Scripture in the Letters of Paul* (New Haven: Yale University Press, 1989).

논의는 이미 그가 앞에서 언급한 책에서 개진한 주장을 좀 더 구체화시켜 반복하는 것이다.[12] 그는 퍼니쉬가 주장한 것과 달리 구약은 바울의 윤리적 가르침에 단순히 규칙들이나 격언 등을 담고 있는 자료들만 제공하지 않고 하나님이 그리스도를 통해서 하신 일, 그리고 신자들에게 주어지는 하나님의 요구들을 이해하고 해석하는 더욱 넓은 전망(perspective)을 제공한다고 논의를 전개한다.[13] 그는 구약이 바울 윤리에 어떤 공헌을 하는지 다섯 가지 측면에서 토론하는데, 그에 따르면 구약율법은 1) 교회라는 공동체의 정체성을 위한 틀을 제공하며, 2) 하나님의 뜻을 드러내는데, 특히 의와 사랑을 위한 명령이고, 3) 특정 규율을 위한 암시적 자료이고, 4) 부정적이든 긍정적이든 행동의 모범들을 담은 이야기(narrative)를 제공하고, 5) 마지막으로 바울의 교회에 직접적으로 전하시는 하나님의 말씀을 담고 있다. 헤이스의 관찰은 구약이 단순히 바울의 윤리에서 인용되는가 혹은 인용되지 않는가라는 지엽적인 문제에서 벗어나 좀 더 넓게 바울 윤리에 영향을 끼치고 있음을 보여주는 데 공헌했다고 평가할 수 있다. 그가 다룬 바울 서신은 주로 로마서(1:18-32; 2:26-29a; 12:19-21; 13:8-10; 15:1-13), 고린도전서(1:18-19; 3:18-23; 5:6-8, 13; 6:9-11, 7:19; 10:1-22), 고린도후서(5:17-6:2) 그리고 갈라디아서(4:30; 5:14, 19-21)다.

하지만 헤이스의 단점 또한 바울 윤리에 있어 모세 율법을 연구하면서 예수 전승과의 관계를 다루지 못하고 있다는 점이다. 그의 연구에서는

---

12 Richard B. Hays, *The Conversion of the Imagination: Paul as Interpreter of Israel's Scripture* (Grand Rapids: Eerdmans, 2005). 그는 이 책의 한 장을 'The Role of Scripture in Paul's Ethics'라고 이름 붙였다.

13 Hays, *The Conversion of the Imagination: Paul as Interpreter of Israel's Scripture*, 146.

바울 서신에 있어 모세 율법과 예수 전승의 관계에 대한 논의가 불충분하다. 또한 내가 이 장에서 시도하는 것과 달리 헤이스는 고린도전서 10장의 연구에만 몰두하고 있다.

(3) 제임스 던

바울의 율법관에 대한 던의 주장은 바울의 새 관점(the New Perspective on Paul) 이론이라고 명명될 정도로 바울신학계에서는 도발적인 내용이다. 던은 바울이 율법 자체를 비판한 것이 아니라 '율법의 행위'를 비판했다고 보며, 따라서 그는 바울이 율법 자체에 대해 매우 긍정적인 태도를 취하고 있다고 주장한다. 던은 그의 『바울신학』과 여러 소논문에서 바울과 율법 사이의 관계를 다루었다. 우선 그는 이 글들에서 바울이 율법(the law)이 그리스도인의 윤리에서 긍정적인 역할을 한다고 여긴다고 파악하고 있다. 이것은 그가 언약적 율법주의(covenantal nomism)의 맥락에서 율법을 이해하고 있음을 보여주는 것이다. 또한 그는 구약과 예수 전승 사이의 관계도 토론한다는 점에서 다른 학자들과는 대조적인 모습을 보인다. 즉 그는 '그리스도의 법'이라는 항목을 다루면서 예수 전승을 다루는데, 그는 바울 윤리에 있어 예수 전승도 중요한 윤리적 기반이라고 주장한다. 특히 바울이 예수 전승에 대해서 직접 인용하지 않고 암시만 하는가에 대한 이유와, 바울이 분명하게 예수 전승을 인용하는 이유를 설명하고 있다는 점은 주목해야 할 그만의 독특성이다. 그는 바울 서신에서 예수 전승이 직접 인용되지 않는 이유에 대해 이 전승이 기독교 공동체 안에서 이미 전제되고 있다는 점을 들어 설명한다.[14] 그는 또한 바울이 의도적으로 예수 전승을 인용하는 경우는 바울이 고린도전서에서 예수 전승을 수정할 때, 즉 예수의 말씀을 넘어서거나, 혹은 예수의 가르침을 무시하는 경우에 이를 분명히 밝히기 위해서 인용한다고 설명한다.[15]

던의 장점은 바울이 구약과 예수 전승 모두를 자신의 윤리적 가르침의 기초로 사용하고 있음을 지적한다는 점이다. 그럼에도 그는 다음과 같은 단점과 한계를 안고 있다. (1) 그는 구약(율법)에 대한 바울의 진술에 논증의 토대를 두고 있을 뿐, 실제로 바울이 윤리적 가르침에서 구약을 사용하고 있는 방식에 대해서는 소홀하다. 이같은 현상은 로스너가 지적한, 바울 학자들이 바울의 율법관을 연구할 때 지니고 있는 전반적인 문제이기도 하다. (2) 그는 한 본문(갈라디아서에서 '그리스도의 법'이라는 표현을 중심으로)에서 구약과 예수 전승이 어떤 상관관계로 쓰이는지 밝히는데, 여기서도 논의를 단지 한두 단락만 할애하고 있다. 따라서 바울 서신 전체에 대한 체계적인 접근은 아니라는 점이 던의 한계라고 볼 수 있다.

(4) 결론

지금까지 살펴본 대로 학자들이 바울의 율법관을 연구하면서 주로 바울의 모세 율법의 실제 '사용'에 대한 연구보다는 바울의 율법에 관한 '주

---

14 James Dunn, *The Theology of Paul the Apostle* (London: T&T Clark, 1998), 651-2; James Dunn, "The Law of Faith," "the Law of the Spirit" and "the Law of Christ," *Theology and Ethics in Paul and His Interpreters: Essays in Honor of Victor Paul Furnish* (Nashville: Abingdon, 1996), 79-80에 수록된 글.
15 Dunn, *The Theology of Paul*, 652; Dunn, "The Law of Faith," 80.

장'과 '진술'에만 더 많은 초점을 맞춰왔고, 바울의 윤리적 가르침에 있어 모세 율법과 예수 전승의 상관관계를 연구하는 데 소홀히 했다는 점이 드러난다.

우리는 바울에게 있어 예수의 삶과 가르침(예수 전승)은 구약율법과 비교해서 그 중요성이 떨어지는지 질문해 보아야 한다. 그 이유는 바울이 그의 윤리적 가르침을 주면서, 예수의 삶과 가르침에 호소하는 경우가 구약 사용에 비해 훨씬 덜하기 때문이다. 우리는 과연 바울 윤리의 기초가 구약인가 아니면 예수 전승인가, 아니면 둘 다인가 하는 점을 살펴볼 필요가 있다.

2. 바울의 모세 오경(토라) 읽기

위에서 언급한 배경을 염두에 두고, 이 장에서는 우리의 논의를 좀 더 좁혀서 바울의 윤리적 가르침의 기원과 배경에 관한 연구의 첫 단추를 끼워 보고자 한다. 바울의 윤리적 가르침의 기원과 배경으로 예수 전승과 모세 율법(구약)이라는 두 영역 간의 관계를 살펴보는 것은 분명히 연구되어야 할 영역이다. 이 두 배경을 살피기 위해서는 소논문 수준이 아니라 단행본 차원에서 연구되어야 함이 자명하다. 그러므로 현실적인 이유로 우리의 현재 논의를 일단 바울의 윤리적 가르침의 배경과 기원으로서의 모세 율법에 집중하고자 한다. 특별히 이 장에서 살펴보고자 하는 바는 방대한 바울의 윤리와 이 윤리적 가르침의 커다란 배경을 이해하기 위해 바울 윤리라는 바닷물을 찻숟가락으로 퍼내는 시도라고 볼 수 있다.

고린도전서는 바울이 고린도 교회에 보낸 윤리적 가르침이 풍부한 서신이다. 바울 서신의 일반적인 구조 분석에 의하면 바울 서신의 전반부는 주로 신학적 논증을 다루고, 후반부는 윤리적 가르침으로 구성되어 있다고 관찰되어왔다. 그러나 고린도전서에서는 바울 서신의 이런 일반적인 패턴이 발견되지 않는다. 대신 고린도전서는 여러 개의 특정 주제(바울이 고린도 교회로부터 받은 편지에서 언급되는 주제, 또는 바울 자신의 사고의 흐름에 따라 언급하는 주제)를 따라 신학적 논증과 윤리적 권면이 혼합되어 전개되는 형식을 취하고 있다.

이 장의 목적은 바울의 윤리적 배경 중에서 모세 오경(토라)/모세 율법이 어떤 역할을 어느 정도까지 하고 있는지를 살피는 데 있다. 우리는 단순히 구약만이 바울의 윤리적 가르침의 유일한 사상적 배경이 아니라는 사실을 인정해야 한다. 바울의 사상 및 바울의 윤리적 가르침의 배후에는 그리스 사상, 초기 교회의 전승, 유대교 사상, 그리고 바울의 다메섹 계시 경험의 영향이 있었음이 틀림없다.[16] 내가 이 중에서 구약만의 영향을 분석하려고 하는 이유는 일단 지면상의 제한 때문이며, 동시에 이미 앞에서 여러 학자의 견해를 개관하면서 살핀 바와 같이 바울의 윤리에 미친 모세 율법의 역할에 대한 관심이 미흡하기 때문이다.

바울은 고린도전서 8:1-11:1에서 고린도 교회가 우상에게 바친 제물을 먹는 문제와 관련한 논쟁을 다루고 있다. 내가 바울 서신의 수많은 본문 중 고린도전서 8:1-11:1을 연구대상으로 택한 이유는 이 본문 안

---

16 예를 들면 D. E. H. Whiteley, *The Theology of St. Paul* (Oxford: Basil Blackwell, 1974), 1-16.

에 바울의 윤리적 교훈의 다양한 배경(그리스, 예수 전승, 모세 율법, 상식)이 공존하기 때문이다. 그리스적인 요소로는 고린도전서 8:6의 세상 창조를 전치사를 통해 표현하는 방식이라든가, 잘 알려진 대로 바울이 사용하는 양심(고전 8:12)이라는 단어와 운동경기의 비유(고전 9:24-27)에서 엿볼 수 있다. 또 예수 전승은 고린도전서 9:14과 11:1에서 흔적을 추적할 수 있다. 바울과 고린도 교인들이 함께 가지고 있는 상식적인 요소는 고린도전서 9:7, 13에서 발견된다. 내가 논의를 고린도전서 8:1-11:1에 국한하는 두 번째 이유는, 이 본문에서 구약 본문들이 지나치게 구약의 원 문맥과는 동떨어져 왜곡되게 해석되고 있는 것처럼 보이기 때문이다.[17] 바울은 구약에 대해서 첫눈에 보기에 모세 율법을 거의 무시하는 듯한 발언을 하거나(고전 9:20), 구약율법을 왜곡하는 것처럼 여겨지는 해석을 한다(고전 9:8-10). 바울이 구약율법을 무시하는 듯한 발언을 할 때 이 이방인의 사도는 구약의 모세 율법을 완전히 무시하면서, 전혀 새로운 그리스도의 율법(고전 9:21)을 그리스도인들에게 삶의 지침과 규범으로 제공하는 것인가? 또한 바울이 구약율법에 대해서 그리스도인들의 삶의 본보기를 제공한다고 할 때, 그가 실제 윤리적 교훈에서 얼마나 구약율법을 사용하여 가르침을 주는지 살펴볼 필요가 있다. 이 장에서 나는 모세 율법을 집약하고 있는 모세 오경(토라), 특히 출애굽기와 신명기 그리고 민수기를 바울이 어떻게 이해하고 있고, 이를 자신의 윤리적 가르침의 근거로 어떻

---

17 우상에게 바친 제물을 먹는 문제에 대해 구약성경이 가르치는 바는 어느 정도 뚜렷하다. 그러나 예수 그리스도의 사역에서 우상에게 바친 제물에 대한 문제는 심각하게 대두된 것 같지 않다. 그도 그럴 것이 이방인 그리스도인이 이방 사회에서 직면한 우상에게 바친 제물을 먹는 문제는 팔레스타인 지방의 유대인(그리고 유대 그리스도인)이 처한 상황과는 사뭇 다르기 때문이다.

게 사용하는지 살펴볼 것이다.

(1) 바울의 출애굽기 읽기

바울은 고린도전서 9장에서 출애굽기를 직간접적으로 사용하거나 암시하고 있다. 바울은 우상에게 바친 제물을 먹는 문제와 관련해서 출애굽기에 나오는 우상숭배에 대한 경고에 호소한다. 바울이 직접적으로 출애굽기 32:6(70인역)을 인용하는 대목은 고린도전서 10:7이다.[18] 이 대목에서 바울은 이스라엘 백성의 금송아지 사건을 직접적으로 언급하면서 이 사건이 고린도 교인들에게 우상숭배를 하지 말라고 경고한다고 주장한다. 바울은 또한 고린도전서 10:1-5에서 출애굽기에 나오는 이스라엘 백성의 출애굽 사건 및 광야 생활과 연관된 이야기들(13:21; 16:4, 35; 17:6 등)을 가져다 사용한다.

그러나 바울의 출애굽기 읽기는 단순히 그의 명확한 구약 인용뿐만 아니라 좀 더 섬세하고 암시적인 부분도 있다. 바울의 출애굽기 읽기와 관련하여 우리가 주목하고자 하는 본문은 고린도전서 8:9이다.

고전 8:9 βλέπετε δὲ μή πως ἡ ἐξουσία ὑμῶν αὕτη πρόσκομμα γένηται τοῖς ἀσθενέσιν.

이 구절에는 분명 바울이 구약을 인용한다는 의도적 표현은 없다. 즉 인

---

18   Hays, *Echoes of Scripture*, 91.

용 도입구가 등장하고 있지 않아. 언뜻 보기에는 과연 바울이 여기서 구약을 사용하는지가 분명하게 나타나지 않는다. 하지만 바울의 구약 사용은 단지 인용 도입구를 직접 사용한다거나 직접적 표시를 통한 차원에서 한걸음 더 나아가 암시적이고 섬세한 부분에서도 발견된다.

먼저, 고린도전서 8:9이 위치한 고린도전서 8장 전체를 파악하기 위해서는 먼저 이 본문에서 전개되고 있는 바울의 논증을 이해할 필요가 있을 것이다. 바울은 고린도전서 8장에서 고린도 교인 중 몇몇이 이방 신전의 제사에 의도적으로 참석하고 이 제사의 일부로 제공되는 우상에게 바친 제물을 먹는 문제(고전 8:10)를 우상숭배로 규정한 후 이를 엄격히 경고한다. 이 경고를 주기 위해 바울은 고린도전서 8:1-7에서 하나님이 유일한 참 신이며, 우상은 아무것도 아니라는 진리를 언급한다. 그리고 고린도전서 8:8-13에서 바울은 '지식'보다 더 중요한 것은 '사랑'이라는 진리를 설명한다. 바울이 출애굽기 23장과 34장을 암시하는 부분은 두 번째 대목인 고린도전서 8:8-13이다. 이 구절은 바울이 고린도전서 8장에서 유일하게 명령문을 사용하는 구절이기도 하다. 지식으로 다른 연약한 지체들을 걸려 넘어지게 하지 말라는 내용이 고린도전서 8:9에 나타난 바울의 권면이다.

고린도전서 8:9의 약한 자들을 걸려 넘어지게 하지 말라는 바울의 권면은 어디에 근거하고 있는가? 이 질문에 대한 대답은 바울이 고린도전서 8:9에서 출애굽기 23장과 34장을 염두에 두고 이 권면을 하고 있다는 것이다. 우상에게 바친 제물에 대한 고린도 교인들의 태도에 대해서 바울은 엄중히 경고하기를 고린도 교인들의 자유가 다른 사람, 특히 연약한 자에게 '올무'(πρόσκομμα)가 되지 않게 하라고 단호하게 말한다. 바울은 이러한 우상에게 바친 제물 문제와 관련하여 다른 형제들을 유혹에 빠뜨리지 않도록 하라고 경고하면서 출애굽기의 우상숭배와 이에 따른 하나님의 심판을 상기시키고 있다. 이 같은 견해는 다음과 같은 사실에 의해 뒷받침된다.

첫째, 똑같은 단어가 사용되고 있다. 고린도전서 8:9에서 관심 있게 보아야 할 표현은 πρόσκομμα인데, 이 단어는 우리말 성경 개역개정에서는 '걸려 넘어지게 하는 것'이라고 번역되고 있다. 이 단어는 바울이 두 개의 출애굽기 본문(23장과 34장)을 염두에 두고 있음을 강력히 시사하는데, 그 이유는 πρόσκομμα라는 단어가 신약성경과 구약성경(70인역)에서 사용 빈도가 매우 낮은 단어인데도 출애굽기 23:33과 34:12에 쓰이고 있다는 점 때문이다. 이 단어는 신약성경 중 로마서에서 4번(9:32, 33; 14:13, 20), 그리고 베드로전서에서 1번(2:8) 사용되고, 고린도전서에서 단 1번 사용된다(고전 8:9). 구약 70인역에서는 예레미야서에 1번(3:3), 이사야서에 2번(8:14; 29:21), 그리고 우리가 지금 살피고 있는 출애굽기에서 2번 사용되고 있다(23:33; 34:12). 바울은 우상에게 바친 제물을 먹음으로써 연약한 자들의 믿음까지도 흔들어 놓고 있는 고린도 교인들의 방종을 향해 넌지시 출애굽기의 교훈을 제시하고 있다.

둘째, 문맥과 주제상의 일치성에 근거하여 판단할 때 바울이 고린도전서 8:9에서 출애굽기 23장과 34장을 염두에 두고 있음이 확실하다. 출애굽기 23:20-33의 내용은 이스라엘 백성이 이방인을 이스라엘 백성의 거주지에서 쫓아내고, 결코 그들이나 그들의 신과 언약하지 말라는 내용이다. 24절에서는 아모리 사람과 헷 사람을 비롯한 모든 이방인의 우상에게 경배하지 말라고 경고한다. 그리고 25절에 이르면 "네 하나님 여호와를 섬기라"는 긍정적인 호소가 나온다. 또한 우리의 관심사인 πρόσκομμα라는 단어가 등장하는 33절에서 이방 신들을 섬기면 이들이 이스라엘에게 올무가 될 것임을 경고하고 있다.

출 23:33 καὶ οὐκ ἐγκαθήσονται ἐν τῇ γῇ σου ἵνα μὴ ἁμαρτεῖν σε ποιήσωσιν πρός με ἐὰν γὰρ δουλεύσῃς τοῖς θεοῖς αὐτῶν οὗτοι ἔσονταί σοι πρόσκομμα

출애굽기 23장의 후반부 내용은 이방 신들을 섬기면 이것이 이스라엘 백성에게 올무(πρόσκομμα)가 된다는 내용이다. 흥미롭게도 고린도전서 8장에서 다루고 있는 내용이 우상에게 바친 제물의 문제인데, 거기서 우상에게 바친 제물을 먹는 문제의 근저에 있는 우상숭배에 대한 경고가 자리잡고 있다. 다시 말해 고린도전서 8장이나 출애굽기 23장의 내용이 우상숭배라는 주제를 다루고 있어서 문맥상 아주 흡사하다.

또한 바울이 고린도전서 8:9에서 출애굽기 34:12을 염두에 두고 있을 개연성이 높다. 그 이유는 두 본문 다 똑같은 단어인 πρόσκομμα를 사용할 뿐만 아니라, 고린도전서 8장과 9장을 지나 10장에서 바로 πρόσκομμα가 나오는 구약 본문인 34장 앞에 기록된 출애굽기 32장의 금송아지 사건을 언급하기 때문이다(특히 출 32:6). 고린도전서 8:9이 암시하고 있는 본문인 출애굽기 34장을 보면 11-17에서 모세는 우상숭배를 경고하고 있다. 바울은 고린도전서 8:9에서 출애굽기 34장과 출애굽기 23장을 둘 다 암시하지만, 출애굽기 34장이 고린도전서 8장과 더 밀접한 관계가 있다. 그 이유는 이 두 본문이 우상에게 바친 제물을 직접 언급하고 있기 때문이다.

출 34:15 그들의 신들에게 제물을 드리고 너를 청하면 네가 그 제물을 먹을
까 함이며

여기서 주목할 것은 우상에게 바친 제물을 먹는다는 표현이 고린도전서
8:7, 10에 나오는데, 이 표현이 출애굽기 34:15(70인역)과 문자적으로 아
주 비슷하다는 점이다. 이 구절들을 비교하면 다음과 같다.

출 34:15 μήποτε θῆς διαθήκην τοῖς ἐγκαθημένοις πρὸς ἀλλοφύλους ἐπὶ
τῆς γῆς καὶ ἐκπορνεύσωσιν ὀπίσω τῶν θεῶν αὐτῶν καὶ θύσωσι τοῖς
θεοῖς αὐτῶν καὶ καλέσωσίν σε καὶ φάγῃς τῶν θυμάτων αὐτῶν

고전 8:7 Ἀλλ᾽ οὐκ ἐν πᾶσιν ἡ γνῶσις· τινὲς δὲ τῇ συνηθείᾳ ἕως ἄρτι
τοῦ εἰδώλου ὡς εἰδωλόθυτον ἐσθίουσιν, καὶ ἡ συνείδησις αὐτῶν ἀσθενὴς
οὖσα μολύνεται.

고전 8:10 ἐὰν γάρ τις ἴδῃ σὲ τὸν ἔχοντα γνῶσιν ἐν εἰδωλείῳ
κατακείμενον, οὐχὶ ἡ συνείδησις αὐτοῦ ἀσθενοῦς ὄντος οἰκοδομηθήσεται
εἰς τὸ τὰ εἰδωλόθυτα ἐσθίειν·

이러한 바울의 구약 사용은 바울이 고린도전서 8장에서 출애굽기 23-34
장의 본문을 암시하고 있으며, 좀 더 좁게는 고린도 교회가 우상에게 바

친 제물을 먹는 문제와 관련하여 출애굽기 32-34장의 내용을 염두에 두고 있음을 보여주는 것이다.

그렇다면 바울은 우상에게 바친 제물을 먹는 문제를 이야기하면서 왜 출애굽기 23장과 34장을 사용하고 있는가? 이 장들은 바울이 고린도전서 8:9에서 출애굽기의 이야기를 끌어다 사용하여, 과거 출애굽 시대에 이방인들이 하나님의 백성을 우상숭배에 빠지게 하는 올무(πρόσκομμα) 역할을 했음을 연상시킨다. 바울은 이 연상을 통해 고린도 교회에서 의도적으로 우상의 집에서 제물을 먹는 자들이 바로 출애굽 시대에 하나님의 백성을 넘어지게 하는 올무(πρόσκομμα) 역할을 했던 이방인과 똑같은 잘못을 범하고 있다며 고린도 교인들의 방종을 엄하게 경고하고 있다. 즉 바울이 여기서 출애굽기 23장과 34장을 사용하는 이유는 고린도 교인들이 이방 신전에 의도적으로 들어가 우상에게 바쳐진 제물을 먹는 행동이 단순히 '음식의 문제'가 아니라 '우상숭배'라고 경고하기 위함이다.

바울은 이어서 이러한 우상숭배를 통해 결국 약한 자가 멸망하게 된다고 경고한다(고전 8:11). 바울은 이를 통해서 고린도전서 8:11에서 출애굽기에 나오는 금송아지 사건의 결과를 암시하고 있다. 금송아지 사건 직후 모세와 모세 편에 선 레위 자손이 우상숭배에 빠진 이스라엘 백성을 진멸하는 사건이 언급된다(출 32:25-29). 그리고 성경은 이 사건을 하나님이 이스라엘 백성을 치신 것이라고 말한다(출 32:35). 바울은 결국 고린도전서 8:9에서 형제가 걸려 넘어지지 않도록 조심하라는 말을 하면서 하나님의 심판(출 32:25-29)을 상기시키며 우상에게 바친 제물로 인한 형제 실족에 대해 엄중히 경고하고 있다. 그는 또한 고린도 교인들에게 이 출애굽기 본문들의 핵심 가르침인 다른 신에게 경배하지 말고(출 34:13) 하나님만 섬기라(출 23:25 καὶ λατρεύσεις κυρίῳ τῷ θεῷ σου)고 권면하고 있다.

지금까지 살펴본 바와 같이 바울은 우상에게 바친 제물과 관련하여 출애굽기 본문을 사용할 때 단어 한 개나 구절 하나를 구약의 문맥에서 떼어내 자의적으로 해석한 것이 아니라, 자신의 서신에서 윤리적 가르침을 주기 위해 고린도전서의 특정 본문에서 사용하고 있는 구절(암시적이든 혹은 직접적인 방법으로 사용하든)이 위치하는 구약 본문의 더 폭넓은 문맥을 끌어다 사용한다.

(2) 바울의 신명기 읽기

고린도전서 8:1-11:1에서 신명기는 구약의 다른 율법보다 바울의 윤리적 권면에 더 많은 영향을 끼치고 있다.

가. 소의 입에 망을 씌우지 말라.

우선, 바울은 고린도전서 9:9에서 신명기 25:4을 직접 인용하는데, 이는 다소 의아스러운 해석으로 잘 알려져 있다.[19] 고린도전서 9장은 바울이 자신의 사도권을 변호하는 내용으로 이루어져 있다. 바울은 고린도전서 9장에서 자신이 합법적인 사도로서 고린도 교인들로부터 재정후원을 받을 권리가 있지만, 그 권리를 사용하는 대신 복음을 위해 포기한다고 피력한다. 바울이 신명기 25:4을 인용하는 대목은 자신이 사도로서 재정후

---

19 Gordon Fee, *The First Epistle to the Corinthians* (Grand Rapids: Eerdmans, 1987), 406-409. Fee는 이 본문이 많은 학자에게 문제를 야기했다고 말한다(407).

원을 받을 권리가 있음을 논하는 문맥에서다. 바울은 이 구절을 인용하면서 8절에서 이 인용의 출처가 '율법'(ὁ νόμος)이라고 소개하고, 다시 9절에서 '모세 율법'(τῷ Μωϋσέως νόμῳ)이라고 설명한다. 바울은 소가 곡식을 밟아 떨 때 소의 입에 망을 씌우지 말라는 신명기 25:4을 인용하면서 이 모세 율법이 단순히 소를 위한 것이 아니라, 결국 우리(바울과 그 동료들, 그리고 더 넓게는 사람들)를 위해서 기록된 것이라고 주장한다. 그는 소에게 망을 씌우지 말라는 내용이 결국은 자기와 복음 사역자들을 위해 기록된 것이고, 따라서 고린도 교회가 자신을 재정적으로 지원하는 것이 당연하다고 주장한다. 하지만 바울은 12절에서 자기가 구약율법의 이런 규정을 따르지 않는다고 분명히 밝힌다.

이제 바울이 구약 본문의 의미를 왜곡하는지 살펴보자. 신명기 본문의 내용은 분명히 소를 위한 규정인 것처럼 보인다. 소의 입에 망을 씌우지 말라는 것은 결국 소에게 먹이를 먹이기 위해서이므로 이 규정을 소를 위한 계명으로 해석해야 할 것으로 보인다. 그렇다면 바울이 소를 위한 계명을 '우리'를 위한 계명이라고 주장함으로써 신명기의 말씀을 곡해하는 것인가? 이에 대해 헤이스는 '우리'를 위해 기록되었다는 말을 '바울 당대의 교회'를 위하여 기록되었다고 해석한다.[20] 피도 바울이 구약 본문의 원래 의미보다는 구약 본문의 적용에 무게를 두고 있고, 또한 바울 사도가 당시의 신약 저자들과 마찬가지로 그리스도 안에서의 새로운 종말론적 틀 속에서 구약을 바라보고 있다고 주장한다.[21] 두 학자 모두 바울이

---

20   헤이스, 『고린도전서』(서울: 한국장로교 출판사, 2006), 263.
21   Fee, *The First Epistle to the Corinthians*, 408.

신명기 본문의 원래 문맥이나 의도에는 관심이 없었다고 보는 것이다. 그러나 바울은 결코 이 신명기 본문을 곡해하거나 왜곡하고 있지 않다. 이 신명기 본문을 읽은 주체가 누구인가로 접근해 보면 이 구절에 대한 해석이 의외로 간단해진다. 신명기의 명령을 읽는 주체는 소가 아니라 사람이다. 소가 소에게 망을 씌우는 것이 아니라 사람이 소의 입에 망을 씌울 것인지 말 것인지를 결정한다. 즉 신명기의 해당 본문을 읽고 이 명령에 순종해야 할 주체는 소가 아니라 사람이다. 이런 의미에서 신명기 25:4의 본문은 사람(우리)을 위해 기록된 것이라고 해석할 수 있으며, 바울은 이런 맥락에서 소의 입에 망을 씌우지 말라는 명령이 '우리를 위해' 즉 사람들이 읽고 순종하도록 만들기 위해 기록되었다고 말하는 것으로 볼 수 있다. 이렇게 보면 바울은 신명기 본문의 문맥과 취지를 떠나서 해석하고 있지 않다는 점이 분명해진다.

나. 하나님은 한 분이시다.

이제 바울의 명시적인 신명기 사용에서 한걸음 더 나아가 암시적이지만 바울이 아주 중요하게 염두에 두고 있는 신명기 본문들을 살펴보기로 하자. 우선 신명기 6장의 '쉐마'가 있다. 바울은 고린도전서 8장 전반부(8:4-6)에 나오는 우상은 아무것도 아니라는 문맥에서 하나님이 한 분이시라는 유대인들의 전통적 신앙고백인 쉐마를 암시한다.[22] 고린도전서 8:4은 신명기 6:4을 분명히 염두에 두고 있는 구절이다.

---

22 James D. G. Dunn, *The Theology of Paul the Apostle* (London: T&T Clark, 1998), 31.

고전 8:4 Περὶ τῆς βρώσεως οὖν τῶν εἰδωλοθύτων, οἴδαμεν ὅτι οὐδὲν εἴδωλον ἐν κόσμῳ καὶ ὅτι οὐδεὶς θεὸς εἰ μὴ εἷς.

신 6:4 ἄκουε Ισραηλ κύριος ὁ θεὸς ἡμῶν κύριος εἷς ἐστιν

바울은 고린도전서 8:4에서 "우리는 ~을 안다"(οἴδαμεν ὅτι)는 표현을 사용하는데, 그들이 아는 내용은 하나님이 한 분이시고, 우상은 아무 것도 아니라는 것이다. 바울은 고린도전서에서 "우리/너희가 ~을 안다"(οἴδαμεν ὅτι/οὐκ οἴδατε ὅτι)라는 표현을 자주 사용하는데, 이 구절의 접속사 '호티'(ὅτι) 다음에는 바울과 고린도 교인들이 다 알고 있는 내용이 따라온다. 고린도전서의 내용을 보면, 이 ὅτι 다음에는 바울과 고린도 교인들이 공유하고 있는 상식(5:6; 9:13), 예수의 가르침(3:16) 그리고 구약성경의 내용(6:16) 등이 따라온다. 따라서 고린도전서 8:4과 신명기 6:4 사이의 개념상의 유사성과 더 나아가 바울이 "우리는 ~을 안다"(οἴδαμεν ὅτι)라는 표현을 사용하고 있는 점은 바울이 여기서 신명기의 '쉐마'(신 6:4 이하)를 근거로 우상에게 바친 제물 문제를 다루고 있음을 보여준다. 바울이 쉐마를 인용하고 있다는 사실은 그가 또한 신명기 6장의 다른 구절들을 암시하는 표현들을 사용한다는 점에 의해서 더 설득력을 얻는다. 고린도전서 8:3의 "하나님을 사랑한다"는 구절이나, 고린도전서 9:9의 "하나님을 시험한다"는 표현 등이 그것이다. 전자는 신명기 6:5 그리고 후자는 신명기 6:16에 암시적으로 근거하고 있다. 물론 바울이 구약 쉐마의 내용을 암시하면서 "하나님 아버지"와 더불어 바로 그다음 구절에서 "주 예수"를 쉐마의 문맥에서 함께 언급함으로써 쉐마를 기독론적으로 확대하고 있음을 부인할 수 없다.[23] 그럼에도 고린도전서 8:4은 분명히 구약 신명기 쉐마(신 6:4)에 근거하고 있다는 것도 부정할 수 없다.

다. 모세의 노래

바울이 우상에게 바친 제물 문제를 다루면서 가장 중요하게 사용하는 본문은 신명기 32장이다. 고린도전서 10장은 아예 신명기 32장을 일종의 기본 틀(template)로 해서 기록되었다고 보아야 할 정도로, 바울은 고린도전서 10장에서 신명기 32장의 많은 구절을 암시적으로 사용하고 있다.

① 귀신에게 제사함

우선, 바울이 다른 곳들과 비교할 때 신명기 32장을 좀 더 명확하게 암시하는 구절은 고린도전서 10:20이다.[24] 신명기 본문과 고린도전서 10:20 본문을 비교하면 다음과 같다.

고전 10:20 ἀλλ' ὅτι ἃ θύουσιν, δαιμονίοις καὶ οὐ θεῷ [θύουσιν·] οὐ θέλω δὲ ὑμᾶς κοινωνοὺς τῶν δαιμονίων γίνεσθαι.

신 32:17 ἔθυσαν δαιμονίοις καὶ οὐ θεῷ θεοῖς οἷς οὐκ ᾔδεισαν καινοὶ πρόσφατοι ἥκασιν οὓς οὐκ ᾔδεισαν οἱ πατέρες αὐτῶν

---

23 N. T. Wright, *The Climax of the Covenant*, 129. Francis Watson, *Paul and Hermeneutics of Faith* (London: T&T Clark International, 2004), 417.

24 Richard Hays, *Echoes of Scripture*, 93.

고린도전서 10:20은 우상숭배에 대한 바울의 논지가 결론을 맺어가는 대목이다. 이 단락에서 바울은 고린도 교인들에게 우상숭배에 빠졌던 이스라엘 백성을 생각해 보라고 촉구한다(18절). 과거의 이스라엘을 생각해 보라는 구절도 암시적으로 신명기 32:7("옛날을 기억하라")을 상기시키는 표현이다. 그리고 바울은 제물을 먹는 자는 그 제물을 받는 영적 실체와 연합하는 것이라고 주장한다(18절 하). 다시 말해 바울은 고린도전서 10:20에서 이방 신전에서 우상에게 바친 제물은 귀신에게 바치는 것이라고 밝힘으로써 이 우상에게 바친 제물의 배후에 있는 영적인 실체를 언급한다. 바울은 이 본문에서 신명기 32:17을 암시하는데, 결국 그는 고린도 교회가 우상에게 바친 제물을 먹는 문제를 이스라엘 백성의 우상숭배에 견주고, 이방 신전에서 바쳐진 우상에게 바친 제물은 하나님께 제사하는 것이 아니라 귀신에게 하는 것이라고 언급한다. 바울은 구약의 신명기를 가져다 사용하면서 결국 귀신은 하나님과 견줄 수 없고, 실체가 없는 대상이라고 주장한다.

② 하나님을 진노하게 함

바울은 고린도전서 10:20에 이어 바로 몇 구절 뒤인 10:22에서 신명기 32:21의 내용을 언급한다.[25] 고린도전서 10:22에서 바울은 '고린도 교인들이 의도적으로 이방 신전에 가서 우상에게 바친 제물을 먹음으로써 우상숭배라는 하나님이 증오하시는 행동을 하게 되어 결국 하나님을 진노하

---

25 Hays, *Echoes of Scripture*, 94. Gordon Fee, *The First Epistle to the Corinthians*, 472 각주 47 참고.

게 만들 것인가?'라고 질문하고 있다. 우리는 바울이 고린도 교인들이 우 상숭배에 빠져 결국 하나님을 진노하게 만든다는 동사를 주목해야 한다.

고전 10:22 ἢ παραζηλοῦμεν τὸν κύριον·

동사 παραζηλοῦμεν은 신약성경에서 바울 서신에만 쓰이고 있다. 로마서 에서 바울은 이 단어를 3번 사용한다(롬 10:19; 11:11, 14). 그리고 그는 우 리가 지금 살피고 있는 본문인 고린도전서 10:22에서 이 단어를 사용한 다. 특히 고린도전서 10:22에서는 그 문맥이 우상숭배와 관련이 있다. 흥 미롭게도 이 동사는 구약에서 흔하게 사용되는 단어가 아니고, 모세 오경 에서는 오직 신명기 32:21에서만 쓰인다.

신 32:21 αὐτοὶ παρεζήλωσάν με ἐπ᾽ οὐ θεῷ παρώργισάν με ἐν τοῖς εἰδώλοις αὐτῶν κἀγὼ παραζηλώσω αὐτοὺς ἐπ᾽ οὐκ ἔθνει ἐπ᾽ ἔθνει ἀσυνέτῳ παροργιῶ αὐτούς

신명기 32장에서 이 동사가 쓰이는 문맥은 명백히 이스라엘 백성의 우상 숭배와 연관이 있다. 하나님은 우상숭배 때문에 '진노'하신다. 고린도 교 인들은 이방 신전의 제사에 의도적으로 참여하면서, 자신들이 지닌 지식 으로 이방 신전에서 먹는 우상에게 바친 제물이 결국은 우상숭배이며 이 를 통해 하나님의 진노를 불러일으킨다는 사실을 알아야만 했다. 바울 은 이와 같은 자신의 의도를 달성하기 위해 신명기 32장에 나타난 우상 숭배와 하나님의 진노 간의 관계를 끌어다 사용하고 있다. 바울은 신명기 32장이 우상숭배를 경고하는 구약 본문이기 때문에 고린도전서 10장에서 이에 호소한다. 물론 고린도전서 10:22에서 바울이 신명기의 하나님을 노엽게 하는 행동을 주(예수 그리스도)를 노엽게 하는 행동으로 해석하고 있음을 부인할 수는 없다. 그러나 주를 노엽게 한다는 고린도전서 10:22의 표현과 사상은 우상숭배를 통해 하나님을 노엽게 한다는 신명기 32:21에 철저히 근거하고 있다.

③ 이스라엘을 뒤따르는 반석

한 걸음 더 나아가, 신명기 32장은 고린도전서 10장뿐 아니라 더 큰 문맥인 고린도전서 8:1-11:1에서 바울이 윤리적 가르침을 주기 위해 어떻게 구약을 해석하고 있는지를 이해하는 데 빛을 던져준다. 우선, 바울의 구약 해석 중 가장 난해하게 보이는 구절은 '이스라엘 백성의 광야 생활'과 관련하여 이들을 뒤따르던 반석에 관한 고린도전서 10:4이다. 신령한 반석이 광야에서 이스라엘 백성을 따라갔다는 사상은 구약성경에서 직접 발견되지는 않는다.[26] 하지만 흥미롭게도 신명기 32장(히브리어 본문)이 하나님을 반석으로 표현하고 있다.[27] 신명기 32장은 구약성경에서 처음으

---

26 Gordon Fee는 그의 고린도전서 주석에서, 출애굽 세대를 따르던 바위에 관한 사상을 담은 유대 랍비 문헌들에 대해 언급하고 있다. Gordon Fee, *The First Epistle to the Corinthians*, 447-448.

27 Fee, *The First Epistle to the Corinthians*, 449. 또한 헤이스, 『고린도전서』, (서울: 한국장로교출판사, 2006), 278. Hays는 또한 그의 책 *Echoes of Scripture*에서 히브리어 구약성경과 70인역 간에 하나님을 반석이라 묘사하거나 하지 않는 차이를 설명하면서, 바울은 70인역과 히브리어 구약성경 사이의 차이를 알았지만 논증의 흐름을 방해하지 않으려고 이 설명을 훌쩍 건너뛰었다고 주장한다. 히브리어 구약성경과 달리 70인역 신명기는 하나님을 반석이라고 부르기를 거부한다. 아마도 70인역 번역자들은 우상이 돌들로 만들어져서 하나님을 반석이라고 부르면 하나님과 우상을 동일시하는 것으로 생각했기 때문에 반석을 문자

로 하나님을 반석이라고 비유하는 본문이기도 하다.[28] 신명기 32장 4절은 "그는 반석이시니"라고 말하고 있고, 15절은 하나님을 "자기를 구원하신 반석"이라고 부르며, 18절은 하나님을 '너를 낳은 반석'이라고 설명한다. 신명기 32장에 의하면 하나님만 반석이 아니라, 이방 신들도 반석이라고 불린다. 37절에 의하면 우상은 "그들이 피하던 반석"이라고 불린다. 그리고 이 우상으로서의 반석과 대조되는 존재가 "우리의 반석"(31절)이신 하나님이다. 따라서 바울이 하나님을 광야에서 이스라엘 백성을 따르던 신령한 반석이라고 설명하는 것을 충분히 이해할 수 있다. 다시 말해, 신명기 32장에서 모세는 하나님을 반석이라 부르고, 이 반석을 의인화하여 이스라엘 백성을 낳고 또 이들을 구원하는 주체인 하나님이시라고 비유하는데, 고린도전서에서 바울이 하나님을 반석이라 칭하고 이 반석을 의인화한 신명기 32장의 해석을 통해 하나님을 광야에서 이스라엘을 따르던 반석이라고 해석한 것은 조금도 우스꽝스러운 것이 아니다. 오히려 바울이 말하는 이스라엘 백성을 따르던 신령한 반석이라는 표현은 신명기 32장을 통해 이집트에서 나온 백성의 광야 생활을 설명하는 것으로, 분명 신명기 32장과 연속성이 있으며 해석의 타당성도 있다고 볼 수 있다. 물론 바울에게 이 반석은 구약의 하나님이 아니라 바울 시대의 예수 그리스도로 해석되고 있음을 부인할 수 없다(10:4).

적으로 하나님이라고 번역한 것 같다.

28 Duane L. Christensen, 『신명기(하)』, WBC 성경주석 시리즈 6(서울: 솔로몬, 2007), 566.

④ 아버지이신 하나님

바울은 고린도전서 8:6에서 하나님을 언급하면서 우리에게 하나님 곧 아버지가 계신다고 말한다. 하나님을 아버지라고 소개하는 것은 구약 신명기 32장과 관련하여 상당히 흥미로운 점이다. 바울은 확실히 예수 그리스도의 가르침을 반영하여 하나님을 아버지라고 부르고 있을 것이다. 바울이 하나님을 아버지라고 부르는 것은 예수께서 주기도문에서 제자들에게 하나님을 아버지라고 부르라고 하신 가르침(마 6:9, 눅 11:3)에 근거하고 있음이 확실하다. 하지만 바울이 고린도전서 8:6에서 하나님을 아버지라고 소개하는 것은 단순히 예수의 가르침에 근거한 것일 뿐만 아니라, 사실 그 뿌리에 신명기 32장이 자리 잡고 있음도 분명하다. 신명기 32:6은 하나님을 "네 아버지"라고 부른다.

> 고전 8:6 ἀλλ' ἡμῖν εἷς θεὸς ὁ πατὴρ ἐξ οὗ τὰ πάντα καὶ ἡμεῖς εἰς αὐτόν, καὶ εἷς κύριος Ἰησοῦς Χριστὸς δι' οὗ τὰ πάντα καὶ ἡμεῖς δι' αὐτοῦ.

> 신 32:6 ταῦτα κυρίῳ ἀνταποδίδοτε οὕτω λαὸς μωρὸς καὶ οὐχὶ σοφός οὐκ αὐτὸς οὗτός σου πατὴρ ἐκτήσατό σε καὶ ἐποίησέν σε καὶ ἔκτισέν σε

바울이 고린도전서 8장에서 하나님을 아버지라 부르는 것이 구약, 특히 신명기 32장의 하나님 호칭에 근거하고 있다는 것은 단지 아버지라는 단어에만 근거하는 것이 아니다. 이는 바울이 하나님을 아버지라 부르고 난 직후 하나님의 창조 사역(ἐξ οὗ τὰ πάντα)을 언급한다는 점에 의해서도 지지를 받는다. 바울은 고린도전서 8장 서두에서 하나님을 아버지라고 부르고, 아버지 되심의 근거로 하나님의 창조 사역을 언급함으로써 자기가 고린도전서 10장에서 본격적으로 언급할 우상에게 바친 제물 문제와 우상숭배의 심각성을 위한 토대를 고린도전서 8장에서 미리 마련하고 있다. 신명기 32장은 하나님을 아버지라고 소개(6절)하고, 이를 근거로 이스라엘 백성이 하나님을 버리고 우상에게로 돌아간 것(15절)이 어리석은 것일 뿐 아니라 하나님의 진노를 불러일으키는 것(16절)이라고 말한다. 이런 신명기 32장의 주제는 고린도전서 8장 및 10장의 주제와 매우 흡사하다. 이 점은 신명기 32장이 고린도전서 10장에서 바울의 가르침에 기본적인 틀을 제공하고 있을 뿐 아니라, 더 큰 문맥인 우상에게 바친 제물을 먹는 문제를 다루고 있는 고린도전서 8:1-11:1에서도 바울의 윤리적 권면의 기초가 되고 있음을 보여준다.

특히 신명기 32:6에서 하나님의 백성은 우상숭배 때문에 어리석고 지혜 없는 백성이라고 책망을 받는다.

신 32:6 λαὸς μωρὸς καὶ οὐχὶ σοφός

이 신명기 본문은 바울이 우상을 숭배하는 이스라엘의 행동이 결국 지혜 없는 행동이라는 신명기의 책망을 고린도 교인들이 우상에게 바친 제물을 먹는 문제와 연관시키고 있음을 보여주는 대목이다. 고린도 교인들의 지혜 자랑과 지식 자랑은 결국 우상에게 바친 제물을 먹는 문제에까지 이른다(고전 8:1-2). 고린도 교인들은 자신들이 지식과 지혜가 충만하다고 자랑해왔다. 우상에게 바친 제물을 먹는 문제에 있어서도 그들의 지식과 지혜 자랑이 연루되어 있다는 점은 바울이 고린도전서 8:1-2에서 "지식"(ἡ γνῶσις)에 대해 언급할 뿐만 아니라, 고린도전서 10:15에서 "나는 지혜 있는 자들(ὡς φρονίμοις)에게 말함같이 하노니"라는 구절에 반어적으로 표현되어 있다. 이에 대해 바울은 고린도전서 8:1-11:1에서 신명기 32장을 넌지시 암시하면서, 기독교 세례와 주의 만찬에 대한 잘못된 신념에 근거하여 의도적으로 이방 신전에 들어가 우상에게 바쳐진 제물을 먹는 행동을 비판한다. 그는 고린도 교인들의 이런 행동 자체가 자신들이 신명기 32장이 선언하고 있는 어리석고 지혜 없는 사람들(신 32:6)임을 증명해 보이는 것이라고 간접적으로 주장하고 있다.

⑤ 하나님의 미쁘심/신실하심

바울은 고린도전서 10:13에서 하나님이 미쁘시다고 선언한다. 하나님이 미쁘시다는 사상은 어디에서 왔을까? 흥미롭게도 이 사상도 바울이 신명기 32장에서 가져온 것이라고 볼 수 있다. 이 점은 고린도전서 10:13과 신명기 32:4의 두 본문에서 하나님을 똑같이 신실하신 분이라고 설명한다는 사실에 의해 명백히 뒷받침된다.

고전 10:13 πειρασμὸς ὑμᾶς οὐκ εἴληφεν εἰ μὴ ἀνθρώπινος· πιστὸς δὲ ὁ θεός, ὃς οὐκ ἐάσει ὑμᾶς πειρασθῆναι ὑπὲρ ὃ δύνασθε ἀλλὰ ποιήσει σὺν τῷ πειρασμῷ καὶ τὴν ἔκβασιν τοῦ δύνασθαι ὑπενεγκεῖν.

신 32:4 θεός ἀληθινὰ τὰ ἔργα αὐτοῦ καὶ πᾶσαι αἱ ὁδοὶ αὐτοῦ κρίσεις θεὸς πιστός καὶ οὐκ ἔστιν ἀδικία δίκαιος καὶ ὅσιος κύριος

고린도전서에서 하나님의 신실하심/미쁘심은 우상에게 바친 제물을 먹는 상황 가운데서 피할 길을 내신다는 내용과 관련이 있다. 이와 흡사하게 신명기 32장 본문은 우상을 숭배하는 신실하지 못한 이스라엘 백성 및 이와 대조되는 하나님의 신실하심/미쁘심을 날카롭게 비교한다. 신명기 32장 본문에 의하면 하나님은 우상숭배에 빠진 성실치 못한 이스라엘 백성에게 진노하시며 이들을 심판하시지만, 동시에 이들을 완전히 멸망시키지는 않으시고 다시 불쌍히 여기신다(36절). 따라서 이스라엘 백성을 심판하는 이방 나라(하나님의 백성이 아닌 자들)를 하나님이 심판하신다는 사상에 의해 하나님의 신실하심이 더 부각된다. 바울이 고린도전서 10:13에서 하나님의 신실하심을 이야기하는 것은 이렇듯 자기 백성을 향하신 하나님의 신실하심에 근거한 내용이라고 볼 수 있다.

라. 신명기 읽기의 요약

이제까지 분석한 고린도전서 8:1-11:1에 나타난 바울의 신명기 사용을 간략히 요약하면 다음과 같이 정리할 수 있다.

고린도전서 본문	신명기 본문	주제
8:4	6:4	하나님은 한 분이심
8:6	32:6	하나님은 아버지, 창조자이심
9:9	25:4	소의 입에 망을 씌우지 말라
10:4	32:4, 5, 18, 31	하나님은 반석
10:13	32:4	하나님은 미쁘심/신실하심
10:20	32:17	귀신에게 제사함
10:22	32:21	하나님을 분노케 함

지금까지 논의한 고린도전서 8:1-11:1에 나타난 바울의 신명기 읽기를 요약하자면, 신명기는 고린도전서 8:1-11:1에 묘사된 바울 윤리의 사상적 틀을 제공하고 있다. 신명기는 율법 그리고 모세 율법이라고 불린다. 바울은 신명기를 통해 구약 이스라엘 백성의 우상숭배를 접촉점으로 해서 하나님과 우상을 대조한다. 바울은 또한 신명기로부터 우상숭배에 빠진 이스라엘 백성의 불성실함과, 이에 반하는 유일하시고 신실하신 아버지 하나님 간의 대조를 읽어 내고 있다. 바울은 신명기 32장을 기반으로 고린도전서 8:1-11:1에서 이스라엘의 우상숭배가 하나님을 진노케 했다는 경고와 더불어, 우상숭배에 빠진 구약 백성의 어리석음을 통해 지식과 지혜를 자랑하는 고린도 교회 교인들의 어리석음을 드러내고 있다.

(3) 바울의 민수기 읽기

고린도전서 8:1-11:1에서 민수기는 바울에게 이스라엘 백성의 광야 생활과 그들의 실패를 상기시키는 동시에 고린도 교회의 방종을 이스라엘 백성의 실패를 통해 경고하는 역할을 한다.

바울은 민수기에서 백성의 원망과 그 결과로서의 죽음(민 14장/고전 10:5, 10), 고라 무리의 반역(민 16장), 반석에서 나오는 물(민 20장/고전 10:4), 그리고 음행과 우상숭배(민 25장/고전 10:8)를 거울 삼아 고린도 교회 교인들의 우상숭배를 구약 출애굽 백성의 광야 생활에 비추어 경계하고 있다. 그리고 민수기에 나오는 광야 생활의 실패는 고린도전서 8:1-11:1에서 단독으로 사용되지 않고 출애굽기와 함께 사용된다(홍해사건-출 14장/고전 10:1; 만나와 메추라기-출 16장/고전 10:3; 반석에서 나는 물-출 17장/

민 20/고전 10:4; 금송아지 사건-출 32장/고전 10:7).

3. 결론

바울의 윤리적 가르침은 구약을 그 기원과 배경의 하나로 삼고 있다. 바울에게 있어 모세 율법은 그리스도인들이 거기서 해방되어야 할 대상처럼 보이지만, 실제로는 그리스도인들에게 삶의 규범과 동기를 부여하는 내용을 담고 있다. 바울 윤리가 구약에 빚을 지고 있다는 사실은 그가 명시적으로 구약을 인용하는 구절뿐만 아니라 그가 선택한 단어 하나하나에도 반영되어 있으며, 더 나아가 그가 단순히 구약율법의 몇몇 구절을 임의로 사용하지 않고 해당 구절이 포함된 전체 문맥을 염두에 두고서 구약율법을 사용하고 있다는 관찰을 통해 더 분명해진다. 그리고 우리는 바울의 신명기 32장 사용이 보여주는 것처럼, 바울이 우상숭배 및 우상을 숭배하는 백성들의 어리석음에 대해 경고할 때 구약의 특정 본문의 틀에 윤리적 권면을 기초하고 있음도 보았다. 바울은 표면적으로 드러나는 구약 인용의 명시적 차원을 넘어, 그의 윤리적 권면을 더 폭넓게 그리고 더 섬세하게 모세 율법에 기대고 있다.

구약을 품은

신약 본문 해석

2부
—
요한계시록의

구약 사용

7장

요한계시록에서의
구약 사용 연구 동향

신약성경에서 요한계시록만큼 난해한 책도 드물 것이다. 이 책에서 사용되는 다양한 상징과 낯선 이미지들이 요한계시록의 의미를 파악하는 데 많은 어려움을 가져다주기 때문이다. 요한계시록에 등장하는 난해한 상징들과 이미지들은 도대체 어디서 온 것일까? 이 질문에 대한 답을 찾는 작업이 요한계시록 해석의 가장 중요한 부분을 차지해왔다. 요한계시록의 상징과 이미지를 해석할 때 크게 두 가지 배경으로 해석하는 경향이 있다. 먼저 그리스-로마의 신화적 배경 아래서 요한계시록을 해석하는 움직임이 있다. 이는 요한계시록이 그 당시의 신화적 틀을 가져다 사용하면서 기독교적으로 재해석한다는 견해다. 두 번째 입장은 구약과 유대교의 배경으로 요한계시록의 상징들을 해석하는 부류다. 이 입장은 요한계시록이 당대의 신화적 배경을 사용하기보다는 구약의 예언서에서 사용되는 다양한 상징과 이미지를 끌어다 기독교적 메시지를 전달하려고 했다고 본다. 이 장에서는 두 번째 부류의 입장을 살펴보면서 요한계시록에 사용된 구약 본문들을 분석하는 연구 동향을 개관하고 설명하여 요한계

시록 이해에 도움을 주고자 한다.[1]

1. 구약 사용 판단 기준

요한계시록은 구약을 직접 인용한다고 보기에는 바울 서신에 등장하는 것과 같은 '인용 도입구'(예를 들면 "기록된 바…")가 발견되지 않는다. 따라서 요한계시록에는 인용 도입구를 가진 구약 본문의 직접 인용문을 찾아보기가 어렵다. 하지만 직접 인용구가 없다는 이유만으로 구약이 사용되지 않았다고 말하는 것은 속단이다. 요한계시록은 거의 모든 구절마다 구약을 머금고 있기 때문이다. 구약의 직접 인용은 아니지만, 암시나 반향이 요한계시록 본문에 엄연히 존재한다.

하지만 요한계시록의 특정 본문 혹은 이미지나 상징이 구약에서 왔다고 판단할 수 있는 객관적 기준이 있어야 한다. 그렇지 않으면 주관적이고 임의적인 판단으로 어느 특정 본문이 구약에서 왔다고 주장할 수 있기 때문이다. 암시는 인용과 구별된다. '인용'은 인용 도입구와 같이 사용되는 구약 본문이나, 인용 도입구는 없지만 문장이나 절 혹은 어구 차원에서 구약 본문과 매우 흡사한 문자적 유사성을 가진 신약의 구약 사용을 가리킨다. 반면에 '암시'는 직접 인용문으로 분류될 수는 없지만 구약 본문과 매우 흡사해 보이는 신약에서의 구약 사용을 의미하며 구약에

---

1   이 글은 한국성서학연구소가 발간하는 「성서마당」 2016년 겨울호의 '최근 성서학 연구동향'란에 실린 기고문을 약간 수정한 글이다.

서 그 본문의 기원을 추적할 수 있는 구약 사용을 의미한다. 마지막으로 '반향'은 언뜻 보기에는 문장이나 절 혹은 어구 차원에서 구약의 어느 본문과도 일치하지 않지만 그럼에도 구약 본문에서 그 뿌리를 찾을 수 있는 신약에서의 구약 사용을 가리키는 용어다. 과거에는 신약 본문에서 사용되는 구약 본문을 연구할 때 인용이나 암시만을 대상으로 삼고 분석했다. 그 이유는 인용과 암시에만 저자의 의도가 존재한다고 보았기 때문이다.

인용은 어느 정도 쉽게 이해할 수 있어서 큰 문제가 되지 않지만, 암시의 경우 세분화된 논의가 진행되어오고 있다. 예를 들면 비일은 암시를 단순히 하나의 범주로만 보지 않고 이를 좀 더 나누어 '분명한 암시'(clear allusion), '개연성 있는 암시'(probable allusion) 그리고 '가능한 암시'(possible allusion)로 구분한다.[2] 그에 의하면 '분명한 암시'는 단어들이 구약 본문과 거의 다 일치하고, 중요한 의미를 공유하고 있으며, 다른 자료들로부터 왔다고 판단할 수 없는 경우를 가리킨다. '개연성 있는 암시'는 비록 단어들이 구약 본문과 같지는 않지만 단어나 개념 혹은 개념의 구조가 특정 구약 본문에서 왔다고 추측할 수 있는 경우를 지칭하는 용어다. 그리고 '가능한 암시'는 단어들이 대체로 구약 본문과 비슷하고, 어구나 개념도 비슷한 경우를 가리킬 때 사용하는 용어다. 사실 요한계시록에서의 구약 사용을 분석하는 학자들은 비일의 구분법과 용어에도 문제가 있다고 본다. 가장 큰 문제는 용어 사용에서 일관성의 결여다.[3] 명확한 기준이 제

---

2   G. K. Beale, *The Book of Revelation: A Commentary on the Greek Text* (Grand Rapids: Eerdmans, 1999), 78.

3   Jon Paulien, "Criteria and the Assessment of Allusions to the Old Testament in the Book

시되지 않은 상태에서 비일이 암시를 세 가지로 분류하다 보니 그것이 독자들에게 혼란만 준다는 비판이 제기된다. 이처럼 구약 사용 여부의 판단에 관한 기준이 모호하다 보니 모이스 같은 학자는 바울 서신에서의 구약 사용 분야에서 도입된 헤이스의 방법론을 그대로 수용한다. 그리고 그는 인용, 암시, 반향을 다 아우르는 폭넓은 개념으로서 상호본문성이라는 단어를 사용하자고 제안한다.[4] 바울 서신의 경우 헤이스의 영향으로 학자들은 인용, 암시 그리고 반향의 세 분류조차도 고전적인 분류로 보고 이제 반향처럼 보이는 구절도 자세히 분석해 보면 구약을 사용하려는 저자의 의도가 숨겨졌을 수 있다는 입장을 취한다.[5]

인용과 암시 그리고 반향이라는 분류의 관점에서 보면 요한계시록에 나타난 구약 사용의 특징은 암시나 반향이라고 볼 수 있다. 직접 인용구를 가진 구약 본문이 요한계시록에 등장하지 않기 때문이다. 암시와 반향도 중요한 구약 사용이라는 인식이 확산되면서 요한계시록에 겉보기와는 다른 섬세한 구약 사용이 존재한다는 사실이 주목받게 되었다.

---

of Revelation," *Studies in the Book of Revelation*, Steve Moyise ed., (Edinburgh: T&T Clark, 2001)에 수록된 글.

4 Steve Moyise, "Intertextuality and the Study of the Old Testament in the New Testament," *The Old Testament in the New Testament: Essay in Honour of J. L. North*, Steve Moyise ed., (Sheffield: Sheffield Academic Press, 2000), 14-41에 수록된 글.

5 Richard B. Hays, *Echoes of Scripture in the Letters of Paul* (New Haven: Yale University Press, 1989)

2. 요한계시록에서의 구약 사용 연구

(1) 구약 사용 이유

요한계시록에 나타난 구약 사용을 분석하기 위해서는 가장 본질적인 해석학적 질문으로부터 논의를 시작해야 한다. 저자 요한이 요한계시록에서 구약을 빈번히 사용하는 이유가 무엇인가? 이 질문에 대한 답을 찾아야만 요한계시록이 구약을 사용하는 의도를 찾을 수 있다. 우선, 요한계시록 저자가 경험한 계시의 독특성에서 그 답을 찾을 수 있다. 요한이 경험한 환상은 어느 누구도 경험하지 못한 매우 독특한 사건이다. 그리고 요한은 이 환상을 소아시아 일곱 교회 성도들에게 설명하기 위해서 그들이 이미 알고 있는 배경 지식과 사건에 호소할 수밖에 없었다. 이 점은 결국 저자가 요한계시록의 수신자와 공통으로 알고 있는 구약성경을 사용하게 만드는 이유가 된다. 둘째, 우리는 요한계시록이 전달하고자 하는 내용의 측면에서 요한계시록 저자가 구약을 사용한 이유를 찾아야 한다. 저자는 요한계시록에서 단순히 계시의 정보만 전달하는 것이 아니라, 자신이 경험한 감정과 느낌도 전달하고자 한다. 이런 이유로 요한은 구약성경에서 사용된 상징과 이미지들을 사용했다고 볼 수 있다.[6] 마지막 세 번째 이유는 요한계시록을 쓴 목적과 관련이 있다. 요한계시록의 수신자들인 소아시아 일곱 교회 성도들은 자신들의 영적인 상태가 어느 정도로 심

---

6   G. K. Beale, *The Book of Revelation*, NIGTC (Grand Rapids: Eerdmans, 1999[『NIGTC 요한계시록』, 새물결플러스 역간]), 96.

각한지에 대해 무지하다. 따라서 이들에게 자신들의 영적 현주소를 파악하게 하여 그들을 각성시키기 위해서 저자는 충격요법을 사용할 수밖에 없다.[7] 그리고 이런 효과를 달성할 수 있는 재료를 저자가 구약 특히 예언서의 상징과 이미지들에서 찾았다고 볼 수 있다.

(2) 구약 본문형태

요한이 요한계시록에서 구약을 사용하면서 참고한 구약 본문의 형태는 무엇이었을까? 요한계시록 저자는 히브리어 구약 본문(Hebrew Bible/MT)을 참고했는가, 아니면 히브리 성경의 그리스어 번역본인 70인역을 사용했는가? 이 질문과 관련하여 적잖은 논란이 있었다. 찰스와 같은 학자는 요한계시록이 사용하는 구약 본문이 히브리어 구약 본문이라고 주장했다.[8] 찰스와 유사한 견해를 보이는 학자는 톰슨이다.[9] 그는 요한계시록에 나오는 동사의 상당수가 히브리어적인 의미가 있다는 것을 발견했다. 그는 요한계시록의 동사를 포함한 문장구조(syntax)가 히브리어의 영향을 받았다고 주장한다. 결론적으로 톰슨은 요한계시록에서 사용된 그리스어는 유대식 그리스어(Jewish Greek)라고 결론짓는다.[10] 그러나 스위트는 요한계시록에서 사용된 구약 본문이 히브리어 구약 본문이라는 점에 동의

---

7 참고 G. K. Beale, "The Purpose of Symbolism in the Book of Revelation," *CTJ* 41, (2006), 62.

8 R. H. Charles, *Studies in the Apocalypse* (Edinburgh, T&T Clark, 1913), 79-102.

9 Steven Thompson, *The Apocalypse and Semitic Syntax* (Cambridge: Cambridge University Press, 1985.

10 Steven Thompson, *The Apocalypse and Semitic Syntax,* 108.

하지 않는다. 대신에 그는 요한계시록에서 사용되는 구약 본문이 70인역에서 온 것이라고 보았다.[11]

하지만 최근 학자들(예를 들면, 비일과 쾨스터)은 요한계시록 저자가 히브리어 구약 본문과 그리스어 구약 본문을 둘 다 사용했다는 데 대해 어느 정도 의견의 일치를 보이는 듯하다.[12] 요한계시록에 사용된 구약 본문들을 추적해 보면 특정 본문은 그리스어 구약 본문과 문자적으로 흡사한 대목이 있는가 하면, 다른 본문들에서는 히브리어 구약 본문과 매우 유사한 대목이 등장한다는 본문상의 증거들이 나타나기 때문이다. 신약의 저자들은 대개 어느 구약 본문 가운데 히브리어 본문을 선호하거나 70인역 본문을 자주 사용하는 경향이 있다. 그러나 요한계시록에는 독특하게도 히브리어 구약 본문과 그리스어 구약 본문이 공존한다는 특징이 있다. 그것은 요한계시록 저자가 히브리어와 그리스어라는 이중 언어에 익숙한 사람이었고, 두 형태의 본문 사이를 자유자재로 오가며 사용할 수 있는 사람이었기 때문에 가능했던 것으로 보인다.

(3) 구약의 문맥 존중 여부

요한계시록의 구약 사용과 관련하여 저자 요한이 구약의 원래 문맥을 존중하는가 아니면 왜곡하는가가 가장 첨예한 논쟁거리다. 다시 말해 요한계시록 저자가 구약에 나오는 상징과 표현만을 가져다 사용하는가 아니

---

11 H. B. Swete, *The Apocalypse of St. John* (London: Macmillan, 1917), cxl-clv.
12 G. K. Beale, *The Book of Revelation*, 78; Craig R. Koester, *Revelation* (New Haven: Yale University Press), 123

면 구약의 원래 문맥, 즉 역사적 맥락이나 문학적 맥락을 염두에 두면서 사용하는가가 논쟁거리가 되어오고 있다. 요한계시록 연구에서 이 두 논쟁을 대변하는 학자들은 모이스와 비일이다. 모이스는 요한계시록 저자가 구약을 사용할 때 구약의 원래 문맥에는 별로 관심이 없다고 본다.[13] 대신에 그는 구약 본문이 요한계시록이라는 새로운 문맥에서 조성해 내는 수사학적 효과에 더 관심이 많다. 그의 주장을 쉽게 설명하기 위해서 오케스트라를 연주하는 악기의 비유를 들 수 있다. 그는 오케스트라가 음악을 연주할 때 사용되는 악기들이 언제 만들어졌고, 가격이 얼마이고, 몇 년 된 악기인가를 분석하기보다는 악기 하나하나가 어우러져 만들어내는 화음을 감상하는 것이 상식인 것처럼, 요한계시록 저자의 구약 사용도 마찬가지 원리로 읽어야 한다고 본다.[14] 다시 말해 그는 요한계시록에 사용되는 구약 본문의 출처가 어디이고, 원래 문맥에서 어떤 의미로 사용되었는지를 추적하거나 분석하지 말고, 그것들이 요한계시록 본문 안에서 만들어내는 의미와 수사학적 효과를 분석해야 한다고 주장한다.

이와 반대로 비일은 요한계시록 저자가 구약의 특정 본문을 사용할 때는 그 본문의 협의의 문맥(근접문맥)이든 광의의 문맥(원격문맥)이든 혹은 역사적 맥락이든 반드시 구약의 원래 문맥 안에서 지녔던 의미를 찾아야 하고, 이 원래 의미의 틀 안에서 요한계시록 본문의 의미를 추출해야

---

13 Steve Moyise, *The Old Testament in the Book of Revelation* (Sheffield: Sheffield Academic Press, 1995), 139-146. Moyise의 입장에 대한 좀 더 세밀한 비평적 고찰은 G. K. Beale, *John's Use of the Old Testament in Revelation* (Sheffield: Sheffield Academic Press, 1998), 49-59를 참고하라.

14 Steve Moyise, "The Use of the Old Testament in the Book of Revelation" (PhD dissertation, University of Birmingham, 1993), 234 각주 16 참고.

한다고 본다.[15] 그는 이를 설명하기 위해 '씨앗'의 비유를 든다.[16] 나무는 씨앗에서 자란다. 여기서 나무는 신약성경에 사용된 구약 본문이고, 씨앗은 구약에 있던 원래 의미다. 나무와 씨앗은 서로 다르지만, 씨앗이 자라서 나무가 된다는 점은 확실하다. 씨앗과 나무 사이에는 유기적 연속성이 존재한다. 그는 이 유비에 의하면 신약에서 사용된 구약 본문의 의미가 구약의 원래 의미와 항상 동일한 것은 아니지만, 신약에서 그것의 의미는 항상 구약의 원래 의미에서 발전하는 것이지, 구약의 원래 의미와 완전히 단절되거나 불연속적인 것은 아니라고 본다.

요한계시록의 구약 사용에서 저자 요한이 구약의 원래 문맥의 의미를 존중하고 있는가가 계속 논란이 되고 있다. 하지만 최근 들어 학자들은 저자 요한이 구약을 사용할 때 구약의 원래 문맥과 의미를 염두에 두면서 사용하고 있다고 보는 데 대체로 의견일치를 보인다.

(4) 요한계시록에서의 구약 사용 연구 동향

전술한 바와 같이 요한계시록에는 구약에 등장하는 다양한 상징과 이미지들이 본문에서 암시나 반향이라는, 인용의 형태가 아닌 간접 사용의 형태로 채용되고 있다. 요한계시록에서 가장 비중 있게 사용되는 구약성경은 시편, 다니엘서, 에스겔서, 이사야서 등이다. 지금까지 요한계시록

---

15 G. K. Beale, *The Book of Revelation*, NIGTC (Grand Rapids: Eerdmans, 1999[『NIGTC 요한계시록』, 새물결플러스 역간]), 98.

16 G. K. Beale, *Handbook on the New Testament Use of the Old Testament: Exegesis and Interpretation* (Grand Rapids: Baker, 2012), 27.

에 나타난 구약 사용은 빈번하게 사용되는 이 책들을 중심으로 연구되어
왔다.

우선, 요한계시록에서 사용되는 이사야서를 종합적으로 분석한 학자
는 페케스다.[17] 그는 요한계시록에 나타난 이사야서 사용 기준을 확실한/
거의 확실한 암시(certain/vertually certain allusion), 개연성 있는 암시(probable
allusion), 그리고 가능성이 낮은/의심스러운 암시(unlikely/doubtful allusion)
로 구분했다. 그는 또한 요한계시록에서 사용된 이사야 본문을 주제에 따
라 분류하면 (1) 환상 경험과 표현(사 6:1-4), (2) 기독론적 호칭들과 묘사
(사 11:4, 10; 22:22; 44:6; 65:15), (3) 종말론적 심판을 묘사하는 데 사용된
본문들이 있다고 보았다. 그는 이 심판과 관련해서는 거룩한 전쟁 및 주
의 날과 관련된 표현(사 2:10, 19; 34:4; 63:1-3), 열방에 대한 심판 예언(사
13:21; 21:9; 23:8, 17; 34:9-14; 47:7-9)이 해당한다고 주장했다. 마지막으
로 그는 (4) 종말론적 구원을 묘사하는 데 있어 이사야 본문이 사용되고
있다고 결론짓는다. 그는 이 마지막 부류에 해당하는 내용에는 미래구원
에 대한 예언(사 65:15/62:2; 61:10; 60:14/49:23; 43:4; 49:10; 25:8b), 갱신에
관한 예언(사 65:15-20a; 25:8ab; 43:18, 19; 55:1), 그리고 새 예루살렘에 관
한 예언(사 52:1; 54:11-12; 60:1-3, 5, 11, 19)이 포함된다고 보았다.

요한계시록에서 가장 많이 사용된 시편에 관한 연구는 소논문의 형
태로 모이스에 의해 분석되었다.[18] 모이스는 요한계시록에 나타난 시편

---

17 Jan Fekkes, *Isaiah and Prophetic Traditions in the Book of Revelation: Visionary Antecedents
    and their Development* (Sheffield: Sheffield Academic Press, 1994). G. K. Beale, *John's Use of
    the Old Testament in Revelation* (Sheffield: Sheffield Academic Press, 1998)의 제1장에서도
    요한계시록에서의 구약 사용 연구에 관한 학계의 동향을 개관해 놓았다.
18 Steve Moyise, "the Psalms in the Book of Revelation," *The Psalms in the New Testament*,

의 사용 유형을 4가지로 분류해서 정리했다. 그는 우선 인용 도입구는 없지만 인용이라고 볼 수 있는 시편들로 시 2:1-2, 8-9; 86:8-10; 89:28, 38을 제시한다. 그는 두 번째 부류로 한 단락에서 주요한 주제를 제공하는 시편들이 있다고 주장한다. 그는 이 주제들에는 (1) 우상숭배에 빠진 열방에게 내려지는 하나님의 심판, (2) 열방의 구원, (3) 하나님의 백성을 위한 구원을 나타내는 이미지들, (4) 하나님의 기름 부음 받은 자의 속성들이 있다고 보았다. 시편에 관한 모이스의 결론은 요한계시록 저자가 시편을 예언적인 책으로서 새 시대에 성취되어야 할 예언을 담고 있는 책이라고 보았다는 것이다.

　　요한계시록에서 사용되는 다니엘서를 집중적으로 연구한 학자는 비일이다.[19] 다니엘서는 요한계시록에 나오는 여러 중요한 상징들을 제공하는 책이다. 다니엘 7장의 보좌 환상은 요한계시록 5장의 하늘 보좌 환상과 관련이 있다. 또한 다니엘서에 등장하는 네 짐승은 요한계시록 13장에 나오는 바다짐승의 배경이 된다. 비일은 다니엘서가 요한계시록의 구조적 틀에서 중요한 대목마다 사용된다는 점을 밝혔다. 그는 요한계시록 저자가 다니엘서를 사용한 이유를 저자가 경험한 환상을 인간의 용어로 설명할 수 없었기 때문에 기존에 존재하던 다니엘서의 환상에 호소한 것이라고 본다. 그는 이 다니엘서의 환상 본문들이 일종의 "자석"으로 작용하고 이와 비슷한 다른 구약 본문들이 "자석"과 같은 다니엘서의 환상 본

Steve Moyise & Maarten J. J. Menken eds., (London: T&T Clark, 2004): 231-246에 수록된 글.

19　G. K. Beale, *The Use of Daniel in Jewish Apocalyptic Literature and in the Revelation of St. John* (Lanham: University Press of America, 1984).

문들과 결합하여 요한이 경험한 환상의 의미를 전달하는 데 사용된다고 주장했다.

그 외에 요한계시록에 나타난 스가랴서 사용을 분석한 단행본도 있다. 자우히아이넨은 요한계시록에서 사용되고 있는 스가랴서를 종합적으로 분석한 후 이곳에서 세 가지 주제가 주로 사용됨을 발견했다.[20] 이 세 가지 주제는 (1) 실현되었거나 임박한 회복의 증후들, (2) 야웨의 오심, 그리고 (3) 종말론적 성전의 건설이다. 그에 의하면 이 세 가지 주제는 결론적으로 하나님의 백성의 회복이라는 더 큰 주제를 형성하고 있다. 그는 또한 요한계시록 저자가 스가랴서를 무질서하게 채용하는 것이 아니라 스가랴서에 나오는 시간 순서를 따라 사용하고 있다는 점을 발견했다. 예를 들면 말들과 "언제까지니이까?"(how long)라는 질문이 먼저 오고 그 후 회복에 관한 묘사가 등장한다. 또한 하나님의 백성이 회복된 후 자연 세계의 변화에 관한 이야기가 나온다. 스가랴서에 나오는 이 순서는 요한계시록에서 그대로 등장하고 있다. 따라서 야우히아이넨은 요한계시록 저자가 스가랴서에 나오는 이야기 순서를 따라가며 스가랴서를 사용하고 있다고 주장한다.

3. 결론과 전망

요한계시록의 구약 사용 연구는 요한계시록의 난해한 상징과 이미지들

---

20 Marko Jauhiainen, *The Use of Zechariah in Revelation* (Tübingen: Mohr Siebeck, 2005).

의 의미를 밝히는 데 중요한 해석의 빛을 던져왔다. 비일과 카슨은 공동으로 "신약에서의 구약 사용 주석"(Commentary on the New Testament use of the Old Testament)을 편집했다. 이 주석에 요한계시록에 관한 중요한 글이 있다. 그리고 비일이 쓴 요한계시록 주석(*The Book of Revelation: A Commentary on the Greek Text*, New International Greek Testament Commentary 시리즈, 1999)은 요한계시록에서 사용된 구약 본문들의 존재를 체계적으로 분석한다는 점에서 그 가치를 인정받는 훌륭한 주석이다.

지금까지 요한계시록에서 직접적인 인용 형태가 아닌 간접적 암시와 반향의 형태로 사용된 구약을 어떻게 추적하고 분석하느냐와 관련된 구약 사용 판단의 객관적 기준에 관한 연구들이 지속적으로 이루어져왔다. 또한 요한계시록에서 사용되는 구약 예언서 중심의 연구가 이루어져왔다. 따라서 이사야서, 다니엘서, 에스겔서 그리고 스가랴서 등이 주로 주목을 받아왔다. 나도 요한계시록의 요엘서 사용에 관한 연구를 수행한 바 있고, 또한 요한계시록에서 사용된 소돔 모티프를 분석한 소논문을 쓰기도 했다. 나는 이제 학계에서 요한계시록에서 사용된 책별 연구와 더불어 모티프 연구, 혹은 주제 중심의 연구가 좀 더 활발하게 일어나리라고 전망한다. 요한계시록은 천상의 환상을 구약의 언어와 표현과 주제로 풀어가고 있기 때문이다. 과거에도 그랬지만 앞으로도 더욱 요한계시록은 신약의 구약 사용 연구 분야에서 지속적인 주목을 받는 책이 될 것이며, 이 방법론으로 요한계시록을 읽을 때 얻어지는 해석상의 유익과 주해상의 통찰력이 많아질 것이다.

요한계시록에서의
소돔 모티프 사용

요한계시록에는 다양한 구약 본문들 및 구약으로부터 온 이미지들이 사용된다.[1] 따라서 구약 본문과 구약 이미지들 그리고 요한계시록 본문과의 상호연관 관계를 고려하지 않고는 요한계시록을 해석하기가 어렵다. 이미 잘 알려진 대로, 요한계시록의 상징과 이미지들은 여러 구약 예언서로부터 많은 영향을 받았다. 이사야서, 예레미야서, 에스겔서 그리고 다니엘서는 요한계시록의 뼈대를 이루는 구약 본문들을 담고 있다. 또한 구약에서 중요한 출애굽 모티프는 요한계시록의 세 재앙 시리즈(6-16장)의 근간을 형성하고 있으므로 출애굽 모티프와 이 세 재앙 시리즈의 상관관계를 도외시하면 요한계시록이 무분별한 해석의 놀이터가 될 가능성이 있다.

이 장에서는 요한계시록에서 사용되고 있는 소돔 모티프를 분석하고자 한다.[2] 외관상 요한계시록에서 소돔이 직접 언급되는 본문은 요한계

---

1 이 글은 한국 복음주의 신약학회 학술지인 「신약연구」 (2013년 가을호): 605-631에 "요한계시록에서의 소돔 모티프 사용"이라는 제목으로 실린 나의 논문이다.

2 M. H. Abrams의 문학용어사전에 의하면 '모티프'(motif)는 소설, 시 같은 하나의 문학 단위에서 반복적으로 등장하는 중요한 어구, 일정한 묘사, 일련의 이미지들(the frequent repetition of a significant phrase, or set description, or complex of images, in a single work)

시록 11:8뿐이다. 소돔이라는 지명이 명시적으로 제시되는 본문이 희소하기 때문에 우리는 요한계시록에서 소돔 모티프가 중요하게 사용되었는지 의구심을 가질 수도 있다. 한 번만 사용된 소돔이라는 명칭을 가지고 요한계시록에 사용된 소돔 모티프를 분석하려는 시도는 자칫 사막에서 신기루를 실재인 것처럼 생각하는 것만큼이나 허황되게 보일 수도 있는 작업이다. 이렇듯 소돔이라는 지명이 단 한 번 사용되었다는 점을 제외하면 요한계시록에 소돔과 관련된 내용이 희소하기 때문에 이 주제와 관련된 논문들을 찾아보기 어렵다는 것은 일면 이해할 수 있다. 대부분의 요한계시록 관련 논문들이나 주석들은 체계적으로 소돔 모티프를 다루고 있지 않다. 소돔과 관련해 요한계시록 본문을 해석하려는 지금까지의 작업도 앞서 언급한 요한계시록 11:8에만 국한되었다.

이 장은 소돔 모티프와 관련해 미진한 요한계시록 연구의 경계선을 한 발자국 더 확장해보려는 시도다. 나는 소돔 모티프를 분석하면서 명시적으로 소돔이 언급된 요한계시록 11장뿐만 아니라, 요한계시록 전반에 걸쳐 암시적으로 사용되고 있는 소돔 모티프를 분석하여 소돔 모티프가 요한계시록의 중요한 문맥들에서 채용되고 있음을 보여주고, 이를 토대로 소돔 모티프가 요한계시록에서 사용되는 의도를 파악해보고자 한다.

을 가리킨다. M. H. Abrams, *A Glossary of Literary Terms*, 5판 (New York: Holt, Rinehart & Winston, 1988), 110.

1. 소돔 모티프에 관한 기존 연구

우선 소돔 모티프를 다루고 있는 연구들을 살펴볼 필요가 있다. 나는 이를 통해 요한계시록에 등장하는 소돔 모티프를 체계적으로 분석한 시도는 거의 없었음을 보여주고, 더 나아가 요한계시록에서 폭넓게 사용되고 있는 소돔 모티프의 분석을 통해 이 모티프가 가지고 있는 신학적 메시지를 찾아내는 일이 필요함을 보여줄 것이다. 소돔과 고모라 이야기에 관한 해석 및 후대 문헌에서 이 이야기를 어떻게 해석했는지를 다루는 책들과 소논문은 방대하다.[3] 나는 방대한 자료 가운데 여기서는 우리의 연구 주제와 관련이 있는 문헌들에 국한해 논의를 집중하려고 한다. 따라서 나는 소돔과 요한계시록 간의 관계를 다루고 있는 연구 혹은 구약 이후 후대 문헌에 사용되고 있는 소돔 모티프를 다룬 문헌을 중심으로 살펴볼 것이다.

우선, 소돔 모티프를 체계적으로 분석한 최초의 학자 가운데 한 사람으로 로더를 들 수 있다.[4] 그의 책 제목(『두 도시 이야기: 초기 유대교 및 초기 기독교 전통에 나타난 구약성경에서의 소돔과 고모라』)이 암시하듯이 로더는 소돔과 고모라 이야기에 관해 구약성경, 초기 유대교 문헌, 필론과 요세푸스 그리고 랍비문헌, 마지막으로 신약성경과 교부문헌들에 사용되는 본

---

3 창 18-19장에 기록된 소돔 내러티브와 후대의 해석에 관한 방대한 문헌들을 한눈에 볼 수 있는 참고문헌이 다음 단행본에 편리하게 정리되어 있다. Ed Noort and Eibert Tigchelaar, *Sodom's Sin: Genesis 18-19 and its Interpretations* (Leiden/Boston: Brill, 2004), 189-193.

4 J. A. Loader, *A Tale of Two Cities: Sodom and Gomorrah in the Old Testament, early Jewish and early Christian Traditions* (Contribution to Biblical Exegesis and Theology 1; Kampen: J. H. Kok Publishing House, 1990).

문들을 분석하는 방대한 작업을 한다. 로더의 연구는 소돔과 고모라 이야기가 시대를 초월해 얼마만큼 광범위하게 다양한 저자들과 여러 문헌들에 영향을 미쳤는가를 보여주는 데 큰 의의가 있다. 그의 연구의 결론은 두 가지다.[5] 첫째, 그는 창세기 18-19장이 하나의 문학 단위라고 주장한다. 둘째, 그는 창세기 18-19장의 내러티브가 풍부한 전승들에 영감을 주었다고 결론짓는다. 그러나 소돔과 고모라 전승에 관한 방대하고 체계적인 분석에도 불구하고, 요한계시록에서 사용된 소돔 모티프 혹은 전승에 관한 그의 논의는 겨우 한 단락(paragraph) 정도에 불과하다. 그는 요한계시록 11:8에 등장하는 소돔이라는 지명의 기능을 경멸조의 이름(derogatory name)이라고 규정하고 소돔이라는 지명이 이런 의미로 사용되는 이유를 소돔이 모든 도시 가운데 가장 사악한 도시였기 때문이라고 설명한다.[6] 그리고 그는 요한계시록에서 사용되는 불과 유황 이미지가 창세기 19:24에 기록된 심판의 모티프에서 영향을 받았을지도 모른다고만 간략히 언급하고 지나간다.[7] 그의 논문은 불과 유황 이미지가 소돔 심판의 모티프에서 왔을 가능성을 발견했다는 의의에도 불구하고, 이 모든 내용을 논증하는 것이 아니라 간략하게 한두 문장으로 언급하고 넘어간다는 한계를 안고 있다.

필즈는 소돔과 고모라 이야기를 모티프라는 관점으로 연구한 학자다.[8] 그는 모티프의 뜻이 무엇인가에서부터 시작해 소돔과 고모라 내러

5　Loader, *A Tale of Two Cities*, 139-140.
6　Loader, *A Tale of Two Cities*, 126.
7　Loader, *A Tale of Two Cities*, 126.
8　Weston W. Fields, *Sodom and Gomorrah: History and Motif in Biblical Narrative* (JSOTSup 231, Sheffield: Sheffield Academic Press, 1997).

티브가 가지고 있는 주요 핵심 모티프와 보조 모티프(submotifs)를 나누어 분석하는 치밀한 연구를 진행한다. 그는 모티프의 정의를 다루면서 모티프를 반복적으로 등장하는 주제나 사건 혹은 상황이라고 규정하는 일반적인 정의에 동의하면서도, 동시에 탈몬(Talmon)의 개념을 수용해 모티프를 '추상적인 생각에 관한 요약적 기표'(condensed signifiers of speculative thought)라고 본다.[9] 다시 말해 그는 성경의 모티프를 성경을 기록한 사람들 혹은 편집자들의 생각과 사고를 요약적으로 보여주는 것이라고 정의한다.[10] 그는 소돔 내러티브에서 중요한 모티프는 '한 사회의 나그네(외부인)에 대한 불공정한 대우'라고 주장하고, 보조 모티프로 낯선 사람에 대한 성적 학대, 불로 멸망 당함 등이 있다고 분석한다. 마지막으로 그의 연구는 구약성경에서 소돔 모티프가 사용되거나 확대 재사용되고 있는 본문들을 다루는 치밀함을 보인다. 모티프라는 관점에서 소돔 모티프를 누구보다 종합적으로 다룬 그의 노력에도 불구하고 요한계시록에서의 소돔 모티프 사용은 그의 연구의 관심사가 아니기 때문에 그의 글에서는 요한계시록에 대한 논의 자체를 찾아보기 어렵다. 그의 연구의 초점이 주로 구약성경에서 소돔과 고모라 모티프가 어떻게 사용되었는가에 머물고 있기 때문이다.

피어볼트는 요한계시록에 나타난 소돔 모티프를 어느 정도 집중적으로 다루었다고 볼 수 있다.[11] 그의 소논문이 수록된 단행본(*Sodom's Sin:*

---

9   Fields, *Sodom and Gomorrah*, 16.

10   Fields, *Sodom and Gomorrah*, 19.

11   Bert Jan Lietaert Peerbolte, "Sodom, Egypt, and the Two Witnesses of Revelation 11:8," Ed Noort & Eibert Tigchelaar eds., *Sodom's Sin: Genesis 18-19 and its Interpreters* (Themes in Biblical Narrative 7; Leiden/Boston: Brill, 2004)에 수록된 글.

Genesis 18-19 and its Interpreters)은 창세기 18-19장에 기록된 소돔 내러티브가 후대 문헌에서 어떻게 받아들여져 사용되었는지를 다루는 소논문들을 수록해 놓았고, 그중 피어볼트의 논문은 특별히 요한계시록에서의 이 주제를 다루었기 때문에 나의 논문과 많은 부분에서 관심사가 비슷하다. 그러나 피어볼트의 연구는 요한계시록 11:8에 등장하는 소돔이라는 상징적 지명이 왜 예루살렘을 가리키는지를 밝히는 데 주목적이 있다. 피어볼트는 소돔과 애굽이라는 지명은 바벨론(로마 제국)이 아닌 예루살렘을 가리키는 지명이며, 이 두 지명은 예루살렘이 불경건하고 억압적인 성격을 지닌 도시라는 것을 상징한다고 결론짓는다.[12] 피어볼트의 논문은 소돔이라는 지명이 명확하게 나오는 요한계시록 11장에만 국한해서 소돔 모티프를 연구하는 제한성을 보여준다. 나는 이 장에서 요한계시록 11장뿐만 아니라 요한계시록 전반에 걸쳐 암시적으로 사용되고 있는 소돔 모티프를 대상으로 요한계시록에 나타난 소돔 모티프의 기능을 분석해 피어볼트의 한계를 넘어서고자 한다.

요한계시록의 구약 사용에 대해 가장 민감하게 관찰한 사람은 비일이다. 그는 자신의 요한계시록 주석에서 소돔 모티프에 대해 다른 누구보다 치밀하게 관찰했다. 그는 불과 유황과 연기 이미지가 소돔 모티프에 근거하고 있다고 주장한다.[13] 그는 또한 요한계시록 18:4의 "내 백성아, 거기서 나오라"는 권면이 소돔의 멸망 이야기에 나오는 권면(창 19:14)에 근거하고 있다고 주장한다.[14] 비일의 설명은 나의 연구와 많은 부분에서

---

12 Peerbolte, "Sodom, Egypt, and the Two Witnesses of Revelation 11:8," 82.
13 G. K. Beale, *The Book of Revelation* (NIGTC; Grand Rapids: Eerdmans, 1999), 511.
14 Beale, *The Book of Revelation*, 899.

유사성이 있다. 그러나 앞으로의 논증에서 보여주겠지만 비일은 소돔 모티프가 요한계시록에 사용되고 있는지의 여부에 그치는 반면에 나는 그가 보지 못한 더 광범위하고 정교한 소돔 모티프의 암시를 분석하고, 또 요한계시록에서 이 모티프가 지닌 기능까지 다룬다는 점에서 우리의 연구는 차이가 있다.

2. 불과 유황의 이미지

요한계시록에는 심판이나 재앙을 묘사하면서 불과 연기와 유황 이미지를 사용되는 대목이 많이 있다. 그리고 이 불과 연기와 유황 이미지는 분명히 소돔 모티프와 관련이 있는 중요한 표현들이다. 아래에서 이를 좀 더 밝혀보기로 하자.

(1) 여섯째 나팔 재앙과 소돔 모티프

요한계시록 9:17-18에 불, 연기 그리고 유황 이미지가 제일 먼저 등장한다. 이 세 이미지가 사용되는 문맥은 여섯 번째 나팔 재앙(9:13)이 묘사되는 상황이다. 여섯째 천사가 나팔을 불 때, 유프라테스강에 결박되어 있던 네 천사가 놓임 받고 네 천사의 놓임과 동시에 2억의 마병대가 등장해 사람들을 죽음으로 몰고 가는 장면에 불과 연기와 유황 이미지가 사용된다. 마병대를 묘사하는 장면에서 말을 탄 자들은 불빛과 자줏빛과 유황빛 호심경을 입고 있다. 불빛과 자줏빛 그리고 유황빛의 호심경(breastplates)

을 입은 주체가 말을 탄 마병대에만 국한되는가 아니면 이들이 탄 말까지 해당하는가에 논란이 있지만, 우리의 관심사는 이 마병대가 입고 있는 갑옷의 색깔을 불빛, 자줏빛 그리고 유황빛으로 묘사하는 장면이다.[15] 오스본이 설명하듯이 이 세 가지 빛은 각각 불과 연기와 유황과 관련이 있다. 마병대가 타고 있는 말의 입에서 불과 연기와 유황이 나오는데, 마병대가 입은 호심경의 색깔은 말의 입에서 나오는 불과 연기와 유황과 관련이 있다.[16] 다시 말해 호심경의 색깔 가운데 불빛은 말의 입에서 나오는 불과 관련이 있고, 말의 입에서 나오는 연기는 호심경의 색깔 가운데 자줏빛과 관련이 있으며, 말의 입에서 나오는 유황은 호심경의 색깔 가운데 유황빛과 연관이 있다. 흥미롭게도 요한계시록 9:17-18절에는 불과 연기와 유황이라는 어구가 모두 세 번 반복적으로 나타나고 있다. 즉 17절에 두 번에 걸쳐 불과 연기와 유황이 나오는데, 첫 번째는 마병대가 입은 호심경의 색깔이 불과 연기와 유황과 관련이 있다. 두 번째로 이 어구가 등장하는 대목은 17절에서 말의 입에서 나오는 불과 연기와 유황을 묘사하는 상황에서다. 그리고 18절에서 다시 한번 세 재앙을 설명하면서 말의 입에서 나오는 불과 연기와 유황을 묘사하는 대목에서 이 어구가 사용되고 있다.

여섯째 나팔 재앙의 문맥에서 불과 연기와 유황이라는 어구 및 이와 관련된 어구가 세 번씩이나 사용되는 데에는 어떤 의도가 있는가? 구약

---

15 예를 들면, Grant Osborne은 마병대뿐만 아니라 말도 세 종류의 빛과 관련된 갑옷을 입고 있다고 주장한다. Grant R. Osborne, *Revelation* (BECNT; Grand Rapids: Baker, 2002 [『BECNT 요한계시록』, 부흥과개혁사 역간]), 382.

16 Osborne, *Revelation*, 382.

의 소돔 모티프가 이 의도를 밝히는 데 결정적인 역할을 한다. 이 본문을 다루는 학자들은 여섯째 나팔 재앙에 사용된 소돔 모티프에 충분한 주의를 기울이지 않았다.[17] 우선 이 단락에서 과연 소돔 모티프가 사용되고 있는지부터 밝혀보자. 요한계시록 9:17-18에 소돔 모티프가 사용되고 있다고 볼 수 있는 근거는 "불과 연기와 유황"이라는 어구다.

우선, 요한계시록을 제외하고 구약과 신약성경을 통틀어 유황(θεῖον)이라는 단어가 나오는 곳은 창세기 19:24, 신명기 29:23, 욥기 18:5, 시편 11:6, 이사야 30:33, 34:9 에스겔 38:22, 누가복음 17:29이다. 유황에 해당하는 히브리어 단어 גׇפְרִית도 위의 구약 본문에만 사용된다(창 19:24; 신 29:23; 욥 18:15; 시 11:6; 사 30:33; 34:9; 겔 38:22). 우리는 이를 통해 유황이라는 단어가 구약성경과 신약성경에서 자주 사용되는 단어가 아니라는 점을 알 수 있다. 게다가 유황이라는 단어가 성경에서 맨 처음 사용되는 곳은 다름 아닌 소돔의 멸망을 묘사하는 장면에서다(창 19:24). 신약성경과 구약성경에서 사용 빈도가 낮은 '유황'(θεῖον/גׇפְרִית)이라는 단어 자체가 이 단어가 사용되는 곳에서 소돔 내러티브를 연상시키는 역할을 할 가능성을 높여준다.

또한 '불과 유황'이라는 단어의 결합은 구약성경에서 창세기 19장의 소돔의 멸망 장면에서 최초로 사용되는 어구다(창 19:24).[18] 불과 유황

---

17 Robert H. Mounce는 18절의 장면이 하나님의 심판으로 소돔과 고모라에 떨어졌던 불과 유황을 연상시킨다고 아주 간략하게 지나가면서 언급하기만 한다. Robert H. Mounce, *The Book of Revelation*, (NICNT; Grand Rapids: Eerdmans, 1977 [『요한계시록(NICNT)』, 부흥과개혁사 역간]), 203. 마찬가지로 Grant Osborne도 이 단락을 주석하면서 소돔과 고모라라는 지명을 언급하지만, 이 단락을 소돔 모티프와 관련지어 해석하지는 않고 있다 (Grant Osborne, *Revelation*, 383).

18 구약성경(HB)에서 불과 유황이라는 단어가 결합된 어구가 사용되는 대목은 모두 여섯 구

이라는 어구가 소돔을 연상시킨다는 것은 신명기 29:23에서도 뒷받침된다. 이 신명기 구절은 불, 유황, 연기라는 단어들이 소돔이라는 지명과 함께 결합되어 하나님의 심판을 설명하는 문맥으로서, 창세기 18-19장의 소돔 심판 이야기와 매우 흡사하다. 요한계시록 9:17-18에도 불과 유황이라는 어구가 함께 사용되고 있으므로 이 대목에서 소돔 모티프가 사용되고 있음을 분명하게 보여준다. 그런데 요한계시록 9:17-18에서 소돔 모티프가 채용되고 있다는 가장 강력한 근거는 불과 유황이라는 어구뿐만 아니라 연기라는 단어가 함께 등장하는 것이다. 앞서 설명했던 것처럼 요한계시록 19:17-18에서는 불과 연기와 유황이라는 어구가 세 번 반복된다. 그런데 불과 연기와 유황이라는 어구는 흥미롭게도 창세기 19장에 묘사된 소돔의 멸망 장면에서 그대로 사용되고 있다(창 19:24, 28).[19]

창 19:24 καὶ κύριος ἔβρεξεν ἐπὶ Σοδομα καὶ Γομορρα θεῖον καὶ πῦρ παρὰ κυρίου ἐκ τοῦ οὐρανοῦ

창 19:28 καὶ ἐπέβλεψεν ἐπὶ πρόσωπον Σοδομων καὶ Γομορρας καὶ ἐπὶ πρόσωπον τῆς γῆς τῆς περιχώρου καὶ εἶδεν καὶ ἰδοὺ ἀνέβαινεν φλὸξ τῆς γῆς ὡσεὶ ἀτμὶς καμίνου

절로 창 19:24, 신 29:23, 시 11:6, 사 30:33, 사 34:9 그리고 겔 38:22이다.

19 G. K. Beale은 불과 연기와 유황이라는 구절이 창 19:24, 28에만 나오기 때문에 요한계시록의 이 구절의 가장 눈에 띄는 구약배경은 소돔과 고모라의 심판 이야기라고 본다(G. K. Beale, *The Book of Revelation*, 511). David E. Aune는 필론의 글(*Mos.* 2.55-58)에서 불과 유황과 연기가 소돔과 고모라의 멸망을 묘사하는 대목에 사용되고 있다고 지적한다(David E. Aune, *Revelation 6-16*, WBC 52b; Nashville: Thomas Nelson, 540-541).

계 9:17-18 ^{17}Καὶ οὕτως εἶδον τοὺς ἵππους ἐν τῇ ὁράσει καὶ τοὺς καθημένους ἐπ᾽ αὐτῶν, ἔχοντας θώρακας πυρίνους καὶ ὑακινθίνους καὶ θειώδεις, καὶ αἱ κεφαλαὶ τῶν ἵππων ὡς κεφαλαὶ λεόντων, καὶ ἐκ τῶν στομάτων αὐτῶν ἐκπορεύεται πῦρ καὶ καπνὸς καὶ θεῖον. ^{18}ἀπὸ τῶν τριῶν πληγῶν τούτων ἀπεκτάνθησαν τὸ τρίτον τῶν ἀνθρώπων, ἐκ τοῦ πυρὸς καὶ τοῦ καπνοῦ καὶ τοῦ θείου τοῦ ἐκπορευομένου ἐκ τῶν στομάτων αὐτῶν.

창세기 19장에 의하면 하나님은 소돔과 그 주위의 도시들 위에 "유황과 불"(θεῖον καὶ πῦρ)을 비처럼 내려서 소돔을 포함한 도시들을 멸망시킨다. 그리고 아브라함은 이 도시들에서 연기(불꽃 φλὸξ)가 "옹기 가마의 연기같이"(ὡσεὶ ἀτμὶς καμίνου) 치솟음을 보았다. 창세기 19:28의 그리스어 본문이 "땅의 불꽃"(φλὸξ τῆς γῆς)이라고 표현한 대목에서 같은 구절의 히브리어 본문(HB/MT)은 "땅의 연기(קיטֹר)가 옹기 가마의 연기같이 올라갔다"는 표현을 사용하고 있다. 소돔에 대한 심판을 묘사하면서 사용되는 불과 유황이라는 단어들이 정확히 일치하여 등장하고, 비록 그리스어상으로 동일한 단어는 아니지만 개념상 유사한 단어인 연기(קיטֹר φλὸξ/ ἀτμὶς καπνὸς)라는 명사가 창세기 19장과 요한계시록 9장에서 같이 사용되고 있다는 점은 요한계시록 9:17-18이 소돔 모티프를 기반으로 하고 있음을 명백하게 뒷받침해 주는 근거들이다.

지금까지의 논증은 요한계시록 9:17-18에 소돔 모티프가 자리 잡고 있다는 점을 보여주었다. 그렇다면 왜 여섯째 나팔 재앙이 묘사되는 대목에서 다른 모티프도 아닌 소돔 모티프가 사용되고 있는가? 이 질문에 대한 대답은 여섯째 나팔 재앙의 목적과 결과를 다루고 있는 문맥에서

8장 요한계시록에서의 소돔 모티프 사용

찾을 수 있다. 요한계시록 9:18에 의하면 "불과 연기와 유황"은 세 개의 재앙(τῶν τριῶν πληγῶν)이라고 불린다. 그리고 이 재앙의 목적은 사람들을 회개시키려는 데 목적이 있었다고 20절은 밝힌다. 실제로 세 재앙이라고 불리는 불과 연기와 유황이라는 여섯째 나팔 재앙은 이 전에 소개된 다섯 번째 나팔 재앙과는 성격이 다르다. 다섯째 나팔 재앙은 황충 재앙으로서 사람들에게 해를 입히는 정도였을 뿐 목숨을 빼앗는 재앙은 아니었다(계 9:5-6). 하지만 여섯째 재앙은 사람들의 목숨을 빼앗는 재앙이다(계 9:15, 18). 사람을 죽이는 이 재앙의 범위는 사람 삼분의 일이다. 모든 사람이 아닌 일부분의 사람만이 죽임을 당한다는 점은 이 재앙이 죽지 않은 나머지 사람들에게 회개를 촉구하는 재앙임을 암시한다. 그러나 죽음을 모면한 사람들은 회개를 촉구하는 재앙에도 불구하고 계속 우상숭배를 지속하며(20절) 거기에 걸맞은 삶을 살아간다(21절). 소돔 모티프가 사용된 9:17-18과 20-21절의 연관은 단지 '재앙'(18, 20절)에서뿐만 아니라 '음행'라는 단어에 의해서도 뒷받침된다. 다시 말해 소돔 모티프가 요한계시록 9:17-18에만 집중되어 있는 것이 아니라는 점은 요한계시록 9:21에도 암시되어 있다. 그 이유는 우상숭배에 빠진 사람들이 저지르는 죄 가운데 '음행'이 나온다는 점 때문이다. 회개를 촉구하는 세 가지 재앙에도 불구하고 이 재앙에 죽지 않은 사람들은 계속해서 여러 귀신들과 우상에게 절하고, 살인과 복술과 음행과 도둑질을 회개하지 않는다. 이 죄악 목록 가운데서 소돔 모티프와 관련해 우리가 주목해야 할 내용은 음행(πορνεία)이다. 소돔의 거주민들이 저지른 죄악 가운데 하나가 성적 타락이라는 점은 창세기 19:5-8에 암시되어 있다.[20] 요한계시록 외에도 베드로후서 2:6이나 유다서 7절에서 소돔의 죄악을 성적 타락과 연관시키고 있음을 볼 때 소돔의 죄악을 성적 타락과 관련짓는 것은 근거 없는 주장이 아니다. 따라서 이러한 사실은 여섯째 나팔 재앙 가운데 소돔 모티프를 배경으로 하고 있는 불과 연기와 유황의 재앙은 사람들로 하여금 '회개를 촉구하기 위해'(9:20, 21) 소돔 내러티브가 사용되고 있음을 보여준다.

요약하자면, 요한계시록 9:17-18에서 불과 유황과 연기라는 어구는 구약의 소돔 내러티브(창 18-19장)를 연상시킨다. 그리고 이 소돔 모티프는 악의 대리자들(마병대와 말들)이 가져오는 재앙들이 한편으로는 (1) 사탄을 추종하는 자들에게는 소돔의 멸망과 같은 심판을 가져옴을 미리 보여주는 역할을 하고, (2) 사람의 2/3에 해당하는, 죽지 않은 나머지 사람들에게는 경고의 역할을 해서 이들이 계속 회개하기를 거부할 경우 최종적으로 일어날 수 있는 영원한 심판이라는 결과를 맞게 될 것임을 미리 보여주려는 의도를 갖고 있다. 요한계시록 9:17-18에서 불과 유황과 연기라는 어구는 창세기 18-19장의 내러티브, 즉 소돔에 살고 있는 사람들을 대표하는 롯의 사위들이 롯의 경고를 듣고도 그의 경고를 농담으로 여기며 소돔을 떠나기를 거부했고 이 행동의 결과로 소돔과 함께 멸망했다는 이야기를 연상시키고 있다.

---

20 소돔과 음행 간의 관계에 대해서는 Fields, *Sodom and Gomorrah: History and Motif in Biblical Narrative*, 116-133에 논증되어 있다.

(2) 영벌의 이미지와 소돔 모티프

요한계시록에서 불과 유황 이미지가 사용되는 또 다른 대목은 영원한 멸망의 심판과 관련된 문맥에서 나타난다. 요한계시록에 불과 유황이 영벌의 개념과 같이 사용되는 대목은 14:10, 19:20, 20:10, 21:8이다. 그리고 영벌을 묘사하는 문맥에서 사용되는 불과 유황의 이미지도 소돔 모티프에 근거하고 있다. 우리는 앞에서 불과 유황이라는 단어의 결합은 구약성경과 신약성경에서 흔치 않은 어구이며, 불과 유황이라는 어구가 최초로 등장하는 문맥이 소돔의 멸망을 다루는 창세기 19장이기 때문에 이 어구만으로도 소돔과 관련된 내러티브가 연상된다고 논증했다. 따라서 나는 이 단락에서는 영벌과 관련된 문맥에서 사용된 불과 유황이 소돔 모티프와 관련되어 있음에 대한 논증을 반복하지 않고, 대신 영벌과 관련된 문맥에 나타난 소돔 모티프의 기능을 분석하는 데 논의를 집중하고자 한다.

먼저, 요한계시록 14:10-11에 "불과 유황"이라는 어구(10절)와 "연기"(11절)라는 단어와 관련해서 소돔 모티프가 등장하는데, 이는 세 천사 가운데 마지막 세 번째 천사가 짐승과 그 우상을 따르며 짐승의 표를 받는 사람들에게 내리는 심판을 경고하는 문맥에서 나온다. 요한계시록 14:9-12은 크게 두 단락으로 구성되어 있다. 첫 번째 단락인 9-11절은 바다짐승을 따르는, 땅에 거하는 자들에게 내리는 심판의 경고에 해당하는 내용이다. 두 번째 단락인 12절은 권면의 내용이다. 성도들을 대상으로 하는 이 권면은 성도들에게 핍박과 미혹에도 불구하고 인내하라고 요구한다. 이 두 단락 가운데 소돔 모티프가 사용되는 곳은 경고의 내용을 다루고 있는 첫 번째 단락인 9-11절이다. 요한계시록 저자는 여기서 소돔의 멸망을 묘사하는 데 사용한 단어인 불과 유황 그리고 연기를 사용해서, 짐승을 따르며 그의 표를 받는 사람들이 받을 영원한 심판을 생생하게 묘사한다. 소돔의 멸망을 연상시키는 생생한 불, 유황 그리고 연기 이미지는 분명히 일차적으로 하나님을 대적하는 자들에게 적용되는 내용이다. 하지만 이 경고가 단지 땅에 거하는 자들이라고 표현된 불신자들에게만 국한되지 않는다는 점은 9-11절이 조건문(εἰ)으로 되어 있고, 동시에 "누구든지"(τις)라는 불특정인을 나타내는 대명사를 사용한다는 점에 의해 뒷받침된다. 즉 이 단락은 불신자뿐만 아니라 심지어 교회 안에 있으면서 신앙을 타협하고 짐승을 따르며 그의 표를 받는다면 그도 불과 유황과 연기로 묘사된 소돔의 멸망과 같은 영원한 심판을 받게 된다고 경고하는 것이다. 결국 소돔 모티프가 사용된 영원한 심판의 묘사도 단순히 불신자들의 운명을 설명하는 차원이 아니라, 궁극적으로 성도들 가운데 신앙을 타협하고 있는 자들을 향해 경고의 메시지를 울린다고 볼 수 있다. 12절의 권면뿐만 아니라 9-11절의 경고도 성도들을 향하고 있다. 다시 말해 성도에게 인내하라고 촉구하는 12절의 권면이 긍정적이고 적극적인 측면에서의 권면이라면, 9-11절에 나오는 심판에 대한 묘사도 단순히 불신자들의 운명에 대한 설명이 아니라 성도들을 향해 주는 부정적인 표현으로서의 권면에 해당한다고 볼 수 있다. 이 단락은 교회에 머물러 있으면서도 신앙을 타협하는 자들은 결국 불신자들이 당하는 운명과 똑같은 운명에 들어갈 수 있으며, 이 운명은 다름 아닌 소돔의 운명과 같다는 부정적인 형식으로 표현된 강력한 회개 촉구의 권면이다.

이제 불과 유황이라는 어구가 결합되어 나오는 나머지 구절들을 살퍼볼 차례다. 흥미롭게도 이 어구가 사용되는 요한계시록 19:20, 20:10, 21:8은 모두 불과 유황으로 타는 못을 설명하는 최후 심판에 대한 묘사와 관련이 있다.[21] 요한계시록 19:20은 짐승과 거짓 예언자가 유황으로 타오르는 불 못(τὴν λίμνην τοῦ πυρὸς τῆς καιομένης ἐν θείῳ)에 던져지는 장면이고, 요한계시록 20:10은 마귀가 불과 유황으로 된 못(τὴν λίμνην τοῦ πυρὸς καὶ θείου)에 던져져 영벌을 받게 되는 내용이다. 요한계시록 저자는 심판의 장소를 연못으로 묘사하며 이 연못을 불과 유황으로 타오르는 못이라고 설명하는데, 이 장소는 요한계시록에 등장하는 사탄의 삼위 연합체인 사탄과 바다짐승과 거짓 예언자(땅 짐승)가 최후 심판의 결과로 던져지는 곳이다. 내가 앞서 이미 논증해 보였듯이, 불과 유황이라는 표현은 창세기의 소돔 모티프와 관련이 있다. 따라서 요한계시록 저자는 소돔의 멸망을 연상시키는 이미지들을 차용해서 사탄의 삼위 연합체가 직면하게 되는 최후 심판, 즉 영벌의 상태를 묘사하고 있는 셈이다. 그는 사탄의 삼위 연합체에 임하는 심판은 소돔에게 임했던 불과 유황과 연기의 심판과 같은 심판이라는 점을 말하기 위해서 소돔 이미지를 사용하고 있다.

지금까지 불과 유황과 연기 이미지로 묘사된 소돔 모티프가 사용되는 곳에서는 모두 다 경고 혹은 권면의 내용이 직간접적으로 근접 문맥에 등장했다. 요한계시록 9장의 경우, 소돔 모티프는 회개를 촉구하는 내용과 관련이 있었다. 그리고 요한계시록 14장의 경우는 신앙을 타협하는 자들에게 짐승에게 경배하지도 말고 그의 표를 받지도 말라는 경고의 내

---

21 Loader, *A Tale of Two Cities*, 126. Loader는 요한계시록에서의 불과 유황에 대한 언급은 창 19:24에 기록된 소돔의 멸망 장면에서 영향을 받았을 것이라는 가능성을 간략히 제시하기만 하고 이에 대해 논증하지는 않는다.

용과 관련이 있었다. 하지만 요한계시록 19:20과 20:10은 성도들에게 주는 권면이나 경고가 아니라 사탄의 삼위 연합체에 임하는 심판에 관한 설명과 묘사에 해당한다. 사탄과 짐승과 거짓 선지자는 권면이나 경고를 통해 이들의 행동을 바꿀 수 있는 대상이 아니므로 소돔 모티프가 권면이나 경고의 기능이 아니라 단순히 심판에 대한 설명과 묘사의 기능을 하는 것은 자연스러운 현상이다.

반면 소돔 모티프와 관련된 어구인 "불과 유황"으로 타는 못을 설명하는 마지막 내용인 요한계시록 21:8은 사탄의 삼위 연합체와 관련해 사용된 소돔 모티프와 다른 양상을 보인다. 요한계시록 21:8은 새 하늘과 새 땅, 새 예루살렘을 묘사하는 도입부다. 여기서 8절은 7절과 극명한 대조를 이루고 있다. 즉 7절은 이기는 자들에게 주어지는 상을 묘사하고 있는 반면에, 8절에는 악인들의 목록이 제시되고 있다. 악인들로 제시된 사람들은 모두 8개 부류로서 두려워하는 자, 믿지 아니하는 자, 흉악한 자, 살인자, 음행하는 자, 점술가, 우상숭배자 그리고 거짓말하는 자들이다. 이들은 모두 "불과 유황"으로 타는 못(τῇ λίμνῃ τῇ καιομένῃ πυρὶ καὶ θείῳ)에 던져져 둘째 사망을 맞이하게 된다. 이들은 앞서 나온 사탄의 삼위 연합체, 즉 사탄과 짐승과 거짓 선지자를 추종하는 사람들이다. 여기에 나오는 여덟 부류의 악인의 목록은 흥미롭게도 소돔 모티프를 사용하고 있는 또 다른 본문인 요한계시록 9:17-21에 나오는 악인들의 악행과 매우 유사하다. 요한계시록 9:20-21에는 악인의 행위로서 우상숭배(20절), 살인, 복술, 음행, 도둑질(21절)이라는 다섯 가지 목록이 제시되는데, 이 중 네 가지, 즉 우상숭배, 살인, 복술(주술), 음행의 행위가 요한계시록 21:8에 제시된 악인들의 행위와 같다. 물론 요한계시록 9장과 21장에서 사용된 불과 유황으로 제시된 소돔 모티프에는 차이가 있다. 요한계시록 9장의 경우, 불과 유황은 최후 심판과 관련된 것이 아니라 회개를 촉구하기 위해 최후 심판 이전에 사람들에게 임하는 재앙이었다. 하지만 요한계시록 21:8에 사용된 불과 유황의 못과 관련해 등장하는 소돔 모티프는 최후 심판을 설명하는 역할을 하고 있다. 결국 요한계시록 9장에서 마병대의 말이 내뿜는 "불과 유황과 연기"의 재앙에도 불구하고 회개하지 않는 자들은 최후의 심판 때 피할 수 없는 "불과 유황"의 못에 던져지는 운명을 맞게 된다. 앞서 설명한 대로 이 여덟 부류의 악인들 가운데 살인자, 음행하는 자, 점술가, 우상숭배자의 네 부류는 하나님을 대적하는 불신자와 동의어처럼 보인다. 그 이유는 요한계시록 9:20-21에 똑같은 네 부류의 사람들이 회개하지 않는 "사람들"(ἄνθρωπων)로 제시되기 때문이다. 다시 말해 20절에서 사용된 사람들이라는 단어는 근접 문맥에서 하나님의 인침을 받지 않은 "사람들"을 가리킬 때 사용하는 단어이기 때문이다(계 9:4). 그러나 하나님의 인침을 받지 못한 자들을 가리키는 네 그룹의 사람들을 제외한 나머지 악인의 목록 가운데서 흥미로운 점이 있는데, 그것은 이 사람들이 요한계시록 21:8에 제시된 악인의 목록 가운데 교회 안에 있으면서 신앙을 타협하는 자들을 나타내는 부류의 사람들을 가리킨다는 점이다.[22] 여덟 부류의 악인 목록 가운데 의미심장하게도 맨 처음과 맨 나중에 나오는 부류의 사람들은 신앙을 타협하고 있는 교회 내부의 사람들이다. 목록의 맨 처음에 나오는 악인은 "두려워하는 자들"(δειλοῖς)이고 가장 마지막으로 나오는 악인은 "거짓말하는 모든 자들"(πᾶσιν τοῖς ψευδέσιν)이다. 두려워하

---

22   참고. Mounce, *Revelation*, 375. Osborne, *Revelation*, 741.

는 자는 박해와 살해의 위협이 두려워 신앙을 타협하는 자들이다.[23] 그리고 거짓말하는 자는 자기의 신앙을 숨기며 거짓말하는 자다.[24] 결국 소돔 모티프는 교회 내부에 있는 신앙을 타협하는 자들을 대상으로 하고 있음을 알 수 있다. 다시 말해 불과 유황의 못과 관련되어 사용되고 있는 소돔 모티프는 단순히 하나님을 대적하는 자들("땅에 거하는 자들")의 운명을 설명하는 기능만 있는 것이 아니라, 현재 교회 내부에 있는 신앙을 타협하고 있는 자들에게 소돔의 멸망과 같은 영원한 심판을 당하지 않도록 회개를 촉구하는 기능을 하고 있다. 7절에 나오는 이기는 자(ὁ νικῶν)에게 주어지는 상에는 격려의 기능이 있는 반면에 8절에 묘사된 악인의 목록과 소돔 모티프는 교회 내부의 신앙을 타협하는 사람들에게 회개를 촉구하는 기능을 하고 있다. 그리고 8절은 이들이 신앙을 계속 타협할 경우 당하게 될 운명이 불과 유황으로 멸망 당한 소돔 사람들의 운명과 전혀 다르지 않다고 경고하는 역할도 함께 하고 있다.

요약하면, 요한계시록에서 영벌과 관련된 소돔 모티프는 짐승, 거짓 선지자, 사탄과 관련해서는 영원한 형벌을 묘사하는 기능을 한다. 이들은 회개의 대상이나 권면의 대상이 아니기 때문이다. 반면 이들을 추종하는 "땅에 거하는 자들"과 교회 내부에 있으면서도 신앙을 타협하고 있는 자들에게 적용된 소돔 모티프는 최후 심판에 대한 경고를 통해 회개를 촉구하는 기능을 하고 있다.

---

23 참고. Osborne, *Revelation*, 741.

24 Beale, *The Book of Revelation*(『NIGTC 요한계시록』, 새물결플러스 역간), 1059-1060. Kyoung-Shik Kim, *God Will Judge Each One According to Works: Judgment according to Works in Early Judaism and the New Testament* (BZNW 178; Berlin: de Gruyter, 2010), 246.

3. 두 증인과 소돔 모티프(계 11장)

이제 요한계시록에서 소돔 모티프를 가장 분명하게 사용하는 장면을 살펴보자. 소돔이라는 명칭이 직접적으로 사용되는 구절은 요한계시록 11:8이다. 두 증인이 자신들의 증거를 마쳤을 때 짐승에 의해 죽임을 당하게 되고(7절), 두 증인의 시체가 매장되지 않고 큰 성의 길에 놓이게 된다. 그리고 의미심장하게도 이들의 시체가 놓여 있는 큰 성의 이름이 두가지로 덧붙여진다. 하나는 이집트이고 다른 하나는 소돔이다. 여기에 직접적인 명칭은 아니지만, 간접적으로 "주께서 십자가에 못 박히신 곳"이라는 설명이 큰 성의 이름을 부연한다.

이 큰 성의 정체가 무엇인가가 논쟁거리다. 일부 학자들은 이 성을 주께서 못 박히신 곳이라는 설명과 성전과 이방인에 대한 요한계시록 11:1-2의 언급 때문에 예루살렘으로 본다.[25] 그러나 대다수 학자는 이 성을 바벨론으로 본다. 요한계시록에서 "큰 성"($\acute{\eta}$ πόλις $\acute{\eta}$ μεγάλη)이라는 이름은 항상 바벨론, 즉 로마 제국을 가리킬 때 사용되고 있기 때문이다 (14:8; 16:19; 18:2).[26] 결국 큰 성 바벨론은 세 가지 호칭으로 불림을 알 수 있다. 큰 성인 바벨론은 예루살렘이고, 이집트이고, 마지막으로 소돔이다. 다시 말하면 바벨론은 주님을 죽인 예루살렘과 같은 도시이고, 이집트 같은 도시이고 소돔과 같은 도시다. 이렇게 해석할 수 있는 근거는 8절에

---

25 Peerbolte, "Sodom, Egypt and the Two Witnesses of Revelation 11:8," 80-81. Grant R. Osborne, *Revelation*, 426. Osborne은 이 큰 성이 예루살렘을 가리키는 동시에 로마를 가리키는 상징적 호칭이라고 본다.

26 Beale, *The Book of Revelation*, 591.

사용된 "영적으로 하면"(πνευματικῶς)이라는 단어 때문이다. 이 단어의 뜻은 '비유적으로'(allegorically)라는 의미가 아니라 '영적인 시각으로 보면', '영적인 분별력을 가지고 보면'이라는 의미다.[27] 바벨론을 이집트에 비유하는 것은 요한계시록에 중요하게 등장하는 출애굽 모티프에 의해서 충분히 뒷받침된다.[28] 또한 바벨론을 주께서 십자가에 죽임을 당한 곳, 즉 예루살렘으로 비유하는 것은 예수께서 예루살렘에서 십자가의 죽음 곧 순교를 당하셨던 것 같이, 바벨론이 이제 두 증인으로 상징되는 교회가 순교할 장소라는 의미가 내포되어 있다. 두 증인은 10절에 "두 선지자"(οἱ δύο προφῆται)로 바뀌어 설명되고 있음에 주목할 필요가 있다. 예루살렘은 전통적으로 하나님이 보낸 참 예언자들의 말을 거부하고 이들을 죽게까지 하는 장소로 여겨져왔다.[29] 이제 두 증인, 즉 두 예언자로 상징되는 교회는 바벨론에서 복음을 증거해야 한다(참고. 계 14:6). 그러나 그들의 복음 증거는 순탄치 않아 마치 예루살렘이 하나님의 말씀을 전하는 예언자들을 핍박하고 죽이는 것처럼 두 증인, 곧 두 선지자도 바벨론에서 핍박과 살해를 당하게 될 것을 이 비유가 암시하는 것이다. '예수를 닮음'(Imitatio Christi)이라는 주제가 예수의 죽음과 두 증인의 죽음을 연결해주고 있다. 이 주제는 '증인'이라는 측면에서도 발견된다. 요한계시록에서 예수는 충성된 "증인"(1:5)으로 소개된다. 그리고 예수 그리스도

---

27 Osborne, *Revelation*, 427. Beale, *The Book of Revelation*, 592.
28 요한계시록의 나팔 재앙, 대접 재앙이 출애굽기의 열 재앙에 근거하고 있다는 것은 잘 알려진 사실이다. 또 예수 그리스도를 "어린 양"(계 5:6)으로 묘사하는 대목이나, 구원받은 하나님의 백성이 "모세의 노래"(계 15:3)를 부르는 장면은 모두 출애굽 사건을 연상시키는 내용이다.
29 다른 신약성경에도 예루살렘이 선지자들이 핍박받는 장소로 묘사되고 있다(참고. 마 23:37; 눅 13:34).

를 닮은 교회도 두 "증인"으로 소개된다(11:3-4). 이런 예수와 교회의 일치성은 증인의 삶뿐만 아니라 죽임 당함이라는 측면에서도 발견할 수 있다. 주께서 십자가에 못 박히셨듯이 두 증인으로 상징되는 교회도 순교를 당하게 된다. 예수는 예루살렘에서 십자가에 순교하셨고, 그리스도들은 이제 예루살렘을 닮은 바벨론에 의해 죽임을 당하게 되는 것이다(11:7).

지금까지 살핀 대로 요한계시록 저자는 11:8에서 바벨론을 가리켜 이집트로 설명하고 또한 예루살렘으로도 설명했다. 그렇다면 그가 바벨론을 '소돔'으로 묘사하는 의도는 무엇인가? 두 증인과 관련해 소돔 모티프가 사용되는 의도가 무엇인가? 주지하다시피 요한계시록 저자가 큰 성을 설명하면서 사용한 지명인 소돔과 이집트 그리고 주께서 죽으신 곳이라는 어구를 하나의 그리스어 관사가 가리키고 있다. 따라서 우리는 세 가지 지명은 각각의 지명이 아니라 큰 성 바벨론이라는 하나의 지명이 가진 영적인 특성들을 보여주는 것이라고 이해할 수 있다. 흥미롭게도 소돔이라는 지명은 바로 뒤의 이집트라는 지명과 함께 등장한다. 그렇다면 요한계시록 저자가 큰 성 바벨론이 가진 하나의 특성을 소돔과 이집트라는 두 지명을 통해 말하고 있다고 볼 수 있지 않을까? 비일은 바벨론과 이집트라는 지명을 핍박과 관련지어 해석한다.[30] 그는 바벨론은 하나님의 백성이 포로로 잡혀가 핍박받았던 장소이고 이집트도 하나님의 백성을 핍박하던 장소이기 때문에 핍박이라는 주제로 바벨론과 이집트의 특징을 파악할 수 있다고 본다. 소돔이라는 지명에 대해 비일은 하나님의 심판이 임해 멸망하는 장소이기 때문에 요한계시록 저자가 바벨론을 소돔이

---

30 Beale, *The Book of Revelation*, 591.

라고 부른다고 본다.[31] 그러나 내가 보기에 이집트는 하나님의 백성이 출애굽해야 할 장소였다. 따라서 우리는 요한계시록 저자가 이집트에서 하나님의 백성이 나와야 했던 것처럼 요한계시록의 원 독자들도 바벨론의 핍박과 미혹에 타협하지 말고 거기서 나와야 한다는 메시지를 주고 있다고 볼 수 있다(참고. 계 18:4). 또한 소돔이라는 상징적 지명도 같은 의미를 담고 있는 명칭으로 볼 수 있다. 소돔은 하나님의 심판을 피해 사람들이 나와야 할 장소였다(창 19:12-14). 이러한 구약의 소돔 내러티브를 배경으로 볼 때, 소돔이라는 상징적 지명은 하나님의 백성이 큰 성 바벨론의 핍박과 유혹에도 불구하고 그것과 타협하지 말고 거기서 나와야 하는 영역이라는 신학적 메시지를 전달하고 있다고 볼 수 있다. 물론 우리는 요한계시록 저자가 하나님의 심판을 소돔의 멸망과 연관시키는 것을 부인할 수 없다. 그러나 소돔 모티프에는 멸망의 주제만 있는 것이 아니라 권면의 주제도 있다. 다시 말해 소돔은 불과 유황으로 멸망 받은 도시다. 따라서 소돔에 계속 머물러 있고 나오기를 거부하면 그 결과는 창세기 19:24, 28에 묘사된 대로 불과 유황과 연기의 심판을 피할 수 없게 된다. 요한계시록에서 영벌을 묘사하면서 불과 유황이라는 소돔 모티프를 사용하는 이유가 여기 있다. 바벨론은 멸망당한 소돔과 같은 운명을 맞게 될 것이므로, 두 증인으로 상징되는 교회는 소돔 같은 바벨론에 멸망과 구원의 기회를 선포하는 동시에 바벨론의 핍박과 유혹 앞에서 타협하지 말아야 한다는 경고와 권면이 소돔이라는 지명 속에 함축되어 있다. 물론 요한계시록 11장에서 소돔이라는 지명이 경고나 권면의 내용과 직접 연

---

31   Beale, *The Book of Revelation*, 591.

관되어 있지는 않지만, 요한계시록의 순서를 따라 차근차근 그 내용을 파악하게 되는 요한계시록의 원래 수신자들은 앞서 논증한 바와 같이 소돔 모티프가 경고와 권면의 문맥에서 사용되었음을 인지하게 되고, 더 나아가 요한계시록 18장에 이르러서는 소돔 모티프에 근거하여 바벨론으로부터 나오라고 하는 권면을 듣게 되었을 가능성이 있다(18:4).

요한계시록이 11장에서 바벨론을 가리켜 소돔이라는 상징적 지명을 사용해 보여주고자 하는 바는 바벨론이 소돔과 같은 불의한 도시이며, 따라서 하나님의 심판을 받아 불과 유황으로 멸망 받을 도시라는 점이다. 그러나 구약의 소돔 내러티브가 심판에 대한 설명에만 국한된 기능을 하는 것은 아니다. 구약의 소돔 내러티브(창 18-19장)에서 소돔은 멸망당했어도 그중에서 살아남은 자(롯과 두 딸)가 있었듯이, 요한계시록의 큰 성 바벨론에 대한 심판에서도 거기에 거주하는 모든 사람이 멸망당하는 것이 아니라 회개하고 돌아서는 사람이 있다. 요한계시록 11:13은 큰 지진으로 성 십 분의 일이 무너지고 7,000명의 사망자가 생기지만, 그 남은 자들(οἱ λοιποι)이 회개하는 일이 벌어진다고 설명한다. 결국 요한계시록 11장에 사용된 소돔 이미지는 심판과 멸망을 묘사하는 이미지이지만, 거기에 머물지 않고 회개라는 주제와도 관련이 있는 모티프로 사용되고 있다. 두 증인은 마치 창세기 19장의 소돔 내러티브에서 자기 사위들에게 임박한 소돔 성의 멸망으로부터 피하라고 경고하는 롯의 역할을 하고 있다고도 보인다. 동시에 창세기 19장의 두 천사(사람)의 역할과 요한계시록 11장의 두 증인의 역할 사이에서 유사성을 찾아볼 수 있다.[32] 요한계

---

32   John H. Sailhamer, 『서술로서의 모세오경』 (서울: 새순, 1994), 321. 두 천사는 두 사람이

시록 11장에서 두 증인이 수행하는 예언자 역할은 창세기 19장에서 두 천사 혹은 두 사람이 소돔의 멸망을 예고하는 역할과 매우 흡사하다. 두 천사는 소돔 성의 멸망을 예고하고, 롯과 소돔 성에 거하는 그의 지인들에게 성 밖으로 나가라고 경고하는 역할(창 19:12-15)을 했다.[33] 두 증인도 요한계시록 11장에서 같은 역할을 하고 있다. 요한계시록 11장의 증인과 창세기 19장에 등장하는 천사(사람)가 모두 '둘'(δύο, 창 19:1; 계 11:3)인 이유는 그 숫자가 두 본문이 서로 관련이 있음을 보여주는 연결고리가 되기 때문이다.

4. 바벨론의 멸망과 소돔 모티프(계 18장)

요한계시록에서 소돔 모티프를 사용하는 또 다른 중요한 대목은 바벨론의 멸망을 묘사하고 있는 18장이다. 우선 문맥을 살펴보자. 요한계시록 18:1-3에서는 하늘로부터 내려온 큰 권세를 가진 천사가 큰 성 바벨론의 멸망과 그 이유를 큰 음성으로 선포한다. 그리고 4절 이하에서는 하늘로부터 다른 음성이 울려 퍼지는데, 그 음성의 내용은 하나님의 백성을 향한 권면(4절)과 관련이 있다. 그 권면의 내용은 "내 백성아, 바벨론에서 나오라"는 명령으로 표현되어 있다. 하나님의 백성이 바벨론에서 나와야 할 가지 이유가 접속사 ἵνα를 통해 두 가지로 제시된다. 첫째 이유는 하

라고 불리기도 한다(창 19:10, 12, 16).

33 Sailhamer, 『서술로서의 모세오경』, 321.

나님의 백성이 바벨론의 죄에 참여하지 않기 위해서며, 둘째 이유는 바벨론이 받게 될 재앙을 받지 않기 위해서다. 소돔 모티프가 요한계시록 18:4의 권면의 배경으로 사용되고 있다. 하나님의 백성에게 바벨론에서 나오라는 권면은 일반적으로 예레미야서(50:8; 51:45, 50)와 이사야서(48:20; 52:11)를 배경으로 하고 있다고 생각되어왔다.[34] 내가 보기에는 지금까지 제시된 다른 구약 본문보다 예레미야 51:6이 요한계시록 18:4과 유사한 점이 많다. 흥미롭게도 예레미야서 70인역에는 예레미야 51:45에 해당하는 구절이 존재하지 않는다.

렘 51:45

צְאוּ מִתּוֹכָהּ עַמִּי וּמַלְּטוּ אִישׁ אֶת־נַפְשׁוֹ מֵחֲרוֹן אַף־יְהוָה׃

계 18:4 Καὶ ἤκουσα ἄλλην φωνὴν ἐκ τοῦ οὐρανοῦ λέγουσαν· ἐξέλθατε ὁ λαός μου ἐξ αὐτῆς ἵνα μὴ συγκοινωνήσητε ταῖς ἁμαρτίαις αὐτῆς, καὶ ἐκ τῶν πληγῶν αὐτῆς ἵνα μὴ λάβητε,

두 본문이 보여주듯이 우선 "내 백성아"(עַמִּי/ὁ λαός μου)라는 호격과 "거기에서 나오라"(צְאוּ מִתּוֹכָהּ/ἐξέλθατε...ἐξ αὐτῆς)는 명령법이 두 구절에 다 사용되고 있다. 문맥상으로도 예레미야 51장과 요한계시록 18장 모두 바벨

---

34 Mounce, *Revelation*(『요한계시록(NICNT)』, 부흥과개혁사 역간), 324. Osborne, *Revelation*, 638. David E. Aune, *Revelation 17-22* (WBC 52c; Nashville: Thomas Nelson, 1998), 990. Aune는 주로 구약 예언서들에 나오는 '~로부터 나오라'는 명령 형식을 "summons to flight"(Aufforderung zur Flucht)라고 부른다(977).

론의 멸망을 주제로 다루고 있다. 그러나 예레미야 51:45과 요한계시록 18:4 사이의 관련성에도 불구하고 내가 보기에는 요한계시록 18:4에 소돔 모티프가 매우 중요한 배경으로 자리 잡고 있다. 소돔 모티프에 나오는 '소돔으로부터 나오라'는 권면(창 19:12-15)이 요한계시록 18:4의 권면에 사용되고 있기 때문이다. 그 권면이 등장하는 창세기 19:14-15과 요한계시록 18:4을 비교하면 다음과 같다.

창 19:14-15 ^{14}ἐξῆλθεν δὲ Λωτ καὶ ἐλάλησεν πρὸς τοὺς γαμβροὺς αὐτοῦ τοὺς εἰληφότας τὰς θυγατέρας αὐτοῦ καὶ εἶπεν ἀνάστητε καὶ ἐξέλθατε ἐκ τοῦ τόπου τούτου ὅτι ἐκτρίβει κύριος τὴν πόλιν ἔδοξεν δὲ γελοιάζειν ἐναντίον τῶν γαμβρῶν αὐτου ^{15}ἡνίκα δὲ ὄρθρος ἐγίνετο ἐπεσπούδαζον οἱ ἄγγελοι τὸν Λωτ λέγοντες ἀναστὰς λαβὲ τὴν γυναῖκά σου καὶ τὰς δύο θυγατέρας σου ἃς ἔχεις καὶ ἔξελθε ἵνα μὴ συναπόλῃ ταῖς ἀνομίαις τῆς πόλεως

계 18:4-5 ^{4}Καὶ ἤκουσα ἄλλην φωνὴν ἐκ τοῦ οὐρανοῦ λέγουσαν· ἐξέλθατε ὁ λαός μου ἐξ αὐτῆς ἵνα μὴ συγκοινωνήσητε ταῖς ἁμαρτίαις αὐτῆς, καὶ ἐκ τῶν πληγῶν αὐτῆς ἵνα μὴ λάβητε, ^{5}ὅτι ἐκολλήθησαν αὐτῆς αἱ ἁμαρτίαι ἄχρι τοῦ οὐρανοῦ καὶ ἐμνημόνευσεν ὁ θεὸς τὰ ἀδικήματα αὐτῆς.

창세기 19장 14-15에 나오는 '~로부터 나오라'는 명령과 요한계시록 18장 4-5에 나오는 '~로 부터 나오라'는 명령은 그리스어로 같은 형태의 동사 명령형(ἐξέλθατε)과 전치사 ἐκ가 결합한 형태다. 또한 불의한 도시로부터 나와야 할 목적을 나타내는 ἵνα μή라는 어구가 두 본문에 다 같이 사용되고 있다. 심지어 접속사 ἵνα 다음에 사용되는 동사도 동일한 접두어 συν-으로 시작되는 동사(συναπόλη/συγκοινωνήσητε)가 사용되고 있다는 점은 창세기 19:14-15의 권면과 요한계시록 18:4-5의 권면 사이의 긴밀한 연관 관계를 뒷받침해 준다. 하지만 바벨론의 멸망을 다루고 있는 예레미야 51장과 요한계시록 18장의 바벨론 멸망에 나타난 권면 사이에는 무시하기에는 너무도 밀접한 문맥상 유사성 및 문자적 유사성이 존재하고 있다. 먼저 문맥상으로 두 본문 다 바벨론의 멸망을 다루고 있다. 또한 "내 백성아"라는 호격과 "~로 부터 나오라"는 명령이라는 단어상의 유사성이 너무나 뚜렷하다. 따라서 요한계시록 18:4에 예레미야 51:45이 사용되고 있음을 부인할 수 없다.

그렇다면 요한계시록 18:4의 권면은 2개의 구약 본문인 창세기 19:22-24과 예레미야서 51:45을 배경으로 하고 있다고 보아야 하는가? 요한계시록의 주석자 가운데서 소돔 모티프의 존재를 누구보다 예리하게 관찰하고 있는 비일에 따르면 요한계시록 18:4의 중요한 구약적 배경은 예레미야 51:6과 이사야 52:11이다. 그러나 그는 창세기 19장의 소돔 내러티브에 나오는 권면도 요한계시록 18:4의 배경일 것이라고 추리하지만, 소돔 모티프는 단지 구약의 여러 배경 가운데 하나에 불과하다고 본다.[35] 그러나 내가 보기에 창세기 18-19장의 소돔 모티프는 예레미야 51장과 요한계시록 18장의 중요한 배경이다. 예레미야 51장의 바벨론 멸망에 대한 묘사가 사실은 소돔 모티프를 기초로 하고 있기 때문이

---

35   Beale, *The book of Revelation*, 897-899.

다. 그리고 소돔 모티프는 요한계시록 18장의 권면에서도 중요한 구약의 배경으로 사용되고 있다. 이렇게 보는 이유는 예레미야 51장을 포함해서 바벨론의 멸망을 다루는 더 넓은 문맥인 예레미야 50-51장이 소돔 모티프를 사용하고 있기 때문이다. 우선, 예레미야 50-51장은 바벨론의 멸망을 다룬다는 점에서 같은 주제를 다루는 하나의 단락으로 볼 수 있다. 그런데 이 단락에서 소돔 모티프가 사용되어 바벨론의 멸망을 설명하고 있다. 무엇보다 '소돔'이라는 지명이 예레미야 50-51장의 단락에 직접 등장한다(렘 50:40). 예레미야서가 소돔이라는 지명을 사용하면서 바벨론의 멸망이 소돔성의 멸망과 같다고 이야기한다는 점이 거기서 소돔 모티프가 사용되고 있음을 뒷받침한다. 둘째, 바벨론의 멸망을 불 심판이라고 말하는 대목이 바벨론의 멸망을 설명하는 중요한 모티프가 소돔 모티프임을 암시한다(렘 50:32; 51:30, 32, 58). 물론 불을 수단으로 한 심판은 구약에서 흔하게 사용되는 심판의 이미지임을 부인할 수 없다.[36] 하지만 소돔이라는 지명과 결합하여 나타나는 불 심판은, 바벨론을 설명하면서 사용하는 불 심판 이미지가 구약에 나오는 보편적이고 일반적인 심판의 이미지가 아니라 소돔 모티프와 관련해서 소돔 성의 멸망을 묘사한 구체적이고 특정한 이미지임을 보여준다. 마지막으로 소돔 모티프가 예레미야 50-51장에 사용되고 있다고 보는 흔적은 악한 도시의 불의함이 하늘에까지 닿았다는 심판의 이유를 묘사하는 대목이다. 소돔 내러티브에 의하면 하나님이 소돔과 그 주위의 성을 멸하는 이유가 이들의 불의가 하나님에게까지 도달했기 때문이다(창 18:20; 19:13). 동일한 심판의 이유가 예

---

36 Fields, *Sodom and Gomorrah*, 134-142. 특히 136.

레미야 51:9에서 바벨론이 멸망당하는 근거로 제시된다(렘 51:9). 따라서 이러한 점들은 예레미야 51장에서 바벨론의 멸망을 묘사하는 데 소돔 모티프가 중요하게 자리 잡고 있음을 보여준다. 그렇다면 요한계시록 18:4의 권면도 단순히 예레미야 51:45에서 사용된 바벨론의 멸망 및 이와 관련하여 하나님의 백성에게 주는 권면과만 관련이 있는 것이 아니라, 좀 더 정교하게 창세기 18-19장의 소돔 모티프와도 관련이 있다고 할 수 있다. 다시 말해 요한계시록 18:4의 "내 백성아, 바벨론에서 나오라"는 권면은 소돔에 거주하는 사람들에게 그곳에서 빠져나오라는, 창세기 19:12-15에 기록된 권면이 중요한 구약의 배경을 이룬다. 이렇게 볼 수 있는 또 다른 근거는 요한계시록 18:5에서 바벨론이 멸망당하는 이유로 제시되는 바벨론의 불의가 하나님에게까지 도달했다는 내용이 창세기에서 소돔 내러티브에 등장하는 소돔이 멸망당하는 이유와 흡사하기 때문이다. 이 점에서 요한계시록 18:5이 소돔 모티프를 다루고 있는 창세기 19:13을 암시한다고도 볼 수 있다.[37] 그렇다면 바벨론에서 나오라는 권면과 그 이유가 제시되는 요한계시록 18:4-5은 소돔 모티프를 다루는 창세기 19:12-15을 두 번에 걸쳐 암시하고 있는 셈이다. 먼저는 요한계시록 18:4에서 불의한 도시로부터 나오라는 권면으로써 창세기 19:14-15을 암시하고 있고, 두 번째로는 악한 도시의 불의가 하나님에게까지 도달했다는 심판의 이유를 제시하는 요한계시록 18:5이 창세기 19:13을 암시하고 있기 때문이다.

요한계시록 18장과 소돔 모티프(창 19장) 간의 이러한 상호관련성은

---

[37] Beale, *The Book of Revelation*, 899.

하나님의 백성이 불의한 도시 바벨론에서 나와야 할 권면을 창세기에 나오는 소돔의 멸망 이야기와 관련지어 해석할 수 있게 해준다. 즉 불의한 소돔 성에 거주하면서 소돔의 불의와 타협하며 살아가는 사람들이 그 성에서 나오지 않으면 불과 유황과 연기의 심판을 피할 수 없었던 것처럼, 요한계시록 18:4은 소돔 모티프를 사용해서 바벨론과 타협하며 살아가는 사람들과 또 이러한 유혹에 노출된 하나님의 백성(ὁ λαός μου)에게 불과 유황의 심판(계 14:10, 19:20, 20:10)을 피하기 위해서는 회개하고 돌이켜 바벨론에서 나와야 한다고 권면하고 있다. 바벨론은 영적 소돔이기 때문이다(참고. 계 11:8). 롯의 사위들은 소돔이 심판받을 것이라는 경고를 듣고도 소돔에서 빠져나오기를 거부하여 결국 불과 유황과 연기의 심판을 경험한다(창 19:4). 그리고 롯의 아내도 경고의 메시지를 거부하고 소돔을 뒤돌아보다가 하나님의 심판을 경험한다(창 19:26). 다시 말해 요한계시록 18:4은 바벨론으로부터 나오라는 권면을 창세기 18-19장에 그려진 소돔 모티프를 통해 생생하게 표현하고 있다. 요한계시록에서 사용되는 소돔 모티프는 단순히 불과 유황의 심판만을 다루는 것이 아니라, 바벨론의 핍박과 유혹 앞에서 타협을 거부하고 신앙을 지키라는 권면의 목적을 위해서도 사용되고 있음을 요한계시록의 다른 어떤 구절보다도 요한계시록 18:4이 가장 선명하게 보여준다.[38]

---

38 신약성경의 다른 곳에서 사용되는 소돔 모티프도 경고와 권면의 기능을 갖는 경우가 있다(참고. 벧후 2:6; 유 7). 베드로후서나 유다서 둘 다 소돔 내러티브는 '본'이나 '거울'이 된다고 밝힌다.

5. 결론

요한계시록에서 소돔 모티프는 소돔이라는 지명이 나오는 요한계시록 11장에서만 사용되고 있지 않고, 불과 유황(연기)이라는 어구를 통해서도 표출되고 있다. 이 모티프는 요한계시록 18:4에서 하나님의 백성이 바벨론에서 나와야 한다는 명령에도 암시적으로 사용되고 있다. 우리는 창세기 18-19장에 나오는 소돔 모티프가 요한계시록에서 여섯째 나팔 재앙에서 마병대 및 말과 관련된 재앙(9장), 두 증인이 죽는 장소(11장), 바벨론의 멸망을 묘사하는 장면(18장), 사탄의 삼위 연합체(사탄, 짐승, 거짓 선지자)가 영원한 심판을 받아 던져지는 장소(19-20장)와 관련되어 사용되고 있음을 살펴보았다. 이러한 소돔 모티프가 정교하게 사용되고 있는 문맥과 위치를 통해서 판단할 때, 요한계시록에서 사용되는 소돔 모티프는 단순히 악인에게 내리는 하나님의 심판을 묘사하는 설명의 기능만 갖는 것이 아니라, 교회 안에 있으면서 신앙을 타협하고 있는 '내 백성'에 해당하는 자들에게 불과 유황으로 묘사된 영원한 심판을 경고하여 이들로 타협의 길에서 돌이켜 회개할 것을 촉구하는 역할을 하는 권면의 의도도 지니고 있다. 요한계시록은 창세기의 소돔 내러티브에 근거해서 핍박과 미혹 가운데 놓인 하나님의 백성에게 소돔인 바벨론(11장)에서 나오라(18장)는 권면을 강력하게 전달하고 있다. 바벨론은 불과 유황으로 멸망했던 과거의 소돔같이 하나님의 심판을 받을 도시이기 때문이다.

요한계시록에서의 요엘서 사용

요한계시록은 다양한 구약의 본문들을 가져다 사용한다. 특히 구약 예언서들이 요한계시록의 상징과 이미지들을 구성하는 근간이 된다는 데는 학자들 간에 어느 정도 의견일치가 이루어지고 있다. 요한계시록의 이사야서, 다니엘서, 에스겔서, 스가랴서 사용 등은 이러한 사실을 뒷받침해 준다. 요한계시록의 구약 예언서 사용에 관한 연구가 활발하게 진행되고 있음에도 불구하고 요한계시록에서 구약의 요엘서가 어떻게 사용되고 있는지를 깊이 있게 연구한 논문은 많지 않다.[1] 다행히도 스트라지치치는 요엘서가 신약성경에서 어떻게 사용되고 있는지를 연구하여 깊이 있게 분석한 논문을 발표했다.[2] 신약에서 구약의 소예언서들이 사용되는 현상을 분석하는 가운데 요한계시록의 요엘서 사용을 다룬 자우히아이

---

[1] 이 글은 한국신약학회가 발행하는 학회지인 『신약논단』(2011년 가을호): 925-966에 "요한 요한계시록에서의 요엘 사용"이라는 제목으로 실린 나의 논문이다.

[2] John Strazicich, "Joel's Use of Scripture and the Scripture's Use of Joel: A Study in the Appropriation and Resignification of Scripture in Second Temple Judaism and Early Christianity", 박사학위 논문(Fuller Theological Seminary, 2004).

넨의 소논문도 있다.[3] 이 장은 요한계시록에서 사용된 요엘서를 분석한다는 점에서는 앞서 언급한 두 연구와 공통점이 있지만 몇 가지 점에서 이들의 한계를 넘어서는 분석을 하고자 한다. 첫째, 스트라지치치는 요한계시록에서 사용된 요엘서가 때로는 그 문맥과 관계없는 새로운 의미(resignification)가 부여되어 채용된다고 주장했다.[4] 이에 대해 나는 과연 요한계시록 저자가 요엘서의 문맥을 완전히 무시하고 신학적 논증을 뒷받침하기 위해 요엘서의 본문에 새로운 의미를 부여할 정도의 전용을 하고 있는지를 살필 것이다. 둘째, 자우히아이넨의 연구는 요한계시록에서 소예언서 전체가 사용되고 있는지를 분석하는 논문이었기 때문에 요한계시록의 요엘서 사용 자체에 대한 집중적인 토의가 결여되어 있다. 이 장의 목적은 앞서 언급된 연구들의 한계를 지적하고 이에 대한 대안적 접근을 시도하려는 것이며, 따라서 나는 요한계시록의 요엘서 사용을 종합적이고 체계적으로 제시하려고 한다. 나는 무엇보다 요엘서가 요한계시록 본문에 차용되면서 어떤 신학적 의도를 가지고 사용되었는지를 분석하고, 요엘서를 사용하는 요한계시록 본문 연구가 요한계시록 해석에 어떤 영향을 미치는지 살펴보고자 한다.

---

3   Marko Jauhiainen, "The Minor Prophets in Revelation," *The Minor Prophets in the New Testament*, Maarten J. J. Menken and Steve Moyise eds., (New York: T&T Clark, 2009)에 수록된 글.

4   Strazicich, 앞의 논문(2004), 578. 그는 다음과 같이 결론적으로 주장한다 "이 연구는 요엘서에서 및 신약성경의 요엘서 사용 모두에서 암시를 사용한 것은 오로지 그것을 통해 저자가 이전의 전통에 새로운 의미를 부여하는 수단으로 기능한다. 그것은 공동체에게 새로운 방식으로 말할 수 있도록 성경에 새로운 의미를 부여하는 작업이다"(이탤릭체는 원저자의 것이고, 밑줄은 덧붙인 것임). 이 논문은 2007년에 Brill에서 단행본으로 출판되었지만, 국내에서 이 책을 구할 수 없기 때문에 나는 그의 박사학위 논문을 갖고 논의를 진행하려고 한다.

요한계시록은 구약 본문을 직접 인용하지 않고 간접적으로 암시하는 방식으로 구약을 사용하고 있다.[5] 따라서 이 장에서는 요한계시록에서 먼저 실제로 요엘서가 암시적으로 사용되고 있는지를 증명하고, 그 후 요한계시록의 요엘서 해석과 사용 의도를 다루는 방식을 취할 것이다.[6] 요한계시록에서 요엘서 본문은 인 재앙 시리즈(6장), 나팔 재앙 시리즈(9장), 포도송이 추수 심판(14장), 그리고 대접 재앙 시리즈(16장)에서 사용되고 있다. 나는 이 각각의 본문을 차례로 분석해 보겠다.

1. 여섯째 인 재앙(계 6:12-17)

요한은 일곱 인 재앙 시리즈를 묘사하면서 다양한 구약 본문들을 가져다 사용한다. 일곱 인 재앙 가운데 앞부분의 4가지 색깔의 말 환상은 스가랴 1장과 6:1-3에서 온 이미지를 사용하는 것이다. 그리고 넷째 인과 관련된 재앙인 청황색 말을 탄 자인 사망과 그를 뒤따르는 음부가 권세를 받아 행하는 재앙의 내용은 검과 흉년과 사망과 땅의 짐승들로써 죽이는 환상인데(계 6:8), 이는 구약의 에스겔 5:12, 17에서 온 이미지들이다. 여섯

---

5 Kyoung-Shik Kim, *God will Judge Each One According to Works: Judgment According to Works and Psalm 62 in Early Judaism and the New Testament* (Berlin: de Gruyter, 2010), 220; Steve Moyise, "The Psalms in the Book of Revelation," *The Psalms in the New Testament*. Steve Moyise ed., (London; New York: T&T Clark, 2004), 231에 수록된 글.

6 신약성경에서의 구약성경의 암시적 사용을 판단하는 기준은 내가 다음 책에서 논의한 부분을 참고하기 바란다. Kyoung-Shik Kim, 앞의 책 (2010), 34-7. 암시적 사용을 판단하는 기준은 (1) 문자적 유사성, (2) 반복적 사용, (3) 주제적 유사성, (4) 개념적 유사성, (5) 저자의 의도 등이다.

째 인 재앙과 관련해 "땅의 임금들과 왕족들과 장군들과 부자들과 강한 자들과 모든 종과 자유인이 굴과 산들의 바위 틈에 숨어 산들과 바위에게" 자신들 위에 떨어져 자기들을 하나님과 어린양의 진노로부터 가려달라는 호소는 구약의 호세아 10:8과 이사야 2:10, 19, 21에서 가져온 이미지들이다. 요한은 일곱 인 재앙 시리즈를 묘사하기 위해서 이렇듯 스가랴서, 에스겔서, 호세아서와 이사야서의 본문들을 가져다 사용한다.

이 구약 본문들 중 요엘서의 사용은 처음에는 그다지 두드러져 보이지 않는다. 요엘서의 암시적 사용으로 인해 학자들은 이 단락에서의 요엘서 사용에 회의적인 입장을 취하거나, 요엘서를 이 단락의 구약적 배경들 가운데 하나 정도로만 보았다.[7] 하지만 요한계시록 본문을 자세히 들여다보면 우리는 요한이 여섯째 인 재앙의 내용을 묘사하는 가운데 요엘서 본문들을 가져다 매우 중요하게 사용하고 있음을 감지하게 된다. 여섯째 인 재앙은 세상 종말의 심판인데, 요한은 세상 종말의 심판을 이야기하면서 의도적으로 요엘서의 본문에 호소하고 있다.

(1) 피같이 변하는 달 (12절)

요한은 여섯째 인을 떼고 난 후 발생하는 자연과 관련된 재앙을 12-14절에서 자세히 묘사한다. 그 내용은 지진, 해와 달의 변화, 별들이 떨어짐, 하늘과 산과 섬들이 사라짐이다. 이러한 자연재앙과 관련해 요한계시록

---

7   G. K. Beale and Sean M. McDonough, "Revelation," *Commentary on the New Testament Use of the Old Testament*, G. K. Beale and D. A. Carson eds., (Grand Rapids: Baker, 2007), 1104-5에 수록된 글.

의 저자가 요엘서를 사용하고 있다는 증거는 달이 온통 피같이 되는 현상
을 묘사하는 대목에서다. 구약에는 하나님이 세상에 임하실 때 일어나는
다양한 자연현상을 묘사하는 본문들이 있다. 하지만 달이 피처럼 변하는
현상을 설명하는 본문은 요엘서에서만 등장한다.[8] 요엘 2:31은 달이 핏
빛같이 변한다는 묘사를 하고 있다. 분명히 요엘 2:31과 요한계시록 6:12
사이에 매우 독특한 문자적 유사성이 존재한다.

계 6:12 Καὶ εἶδον ὅτε ἤνοιξεν τὴν σφραγῖδα τὴν ἕκτην, καὶ σεισμὸς
μέγας ἐγένετο καὶ ὁ ἥλιος ἐγένετο μέλας ὡς σάκκος τρίχινος καὶ ἡ σελήνη
ὅλη ἐγένετο ὡς αἷμα

욜 3:4(70인역) ὁ ἥλιος μεταστραφήσεται εἰς σκότος καὶ ἡ σελήνη εἰς
αἷμα πρὶν ἐλθεῖν ἡμέραν κυρίου τὴν μεγάλην καὶ ἐπιφανῆ

해가 피같이 변한다는 표현은 사도행전 2장에 기록된 베드로의 오순절
설교에도 등장한다(행 2:16-21, 특히 20절). 그리고 잘 알려진 대로 베드로
의 오순절 설교는 요엘 2장의 본문을 직접 인용하는 본문이기도 하다. 사
도행전에 반영된 요엘서의 해석은 초기 교회에서 요엘서를 종말론적으
로 해석하는 방식을 보여주고 있는데, 요한계시록의 저자도 이러한 종말
론적 해석의 틀 안에 서 있지만, 그는 현재 여기서 벌어지고 있는 실현된
종말론적 관점인 사도행전의 해석이 아니라 미래의 종말론적 관점에서

---

8   Marko Jauhiainen, 앞의 논문(2009), 163.

요엘서 본문을 사용하고 있다.

물론 요한은 여섯째 인과 관련된 재앙을 묘사하면서 요엘서에만 의존하지 않고 이사야서에도 호소한다. 우선 해가 검은 털로 짠 상복같이 검어지는 현상(12절)에 관한 묘사는 이사야 50:3에만 나오는 표현이다. 요한계시록 6:12의 해가 어둡게 되는 현상과 이사야 50:3의 하늘이 흑암으로 덮이고 굵은 베로 덮이는 것과 같은 현상은 개념적으로 흡사하다. 더구나 구약에서 오직 이사야 50:3에만 하늘과 상복이라는 단어가 함께 나타나는데 이러한 독특한 문자적 유사성은 요한계시록 6:12에서 이사야 50:3이 사용되고 있음을 분명히 보여준다. 또한 요한계시록 6:14의 "하늘이 두루마리가 말리는 것 같이 떠나가고"라는 표현도 이사야 34:4에 나오는 "하늘들이 두루마리같이 말리되"라는 표현과 개념적으로 매우 흡사하다. 하늘이 두루마리처럼 말리며 사라지는 현상을 묘사하는 이사야 34장과 요한계시록 6장의 본문은 흥미롭게도 하늘이 사라지는 현상을 두루마리에 비유하는데, 구약성경을 통틀어 하늘이라는 단어와 두루마리라는 단어가 함께 나오는 본문은 이 두 본문뿐이라는 독특성 또한 요한이 요한계시록 6:14에서 이사야 34:4을 염두에 두고 있음을 분명하게 보여준다.

그러나 우리가 요엘서의 사용과 관련해 주목할 내용은 요엘 2:10에 요한계시록 6:12-13에 묘사된 현상의 대부분이 등장하고 있다는 점이다.

욜 2:10 πρὸ προσώπου αὐτῶν συγχυθήσεται ἡ γῆ καὶ σεισθήσεται ὁ οὐρανός ὁ ἥλιος καὶ ἡ σελήνη συσκοτάσουσιν καὶ τὰ ἄστρα δύσουσιν τὸ φέγγος αὐτῶν

계 6:12-13 ^{12}Καὶ εἶδον ὅτε ἤνοιξεν τὴν σφραγῖδα τὴν ἕκτην, καὶ σεισμὸς μέγας ἐγένετο καὶ ὁ ἥλιος ἐγένετο μέλας ὡς σάκκος τρίχινος καὶ ἡ σελήνη ὅλη ἐγένετο ὡς αἷμα ^{13}καὶ οἱ ἀστέρες τοῦ οὐρανοῦ ἔπεσαν εἰς τὴν γῆν, ὡς συκῆ βάλλει τοὺς ὀλύνθους αὐτῆς ὑπὸ ἀνέμου μεγάλου σειομένη,

요한계시록 6:12-13에 등장하는 4가지 현상인 지진(σεισμός), 검게 변하는 해(ὁ ἥλιος), 피같이 변하는 달(ἡ σελήνη), 땅에 떨어지는 별들(οἱ ἀστέρες)의 종말론적 자연현상은 요엘 2:10에 나오는 땅의 진동, 해와 달이 캄캄해짐, 별들이 빛을 거둠에 관한 설명과 비교할 때, 지진에 대한 언급, 해, 달, 별들이 언급되는 순서가 일치한다. 이러한 점은 심지어 우주적 혼동을 설명하는 요한계시록 6:12-13이 요엘 2:10의 본문에 근거하고 있을 것이라는 가능성을 높여준다.

결국 요한계시록 6:12-14에 묘사된 종말론적 자연현상은 이사야서와 요엘서에 기반을 둔 묘사다. 이사야 50:3의 문맥은 하나님의 백성 이스라엘의 불신을 책망하는 내용이다. 반면에 이사야 34:4은 하나님의 백성을 대적하던 열국에 대한 심판의 내용이다. 그렇다면 요한계시록은 무슨 의도로 여섯째 인 재앙을 묘사하는 데 요엘서를 사용하고 있는가? 우리는 여섯째 인 재앙에 사용되고 있는 다른 요엘서 본문들을 더 살펴야만 요한계시록 저자가 요엘서를 사용한 의도에 대한 해답을 얻을 수 있다. 여섯째 인 재앙 심판의 묘사에 달이 피같이 변하는 현상과 더불어 또 다른 요엘서 본문이 사용되고 있다.

(2) 그들의 진노의 큰 날(17절 상)

요한은 여섯째 인 재앙으로 묘사된 최후 심판의 날을 가리켜 "그들의 진노의 큰 날"(ἡ ἡμέρα ἡ μεγάλη τῆς ὀργῆς αὐτῶν)이라고 부른다. "그들"은 문맥상 보좌에 앉으신 이와 그의 어린양을 의미한다. 요엘서의 사용과 관련해 우리가 주목할 표현은 "진노의 큰 날"이라는 대목이다. 구약에서 종말론적 문맥에서 언급되는 "여호와의 큰 날"이라는 표현은 스바냐 1:14, 그리고 말라기 3:22(한글 성경 4:5)에 등장한다.[9] 요엘서에서는 "여호와의 날"(ἡμέρα κυρίου) 그리고 그와 유사한 표현인 "그날"(ἡμέραις ἐκείναις)이 여러 번 반복적으로 언급된다(1:15; 2:1, 11, 31; 3:1, 14, 18). 이 중에서 요한계시록과 관련이 있는 '여호와의 큰 날'이라는 표현이 두 번 등장한다(2:11; 2:31).

> 욜 2:11 καὶ κύριος δώσει φωνὴν αὐτοῦ πρὸ προσώπου δυνάμεως αὐτοῦ ὅτι πολλή ἐστιν σφόδρα ἡ παρεμβολὴ αὐτοῦ ὅτι ἰσχυρὰ ἔργα λόγων αὐτοῦ διότι μεγάλη ἡ ἡμέρα τοῦ κυρίου μεγάλη καὶ ἐπιφανὴς σφόδρα καὶ τίς ἔσται ἱκανὸς αὐτῇ

> 욜 2:31 ὁ ἥλιος μεταστραφήσεται εἰς σκότος καὶ ἡ σελήνη εἰς αἷμα πρὶν ἐλθεῖν ἡμέραν κυρίου τὴν μεγάλην καὶ ἐπιφανῆ

---

9   참고. James D. Nogalski, "The Day(s) of YHWH in the Book of the Twelve," *Thematic Threads in the Book of the Twelve*, Paul L. Redditt and Aaron Schart eds., (Berlin: de Gruyter, 2003), 202에 수록된 글.

두 번에 걸친 여호와의 큰 날이라는 언급은 요한계시록 6:17의 "그들의 진노의 큰 날"과 문자적 유사성뿐만 아니라 종말론적 문맥이라는 점에서도 유사성을 가지고 있다. 물론 요엘서의 "여호와의 큰 날"이라는 표현과 요한계시록의 "그들의 진노의 큰 날"(6:17)이라는 어구의 차이는 요한이 야웨의 날이라는 사상을 이미 기독론적으로 확대해석해서 그들의 날, 즉 보좌에 앉으신 이와 어린양의 날로 발전시켰음을 보여준다.

앞서 지적한 대로 "여호와의 큰 날"이라는 표현 혹은 사상이 스바냐서와 말라기서에도 등장하기 때문에 우리는 여기서 '요한계시록 저자가 요엘서로부터 야웨의 큰 날이란 사상을 가져다 사용한다고 확정적으로 주장할 수 있는가?'라는 질문이 제기될 수 있다. 이러한 질문에 대해 세 가지로 답변할 수 있다. 첫째, 나는 이미 앞에서 "달이 온통 피같이 변한다"는 표현은 오직 요엘서에만 등장하는 본문이라고 지적했다. 둘째, 요한계시록 17b에 등장하는 "누가 능히 서리요"라는 질문은 요엘 2:11에 나오는 질문인 "당할 자가 누구이랴"와 매우 유사하다.[10] 다시 말해, 요엘 2:11과 요한계시록 6:17 모두 야웨의 진노의 큰 날에 대해 언급하면서 동시에 질문형식을 통해 '누가 이 여호와의 진노의 날을 견뎌낼 것인가?'라는 놀라움을 표시하는 점에서 일치하고 있다. 마지막으로, 여섯 번째 대접 재앙에서 논증하겠지만, "여호와의 큰 날"과 "전쟁을 위해 사람들을 소집함"이라는 개념은 요엘서의 본문에만 동시에 등장한다. 스바냐서나 말라기서 본문에 "여호와의 큰 날"이 등장하기는 하지만 여섯째 대접 재앙에서 "여호와의 큰 날"이 요엘서에 근거하고 있는 것으로 보이기

10　Strazicich, 앞의 논문(2004), 511-12.

301

9장 요한계시록에서의 요엘서 사용

때문에, 여섯째 인 재앙에 언급된 "여호와의 큰 날"도 요엘서에서 왔음이 확실하다.

이러한 사실은 요한계시록 6:17에 언급된 그들의 진노의 큰 날이 요엘서에 근거한 내용임을 뒷받침해 준다. 이제 '요한계시록의 저자가 요엘서에 두 번 나오는 "여호와의 큰 날"을 종합적으로 암시하고 있는가, 아니면 요엘 2:11과 요엘 3:4(70인역) 두 본문 가운데 어느 특정 본문을 사용하고 있는가?'라는 문제를 해결해야 한다. 요한은 요엘 3:4(70인역) 본문보다는 요엘 2:11 본문을 염두에 두고 있음이 분명해 보인다. 왜냐하면, 앞서 지적한 대로 요엘 2:11에 여호와의 큰 날이라는 표현과 결합되어 나오는 이 날을 "누가 능히 당하리요"라는 질문형식이 요한계시록 6:17에서 비슷하게 쓰이고 있기 때문이다.

요약하자면, 여섯째 인의 재앙/심판 내용에 대한 묘사에서 요한계시록 저자는 하나님이 임하시는 종말론적 자연현상의 언급 중 '달이 온통 피처럼 변하는 현상'을 설명하면서 요엘 2:10과 요엘 3:4(70인역)에 호소하고 있으며, "여호와의 진노의 큰 날"이라는 표현을 사용하면서 다시 한번 요엘 2:11에 의지하고 있다. 그리고 마지막으로 '이 큰 날에 누가 감히 설 것인가?'라는 질문 형태는 요엘 2:11의 본문을 사용하고 있다.

(3) 여호와의 큰 날과 여섯째 인 재앙

지금까지의 내 논증이 옳다면, 요한계시록 저자는 무슨 의도로 여섯째 인 재앙의 내용을 묘사하면서 요엘을 사용하고 있는 것인가? 이에 대한 대답은 요한계시록 저자가 여섯째 인 재앙의 내용을 여호와의 큰 날을 묘사하는 요엘 2:10-11과 관련시키고 있다는 점에서 찾아야 할 것이다. 요엘 2:10-11이 포함된 요엘 2장의 문맥은 하나님이 강한 백성을 통해서 이스라엘 백성의 죄를 심판하신다는 내용이다. 요엘 1-2장의 문맥상 이 강한 백성은 재앙을 불러오는 메뚜기를 나타낸다. 하나님이 이스라엘 백성의 죄를 심판하는 수단으로 메뚜기 재앙을 이스라엘 땅에 임하게 하신다. 예언자 요엘은 이 메뚜기 재앙을 통해서 임하는 여호와의 큰 날을 피하기 위해 이스라엘 백성에게 여호와께로 돌아오라고 요구한다(욜 2:11-17). 요한계시록의 여섯째 인 재앙에서 사용되고 있는 요엘 2:10-11이 위치한 인접 문맥인 요엘 2:12-17은 요엘서 전체의 전환점이 되는 본문이다.[11] 문맥상 그 전 본문들에서는 이스라엘 백성에게 임할 하나님의 심판이 메뚜기 재앙이라는 수단을 통해 생생하게 설명되었다. 그러나 이 하나님의 재앙은 요엘 2:18을 분기점으로 이스라엘 백성을 향한 하나님의 복들로 바뀐다.[12] 그리고 하나님의 심판에서 하나님이 풍성하게 주시는 복으로 전환하는 계기는 이스라엘 백성의 회개다. 요엘 2:12-17은 이러한 이스라엘 백성의 회개를 다루고 있다. 이스라엘 백성이 옷이 아니라 마음을 찢고 하나님께 돌아오면 하나님은 재앙을 내리지 아니하실 것이라는 내용이 요엘서 내용의 전환점이다.[13] 흥미롭게도 요한계시록 저자는 여섯째 인 재앙에 관한 대목에서 요엘 2:10-11을 암시적으로 사용하면

---

11 Nogalski, 앞의 논문(2003), 201-2.

12 Douglas Stuart, *Hosea-Jonah* (Waco: Word, 1987), 257.

13 욜 2:18을 시작으로 그전까지 설명되던 이스라엘 백성에 대한 심판은 더 이상 언급되지 않고, 이스라엘 백성에게 내려지는 복들이 설명된다. 곡식과 새 포도주와 기름을 흡족하게 주심(2:19, 24), 이방인 가운데서 더 이상 이스라엘 백성이 욕을 당하지 않음(2:19), 그리고 이방 군대들이 이스라엘에서 쫓겨남(2:20) 등이 복의 내용으로 제시되고 있다.

서 요한계시록 6:17에서 "그들의 진노의 큰 날이 이르렀으니 누가 능히 서리요?"(τίς δύναται σταθῆναι)라고 질문을 던진다. 의미심장하게도 요엘 2:11에서도 여호와의 큰 날을 언급하는 마지막 대목에서 여호와의 큰 날을 "누가 능히 당하리요"(τίς ἔσται ἱκανὸς αὐτῇ)라며 요한계시록에서 던진 것과 유사한 질문을 던진다. 다시 말하면 요한계시록의 저자는 '하나님과 어린 양의 진노의 큰 날에 누가 능히 설 수 있는가?'라는 질문을 던지면서 의도적으로 요엘 2:11의 질문을 연상시키고 있다. 그리고 요엘 2:11에서 '누가 능히 여호와의 큰 날을 당하리요?'라는 질문에 대한 대답이 요엘 2:11의 바로 다음 구절들이자 요엘서의 전환점인 요엘 2:12-17에서 주어진다. 즉 요엘서에 의하면 여호와의 크고 두려운 날을 당할 자들은 다름 아닌 하나님께로 돌아오는 자들이다. 옷이 아니라 마음을 찢으며 여호와께로 돌아오는 자만이 여호와의 날에 심판을 피할 수 있는 자들이다. 요한이 요한계시록에서 여섯째 인의 내용을 묘사하면서 요엘서를 사용하는 이유는 회개의 촉구라는 주제에 있다. 스트라지치치는 여섯째 인에서 요한계시록 저자가 요엘서에서 차용하는 요소는 단지 요엘 3-4장(70인역)에 나오는 묵시론적 여호와의 날이라는 개념뿐이며, 그는 요한계시록의 신학적 목적을 위해 거기에 새로운 의미(resignification)를 부여하고 있다고만 보았다.[14] 그러나 그의 주장과 달리 요한계시록 저자는 요엘 2:11-17의 본문을 염두에 두면서 회개라는 주제를 끌어다 사용하고 있음이 분명하다. 요한계시록 저자가 요엘 본문을 사용하면서 회개라는 주제를 염두에 두었다는 점은―앞으로 논증되겠지만―요엘 본문이 사용되

---

14 Strazicich, 앞의 논문(2004), 512-3.

고 있는 다른 요한계시록 본문들인 나팔 재앙과 대접재앙의 본문에서 회개 주제가 반복적으로 언급된다는 점에 의해 분명히 뒷받침된다.[15] 땅의 임금들, 왕족들, 장군들과 부자들, 강한 자, 그리고 종과 자유인들로 상징되는 하나님을 대적하는 자들은 이 진노의 큰 날(계 6:17)에 아무도 심판을 피할 수 없다. 반면 이 심판의 날에 설 수 있는 자들로 제시되는 사람들은 요한계시록의 문맥상 요한계시록 7장에 등장하는 십사만 사천 명(4-8절)과 셀 수 없는 많은 무리들(9-17절)이다. 그리고 요한계시록 6장의 여섯째 인 재앙에서 요엘 2:10-11의 사용이 암시하는 바는 마음을 찢고 하나님께로 돌아오는 자들, 즉 회개하는 자들이 이 최후 심판의 날(그들의 진노의 큰 날)에 능히 심판을 피하고 설 수 있는 자들이라는 것이다.

더 나아가 요한계시록 6장의 여섯째 인 재앙에서 암시되고 있는 본문은 앞서 논증한 대로 요엘 3:4-5(70인역. 한글 성경은 2:31-32)이었다(한글 성경 요엘 2:28-32은 히브리 성경과 70인역에서는 3:1-5이고, 한글 성경 요엘 3장은 히브리 성경과 70인역 요엘 4장이다). 이 요엘 본문은 달이 피처럼 변하는 내용과 여호와의 큰 날이라는 표현이 함께 등장하는 본문이다. 이 요엘서 본문은 여호와의 큰 날을 피할 자를 가리켜 "여호와의 이름을 부르는 자들"이라고 분명히 밝힌다. 이 사람들은 "여호와의 부름을 받은 자들"이라고 달리 표현되고 있다(욜 3:5. 70인역. 한글 성경은 2:32). 70인역 본문은 요엘 3:4-5(한글 성경은 2:31-32.)의 시온과 예루살렘에

---

15 Jauhiainen, 앞의 논문(2009), 163. 그는 여섯째 인 재앙의 단락(특히 계 6:12)에서 욜 2:18-32가 사용된다고 보면서 회개에 대한 촉구가 요한계시록 저자의 요엘 사용 의도 중 하나라고 판단한다. 하지만 그의 논문은 이 회개의 촉구라는 주제가 요엘서를 암시하고 있는 요한계시록의 다른 본문들에서도 강조되고 있다는 점은 보지 못하는 한계를 안고 있다.

서 구원받을 자들을 가리켜 하나님이 불러서 '복음'을 듣게 한 자(καὶ εὐαγγελιζόμενοι οὓς κύριος προσκέκληται)라는 번역을 취하고 있다. 요한은 구원받을 자를 가리키는 이 구절을 그리스도인들과 결부시키는 데 어려움이 없었을 것이다. 결국 요한계시록 저자는 여섯째 인에서의 요엘서 사용을 통해 십사만 사천 명과 셀 수 없는 많은 무리가 하나님의 부름을 받은 자들(하나님의 인침을 받은 자, 계 7:3)이며, 또한 비록 지금 잠시 동안 신앙을 타협하며 이세벨과 발람의 가르침을 따라 살고 있는 자들도 언제든지 진노의 큰 날이 이르기 전에 회개하고 돌아오면 이 무리 속에 들어갈 수 있다고 암시하는 것이다.

2. 다섯째 나팔 재앙에서의 요엘서 사용(계 9:1-11)

요한계시록의 세 가지 재앙 시리즈 가운데 두 번째는 나팔 재앙이다. 이 재앙은 잘 알려진 대로 출애굽의 열 가지 재앙을 모델로 하고 있다.[16] 첫 번째 나팔 재앙은 출애굽의 우박과 불 재앙, 두 번째 나팔 재앙은 출애굽 재앙 중 물이 피로 변하는 재앙, 넷째 나팔 재앙은 출애굽 재앙의 흑암 재앙에 근거하고 있다. 요한계시록의 요엘서 사용과 관련해 우리가 주목해야 할 대목은 다섯째 나팔 재앙이다. 나팔 재앙이 출애굽의 열 가지 재앙을 모델로 삼고 있다는 사실은 다섯째 나팔 재앙에 등장하는 황충 재앙도

---

16 G. K. Beale, *The Book of Revelation*, NIGTC(Grand Rapids: Eerdmans, 1999), 465-67. Beale은 나팔 재앙 중 앞의 다섯 개 나팔 재앙이 출애굽의 열 재앙을 모델로 삼고 있다고 주장한다.

출애굽 재앙 중 메뚜기 재앙에 기초하고 있음을 암시한다. 하지만 더 자세히 보면 다섯째 나팔 재앙인 황충 재앙이 요엘서에 나오는 황충 재앙의 본문을 사용하고 있다는 사실이 분명해진다.[17]

(1) 연기로 인한 어두움(계 9:2)

요한계시록 9:2에 의하면 나팔 재앙을 수행하는 다섯째 천사가 무저갱을 열 때 그 구멍에서 연기가 올라오는데, 이 연기로 인해 해와 공기가 어두워진다. 연기로 인해 해가 어두워지는 현상은 요엘 2:30-31에 언급된다. 하나님이 하늘과 땅에 피와 불과 연기 기둥으로 이적을 베푸는데 그 결과 하늘이 어두워진다. '연기'라는 단어와 '해'라는 단어가 요엘서에 함께 사용되면서 종말론적 문맥에서 사용되고 있다는 점은 요한계시록의 다섯째 나팔 재앙에서 나타나는 연기 때문에 해가 어두워지는 현상과 매우 흡사하다. 우리는 특히 연기(καπνός)와 해(ἥλιος)가 함께 등장하는 본문은 구약에서 유일하게 요엘 3:3-4뿐이라는 점을 주목해야 한다.[18]

물론 해가 어두워진다는 표현은 미가 3:6에서도 사용되지만, 연기

---

17 요엘서의 황충 재앙은 출애굽 열 재앙 중 메뚜기 재앙의 본문을 사용하며 암시하고 있다. 아마도 요한은 출애굽기의 황충재앙을 묘사하면서 이를 보충하기 위해 출애굽기의 황충 재앙을 확대한 요엘 본문을 사용하는 듯 하다. 두 본문에는 황충을 가리키는 똑같은 단어가 사용되고 있기 때문이다. 참고. Beale & McDonough, 앞의 논문(2009), 1114.

18 Beale & McDonough, 앞의 논문(2009). 이들은 계 9:2에 대한 해설에서 출 10:15과 욜 2: 2, 10을 계 9:2의 구약적 배경으로 설명하면서 메뚜기(황충)으로 인해 어두워지는 현상을 설명하고 있다. 하지만 그들은 욜 3:3-4(70인역)을 그 구약적 배경이 되는 본문으로까지는 생각하지 않는다. Strazicich(앞의 논문"Joel's Use of Scripture", 526-7)도 계 9:2에서 욜 2:10(70인역)이 사용된다고 주장하지만 이것을 논증하지는 않는다. 그도 계 9:2에서 욜 3:3-4(70인역)에 대해 논의하지 않는다.

로 인해 해가 어두워진다는 개념은 거기서는 등장하지 않는다. 또 미가 3:6과 비슷하게 요엘 2:10에도 해가 어두워진다는 표현이 등장하지만, 연기로 인해 해가 어두워진다는 개념은 역시나 존재하지 않는다. 따라서 요엘서에 등장하는 연기로 인해 해가 어두워진다는 암시와 특히 요엘 3:3-4(70인역)이 연기와 해가 유일하게 결합하여 등장하는 본문이라는 점은 요한계시록 9:2에서 요엘 3:3-4(70인역)이 사용되고 있음을 입증해 준다.

(2) 황충에 대한 묘사(계 9:7-11)

무저갱의 연기 가운데 땅으로 올라온 황충에 대한 묘사는 요한계시록 저자가 요엘서에 나오는 황충의 묘사를 가져다 사용하고 있음을 분명히 보여준다. 첫째, 황충의 모양을 말과 같다고 묘사하는 부분을 살펴보면 다음과 같다.

욜 2:4 ὡς ὅρασις ἵππων ἡ ὅψις αὐτῶν καὶ ὡς ἱππεῖς οὕτως καταδιώξονται

계 9:7 Καὶ τὰ ὁμοιώματα τῶν ἀκρίδων ὅμοια ἵπποις ἡτοιμασμένοις εἰς πόλεμον, καὶ ἐπὶ τὰς κεφαλὰς αὐτῶν ὡς στέφανοι ὅμοιοι χρυσῷ, καὶ τὰ πρόσωπα αὐτῶν ὡς πρόσωπα ἀνθρώπων,

황충을 말에 비유하는 것은 구약에서 요엘서에만 등장하는 표현이다. 이러한 독특한 개념상의 유사성은 요한계시록 9:7에서 요엘 2:4 본문이 사용되고 있음을 뒷받침한다. 둘째, 황충의 이빨을 묘사하면서 사자의 이빨과 같다고 표현하는 것도 이 단락에서 요엘서가 사용되고 있음을 명백하게 보여주는 증거다.

욜 1:6 ὅτι ἔθνος ἀνέβη ἐπὶ τὴν γῆν μου ἰσχυρὸν καὶ ἀναρίθμητον οἱ ὀδόντες αὐτοῦ ὀδόντες λέοντος καὶ αἱ μύλαι αὐτοῦ σκύμνου

욜 1:6

כִּי־גוֹי עָלָה עַל־אַרְצִי עָצוּם וְאֵין מִסְפָּר שִׁנָּיו שִׁנֵּי אַרְיֵה וּמְתַלְּעוֹת לָבִיא לוֹ׃

계 9:8 καὶ εἶχον τρίχας ὡς τρίχας γυναικῶν, καὶ οἱ ὀδόντες αὐτῶν ὡς λεόντων ἦσαν

요한계시록 9:8과 요엘 1:6 사이에는 문자적 유사성이 존재한다. 그런데 구약 외경인 집회서 21:2에는 흥미롭게도 요한계시록 9:8과 매우 흡사한 표현이 나온다. 어떤 대상을 사자의 이빨과 같다고 설명하고 있기 때문이다.

집회서 21:2 ὡς ἀπὸ προσώπου ὄφεως φεῦγε ἀπὸ ἀμαρτίας ἐὰν γὰρ προσέλθῃς δήξεταί σε ὀδόντες λέοντος οἱ ὀδόντες αὐτῆς ἀναιροῦντες ψυχὰς ἀνθρώπων

계 9:8 καὶ εἶχον τρίχας ὡς τρίχας γυναικῶν, καὶ οἱ ὀδόντες αὐτῶν ὡς λεόντων ἦσαν

위의 두 문장을 비교해 보면 이러한 문자적 유사성은 요엘 1:6과 요한계시록 9:8 사이뿐만 아니라 집회서 21:2과 요한계시록 9:8 사이에도 존재하는 것처럼 보인다. 하지만 개념상의 유사성이라는 기준으로 보면 차이점이 확실히 드러난다. 요한계시록 9:8과 요엘 1:6에서는 황충의 이빨을 사자의 이빨에 비교하는 반면, 집회서 21:2은 죄의 파괴력을 사자의 이빨에 비교한다는 차이점이 있다. 이러한 개념상의 차이는 요한계시록 9:8에서 집회서 21:2이 아니라 요엘 1:6이 사용되고 있음을 암시한다. 셋째, 황충 재앙을 묘사하는 요한계시록 9:9과 요엘 2:5 사이에 황충들이 움직이는 소리를 설명하는 대목에서 관련성이 존재한다.

욜 2:4-5 ⁴ὡς ὅρασις ἵππων ἡ ὄψις αὐτῶν καὶ ὡς ἱππεῖς οὕτως καταδιώξονται ⁵ὡς φωνὴ ἁρμάτων ἐπὶ τὰς κορυφὰς τῶν ὀρέων ἐξαλοῦνται καὶ ὡς φωνὴ φλογὸς πυρὸς κατεσθιούσης καλάμην καὶ ὡς λαὸς πολὺς καὶ ἰσχυρὸς παρατασσόμενος εἰς πόλεμον

계 9:9 καὶ εἶχον θώρακας ὡς θώρακας σιδηροῦς, καὶ ἡ φωνὴ τῶν πτερύγων αὐτῶν ὡς φωνὴ ἁρμάτων ἵππων πολλῶν τρεχόντων εἰς πόλεμον

황충들이 움직이면서 내는 소리를 병거가 달려가면서 만들어 내는 소리와 같다고 설명하는 내용이 서로 유사하다. 요엘 2:5에서는 이스라엘에

임하는 황충 재앙을 청각적인 동시에 시각적인 면으로 묘사한다.[19] 요한
계시록에서는 이 가운데 청각적인 측면을 가져와 황충의 위력을 설명하
고 있다.

지금까지 살펴본 대로 나팔 재앙 가운데 다섯째 나팔 재앙에 등장하
는 황충 재앙의 묘사는 요엘 1-2장에 등장하는 황충들에 대한 묘사를 가
져다 사용하는 것임이 분명해졌다.[20] 게다가 요한계시록에서 나팔 재앙
가운데 황충 재앙이 등장한다는 사실도 요엘서가 이 재앙에 영향을 주었
음을 보여준다. 왜냐하면 요엘 2:1과 2:15에 황충 재앙에 대한 묘사와
함께 나팔을 부는 동작이 등장하기 때문이다. 요엘서에서 나팔을 부는 동
작은 이스라엘 백성에게 경고를 주기 위한 행동으로 제시된다(욜 2:1). 요
엘 2:1과 2:15은 나팔을 불라는 명령으로 시작되는 문장으로 이 두 구절
안의 단락을 감싸고 있는 수미쌍관 구조(inclusio)를 형성하고 있다.

요엘 2장의 황충에 대한 묘사와 나팔을 불어 경고하라는 명령의 문
맥은 요한계시록 저자가 요한계시록 9장에서 요엘 2장을 끌어다 사용한
의도를 암시하고 있다. 즉 그 의도는 황충 재앙이 다가올 하나님의 심판
에 대한 경고의 성격과 이 심판을 피하기 위해 회개를 촉구하는 성격을
동시에 가진 재앙임을 보여주는 것이다. 요한계시록에 묘사된 황충 재앙

---

19 Douglas Stuart, *Hosea-Jonah* (WBC 31, Waco: Word, 1987).
20 Strazicich("Joel's Use of Scripture", 527)도 나와 유사하게 계 9장의 이 단락에서 요엘의
황충에 대한 묘사가 사용되었음에 대해 다음과 같은 근거를 제시한다. 1) 황충을 말에 비
유한다. 2) 황충들이 전쟁을 위해서 대열을 갖추고 있다. 3) 황충들의 이빨이 사자의 이
빨과 같다고 비유한다. 4) 황충들이 내는 소리는 병거들이 내는 소리와 같다고 말한다.
Jauhiainen("the Minor Prophets in Revelation," 164)은 계 9장의 황충 재앙 묘사와 요엘
서를 연결하면서, 그 근거로 우선 욜 1:6의 황충의 이빨이 사자의 이빨과 같다는 점과, 둘
째로 황충의 날개 소리가 병거 소리와 같다는 점만을 논증 없이 간략히 제시한다.

은 하나님을 대적하는, 땅에 거하는 자들을 대상으로 하고 있다. 이들은 요한계시록 9:4에 의하면 "이마에 하나님의 인침을 받지 아니한 사람들" 이다. 그리고 이들이 황충의 공격 대상이 된다. 여기서 우리는 요한계시록의 요엘서 사용은 단지 요엘서의 황충 재앙을 맹목적으로 가져다 그대로 사용하는 것이 아니라 황충 재앙을 한층 발전시켜 나가고 있음을 발견하게 된다. 요엘서에서 황충이 공격하는 대상은 사람이 아니라 자연이었다(욜 1:16). 하지만 요한계시록에 오면 황충이 공격하는 대상은 더 이상 자연이 아니라 사람들이다(계 9:4).

그렇다면 요한계시록 저자는 요엘서의 황충 재앙에 관한 설명을 스트라지치치의 논지대로 요한계시록의 신학적 목적과 논증을 위해 임의로 변용하고 있는 것인가?[21] 그렇지 않다. 왜냐하면 이미 요엘서의 문맥은 황충이 공격하는 대상이 자연을 넘어 이스라엘 백성까지도 포함한다고 해석할 수 있는 가능성을 내포하고 있기 때문이다. 요엘 2:4에서는 황충이 기병대로서 전쟁을 치루는 군대로 묘사되고 있는데, 요엘 2:6에 이르면 이들의 공격에 백성들이 질리고 무리의 얼굴빛이 하얗게 된다고 묘사한다.[22] 황충의 공격이 사람들에게 공포를 유발하고 있다. 또한 요엘 2:18-20은 황충으로 인한 재앙으로부터 복으로의 반전을 이방 군대를 이스라엘 땅에서 쫓아내는 것과 유사한 상황으로 묘사하고 있다. 요한계시록 저자는 이러한 요엘서 자체 안의 상징의 발전을 근거로 황충이 사람

---

21 Strazicich, 앞의 논문(2004), 532-4. 그가 요엘서와 요한계시록 사이의 연속성과 불연속성에 둘 다 관심을 가지고 있는 것은 사실이만, 그의 주된 초점과 강조점은 불연속성(요엘 본문에 새로운 의미를 부여함)에 있다. 그는 자신의 논의에서 resignificaton(새 의미 부여) 혹은 to resignify(새 의미를 부여하다)라는 단어를 반복해서 사용한다.

22 Nogalski, 앞의 논문(2003), 200.

들을 공격하는 것으로 사용한 것이 틀림없다. 따라서 요한계시록 저자는 단순히 구약 요엘서의 여러 가지 표현을 문맥과는 관련 없이 황충 재앙을 묘사하기 위해 마구잡이로 끌어다 사용하는 것이 아니라, 오히려 요엘서의 문맥을 충분히 파악하며 앞뒤 문맥을 염두에 두고 요엘서의 황충 재앙을 사용하고 있다.

(3) 요엘서의 황충 재앙과 요한계시록의 황충 재앙

요엘서의 황충 재앙을 가져다 요한계시록 9장의 황충 재앙을 묘사하는데 사용한 요한의 의도는 무엇인가? 내가 앞서 밝힌 대로 요한계시록 저자는 요엘 1장과 2장에서 황충에 관한 생생한 묘사를 끌어다 사용하고 있다. 따라서 우리가 요한계시록 저자가 9장의 다섯째 나팔 재앙에서 요엘서를 사용한 의도를 파악하기 위해서는 요엘 1-2장의 문맥을 살필 필요가 있다. 요엘 1-2장의 문맥은 이스라엘 백성들에게 임할 여호와의 날을 경고(욜 1:2-2:11, 특히 1:15)하며, 전심으로 여호와께 돌아오기를 촉구하는 내용(참고. 계 2:12-17)에 관한 것이다. 그러므로 우리는 요한계시록 저자에게 다섯째 나팔 재앙의 황충 재앙을 통해 다가올 하나님의 최종적 심판을 미리 경고하는 동시에 회개를 촉구하려는 의도가 있음을 황충 재앙이 암시한다고 볼 수 있다. 최후 심판에 대한 경고와 회개의 촉구라는 이두 가지 주제가 요엘 1-2장의 지배적인 주제이기 때문이다.[23]

---

23 Strazicich("Joe's Use of Scripture," 533-4)는 나팔 재앙에서 사용되는 요엘서 본문을 논의하고 있기는 하지만, 요한계시록 저자가 요엘서를 사용하는 의도(why)를 파악하기보다는 요엘서 본문을 사용하는 방식(how)에 더 논의의 초점을 맞춘다. 그는 요한계시록 저자

다섯째 나팔 재앙이 회개를 촉구하기 위한 의도로 내려지는 재앙이 라는 점은 요한계시록 저자가 요한계시록 9:20에서 암시하고 있다. 저자 는 여섯째 재앙의 결과를 언급하면서 재앙에 죽지 않은 남은 사람들이 자 신들이 행한 일을 "회개하지 않고"(οὐδὲ μετενόησαν ἐκ τῶν ἔργων τῶν χειρῶν αὐτῶν/ 9:21 οὐ μετενόησαν ἐκ τῶν φόνων αὐτῶν) 계속해서 우상숭배 상태에 빠 져 있다고 말한다. 요한계시록의 저자인 요한은 요한계시록 9:20-21에 서 사람들이 회개하지 않았음을 두 번 반복해서 강조한다. 그는 특히 20 절에서 이 사람들이 경험한 재앙을 언급하면서 이 재앙들(ἐν ταῖς πληγαῖς ταύταις)이라는 복수형을 사용한다. 이 복수형 재앙들은 요한계시록 9:20 에서 언급되는 재앙이 단지 여섯째 나팔 재앙만을 언급하는 것이 아니라, 앞의 첫째부터 다섯째 나팔 재앙까지의 모든 재앙을 가리키며, 이 재앙들 은 사람들로 하여금 회개하도록 의도된 것임을 보여준다.[24] 나는 이미 다 섯째 나팔 재앙에서 요엘서가 사용된 것이 최후 심판에 대한 경고와 회 개에 대한 촉구의 성격을 가진다고 논증했다. 그러나 이 재앙들의 결과 는 사람들이 회개하는 것이 아니라 마음이 완악해져 오히려 자신들이 행 해오고 있는 우상숭배를 지속하는 것이었다. 여기서 우리는 다시 한번 요

가 요엘서 본문을 보편화(universalize)시켜 요엘서에서 이스라엘에 대한 공격이라는 내용 을 가져와 온 세상에 대한 공격으로 변용했다고 주장한다.

[24] 나는 Grand Osborne, *Revelation*, BECNT (Grand Rapids: Eerdmans, 2002), 385에 반대 한다. Osborne은 계 9:20에 언급된 "재앙들"이 18절에 언급된 세 재앙, 즉 불, 연기 유황 이라고 해석한다. 그가 그 근거로 드는 이유는 재앙이라는 단어가 18절과 20절에만 사용 되고, 첫째부터 다섯째 나팔 재앙까지는 이 단어가 사용되지 않는다는 점 때문이다. 하지 만 20절의 재앙들에 죽지 않고 남은 사람들은 계 8:11에 나오는 많은 사람이 죽는다는 내 용과도 관련이 있으며, 따라서 20절의 재앙들은 18절의 재앙들을 포함해 첫째부터 여섯 째 나팔 재앙 모두를 포함하는 것으로 보이기 때문에, Osborne의 해석은 설득력이 약하다.

한계시록 저자가 요엘서를 사용한 의도를 엿볼 수 있다. 요엘 2:12-17
은 이스라엘 백성에게 회개를 촉구하지만, 동시에 하나님께로 돌아오지
않을 경우 이스라엘 백성이 맞이하게 될 두려운 하나님의 심판을 경고한
다(참고. 욜 2:1-11). 여호와의 날은 어둡고 캄캄한 날(욜 2:2)로서 이스라
엘 백성을 구원하는 날이 아니라 도리어 이스라엘 백성이 심판받는 날(욜
2:6, 13)이며 동시에 이스라엘 백성들을 해롭게 했던 이방인들이 심판받
는 날(욜 4:13, 70인역)이라고 요엘은 엄중히 경고한다. 따라서 요엘서 본
문을 사용하는 다섯째 나팔 재앙을 통해 요한은 하나님을 대적하는 자들
(계 9:4, 11)이 심판받는 것이 나팔 재앙을 통해 드러난 하나님의 경고와
회개의 촉구에도 불구하고 이들이 하나님의 경고를 무시하고 회개의 기
회를 저버렸기 때문임을 암시한다.

물론 이 다섯째 나팔 재앙의 직접적인 대상은 하나님의 인침을 받지
아니한 사람들(계 9:4)이다. 그렇다면 하나님의 인침을 받지 않은 자들이
회개할 수 있는가? 아니면 운명론적으로 하나님의 인침을 받지 않은 사람
들은 결코 회개할 능력이 없는 자들인가? 요한계시록에서 하나님을 경외
하는 자들은 일관되게 "하늘에 거하는 자들"(τοὺς ἐν τῷ οὐρανῷ σκηνοῦντας)
이라고 불린다(12:12; 13:6). 반면에 하나님을 대적하는 자들은 거의 일관
되게 "땅에 거하는 자들"(οἱ κατοικοῦντες ἐπὶ τῆς γῆς)이라고 칭해진다(6:10;
8:13; 11:10; 13:8, 12, 14).[25] 그리고 이 땅에 거하는 자들은 하나님의 심판
대상이지만(계 6:10), 동시에 복음을 전해야 할 대상(계10:11; 14:6)이다. 이

---

25 Richard Bauckham, *The Climax of Prophecy* (New York: T&T Clark, 1993), 240; Osborne,
앞의 책(2002), 478.

들이 복음을 듣고 회개해야 할 대상이라는 사실은 두 증인이 복음을 전한 결과 땅에 거하는 자 중 남은 자들(계 11:10, 13)이 두려워하여 영광을 하나님께 돌리는 장면, 즉 회개하는 상황에서 분명하게 드러난다(계 11:13). 결국 다섯째 나팔 재앙을 통해 하나님은 땅에 거하는 자, 즉 짐승을 따르며 하나님을 대적하는 자들에게 회개를 촉구하시지만, 결국 이들은 회개의 기회를 거부하며 변함없이 우상숭배의 길을 따르다가 두려운 하나님의 무서운 심판을 자초하게 되는 것이다.[26]

나팔 재앙은 일차적으로 하나님을 대적하는 "땅에 거하는 자들"에게 심판을 경고하지만, 동시에 교회 안에 있으면서 신앙을 타협하는 자들인 니골라당을 겨냥해 회개를 촉구하는 것이기도 하다. 우선 요한계시록 2-3장의 일곱 교회에 관한 내용은 결론부가 회개의 촉구로 끝나고 있다(계 2:5, 16, 21, 22; 3:3, 19). 따라서 회개의 촉구를 다루고 있는 요엘 2-3장의 본문을 암시하고 있는 다섯째 나팔 재앙과 이 재앙을 포함한 모든 나팔 재앙의 의도 또한 교회 안에서 신앙을 타협하며 거짓 선지자들을 따라가는 자들을 염두에 두고 있음이 분명하다. 사실 요한계시록 2-3장을 제외하고는 요한계시록 4-16장에 교회에 관한 직접적인 언급은 등장하지 않는다. 하지만 이 단락(계 4-16장)에서 교회에 관한 언급은 직접적인 방식이 아니라 상징적인 방식(14만 4천 명, 셀 수 없는 많은 무리, 두 증인, 여

---

26 Beale(*Revelation*, 465-467)은 나팔 재앙의 일차적 목적은 회개를 촉구하는 것이 아니라고 주장하면서 그 근거로 나팔 재앙이 출애굽의 열 재앙을 모델로 삼고 있는데, 출애굽의 재앙들은 바로와 이집트인들을 회개시키려는 의도를 갖는 것이 아니라 실제적인 심판이었다는 점을 지적한다. 하지만 다섯째 나팔 재앙이 출애굽기의 재앙이 아니라 요엘의 황충 재앙을 모델로 삼고 있다는 점에서 Beale의 주장은 설득력이 약화된다. 요엘의 중요한 신학적 주제가 하나님께로 돌아오라는 회개의 촉구이기 때문이다.

자의 후손)으로 등장하고 있다. 동시에 교회 내부에서 신앙을 타협하며 이세벨과 발람으로 상징되는 니골라당의 가르침을 수용하면서 요한계시록 4-16장에 로마 황제 숭배에서 과감하게 벗어나지 못하는 자들에 대해 강력하게 회개를 촉구하는 내용 또한 암시적으로 등장한다고 볼 수 있다. 회개를 촉구하는 내용이 요한계시록 4-16장에 암시되어 있다는 주장은 요한계시록 저자가 다섯째 나팔 재앙에서 요엘 본문을 사용하고 있다는 사실을 통해 뒷받침된다.[27] 요한계시록은 인류 역사의 전개과정을 미래주의적 관점에서 제시하는 것이 일차 목표가 아니다. 오히려 소아시아 일곱 교회가 당면한 신앙의 타협이라는 절체절명의 위기 앞에서 한편으로는 철저하게 신앙을 견지하는 자들을 계속해서 격려하고, 다른 한편으로는 신앙을 타협하고 있는 니골라당의 추종자들에게 그들에게 임한 두려운 심판의 경고와 회개를 촉구하는 것이 요한계시록 4-16의 일차적 목표다. 이러한 신학적 의도를 잘 드러내는 것이 요한계시록 저자의 요엘서 사용이다.

---

27 Jauhiainen("The Minor Prophets in Revelation," 164)은 나팔 재앙에서의 요엘서 사용과 관련하여 회개라는 주제와의 연관성을 너무도 간략하게 설명하고 지나간다.

3. 곡물 수확과 포도송이 추수(계 14:14-20)

(1) 포도송이 추수(계 14:17-20)

요한계시록 14:14-20에는 두 종류의 추수 상징이 등장한다. 14-16절은 구름 위에 앉은 이가 예리한 낫을 땅에 휘둘러 땅의 곡식을 거두는 장면이고, 17-20절은 천사가 낫을 땅에 휘둘러 땅의 포도를 거둬들여 큰 포도주 틀에 던져 포도를 밟아 짜는 장면으로 되어 있다. 곡식 추수(14-16절)와 포도 추수(17-20절)에는 한 가지 의미가 있는가, 아니면 그것들은 두 가지 서로 다른 상징인가? 보컴 같은 학자는 두 종류의 추수 이미지를 각기 달리 해석하는데, 그는 곡식 추수는 긍정적인 상징으로서 하나님의 백성을 구원하기 위해 추수하는 것이라고 보는 한편, 포도 추수는 부정적인 의미로서 하나님을 대적하는 자들 위에 임하는 하나님의 진노를 의미한다고 해석한다.[28] 이와 유사하게 자우히아이넨은 곡식 추수의 이미지를 근접문맥인 요한계시록 14:4과 관련지어 그 의미를 구원의 상징으로 해석하려고 시도했다.[29] 반면에 비일은 곡식 추수의 이미지와 포도 추수의 이미지는 상반되는 두 종류의 상징이 아니라 하나님의 심판을 나타내는 동일한 의미를 가진다고 주장한다.[30] 반면 오스본은 전자인 곡물 추수의 상징을 구원받을 자들에 대한 자비의 심판이라고 본다.[31] 이들과 달리 스

---

28 Bauckham, 앞의 책(2003), 290.
29 Jauhiainen, 앞의 논문(2009), 168.
30 Beale, 앞의 책(1999), 770-79.
31 Osborne, 앞의 책(2002), 550-53.

트라지치치는 곡식 추수를 부정적이거나 긍정적인 상징이 아니라 중립적인 의미로 의인의 구원과 악인의 심판을 동시에 포함하고 아우르는 종합적인 이미지라고 해석한다. 그리고 나중에 언급되는 포도주 틀 이미지(계 14:17-20)가 악인의 심판이 설명되는 포도주 틀을 밟는 이미지라고 주장한다.[32]

요한계시록의 요엘서 사용이라는 관점으로 요한계시록 14:14-20을 분석해 보면, 요한계시록 14:17-20에 등장하는 포도 수확 이미지가 요엘 4:13(히브리어 성경과 70인역. 한글 성경은 3:13)에 근거하고 있다고 볼 수 있다.

욜 4:13 ἐξαποστείλατε δρέπανα ὅτι παρέστηκεν τρύγητος εἰσπορεύεσθε πατεῖτε διότι πλήρης ἡ ληνός ὑπερεκχεῖται τὰ ὑπολήνια ὅτι πεπλήθυνται τὰ κακὰ αὐτῶν

계 14:18 καὶ ἄλλος ἄγγελος [ἐξῆλθεν] ἐκ τοῦ θυσιαστηρίου [ὁ] ἔχων ἐξουσίαν ἐπὶ τοῦ πυρός, καὶ ἐφώνησεν φωνῇ μεγάλῃ τῷ ἔχοντι τὸ δρέπανον τὸ ὀξὺ λέγων· πέμψον σου τὸ δρέπανον τὸ ὀξὺ καὶ τρύγησον τοὺς βότρυας τῆς ἀμπέλου τῆς γῆς, ὅτι ἤκμασαν αἱ σταφυλαὶ αὐτῆς.

두 구절을 비교해 보면 낫(δρέπανον)이라는 단어가 공통적으로 사용되고 있으며, 포도 수확이라는 유사한 개념이 두 구절 모두에서 발견된다. 더

---

32 Strazicich, 앞의 논문(2009), 545.

나아가 정확하게 일치하지는 않지만 어근상 유사한 단어인 τρύγητος(포도 수확/혹은 곡물 수확)이라는 명사와 τρύγησον(수확하다)는 명령형 동사가 사용되고 있다. 요엘서와 요한계시록의 이 두 본문은 공통적으로 포도를 수확하여 포도주 틀에서 밟는 내용이다. 요엘 4:13의 히브리어 본문은 하나님의 심판을 묘사하는데, 곡물 추수, 포도주 틀 그리고 기름 짜는 틀의 3가지 비유를 사용하고 있다.[33]

욜 4:13 (HB)

שִׁלְחוּ מַגָּל כִּי בָשַׁל קָצִיר בֹּאוּ רְדוּ כִּי־מָלְאָה גַּת
הֵשִׁיקוּ הַיְקָבִים כִּי רַבָּה רָעָתָם:

욜 4:13(70인역) ἐξαποστείλατε δρέπανα ὅτι παρέστηκεν τρύγητος εἰσπορεύεσθε πατεῖτε διότι πλήρης ἡ ληνός ὑπερεκχεῖται τὰ ὑπολήνια ὅτι πεπλήθυνται τὰ κακὰ αὐτῶν

요엘 4:13의 70인역 번역도 히브리어 본문을 거의 문자적으로 직역하고 있는 것처럼 보인다. 이렇게 볼 경우 요엘 4:13의 70인역 본문도 히브리어 본문과 같이 세 가지 비유인 곡물 추수의 비유, 포도주틀 비유 그리고 기름틀 비유를 가지고 하나님의 심판을 가리키는 사상을 그대로 반영하고 있는 것처럼 보인다. 하지만 70인역 본문은 그리스어 문장 번역상 이세 가지 비유를 포도주 틀의 비유 하나로 볼 수 있는 가능성을 내포하고

---

33 Stuart, 앞의 책(1987), 269.

있다. 왜냐하면 추수(τρύγητος)에 해당하는 단어는 문맥에 따라 곡물 추수 (harvest)가 아니라 포도 추수(vintage)를 의미하기도 하기 때문이다.[34] 또한 포도주 틀에 해당하는 단어(ἡ ληνός)는 포도주 틀을 의미하며, 기름 틀에 해당하는 그리스어(τὰ ὑπολήνια) 또한 포도주 틀의 아랫부분에 놓은 물통 을 나타내는 것으로 해석할 수 있기 때문이다.[35] 요엘 4:13의 70인역 본문 을 히브리어 본문과 비교하지 않고 독립적으로 읽을 때 이러한 해석의 가 능성은 매우 높아진다. 그리고 요한계시록 저자가 요엘서 본문의 이러한 해석의 가능성을 이용하고 있는 듯하다. 요한계시록 14:17-20에 의하면 천사가 곡물 추수를 하는 것이 아니라 낫을 휘둘러 포도송이를 수확하고 난 후 포도주 틀에 던져 넣어 그 틀이 밟히게 하기 때문이다. 즉 낫을 통 한 포도 추수 그리고 추수한 포도송이를 틀에서 밟는 행동의 진행 단계가 요엘 4:13과 동일한 진행 단계를 따르고 있기 때문이다. 요한계시록 저자 의 이러한 요엘서 사용은 그가 요엘서를 자신의 신학적 목적을 위해 임의 로 사용한 것이 아니라, 요엘서 본문의 문맥과 본래 의미 그리고 그 본문 의 의미확장 가능성을 충분히 고려하면서 요엘서의 포도송이 추수 이미 지를 끌어다 심판의 상징으로 사용하고 있음을 보여준다.

(2) 곡물 추수 (계 14:14-16)

다음으로 살펴보아야 할 대목은 곡물 추수 이미지를 다루고 있는 요한계

---

34 Liddell-Scott-Johnson(LSJ), *Greek Lexicon*, τρύγητος 항목을 보라.
35 BDAG는 ὑπολήνιον의 뜻을 "포도주 틀 밑에 놓인 물통"(a trough placed beneath the wine-press to hold the wine, wine trough, vat)이라고 설명한다.

시록 14:14-16이다. 앞서 언급한 여러 학자의 주장을 요약하면 결국 곡물 추수 이미지가 구약의 요엘서에서 온 이미지인지 아닌지와 관련되어 있다고 볼 수 있다. 여러 학자 가운데 비일만이 이 본문이 요엘 4:13(70인역)에 근거하고 있다고 본다.[36] 그는 이 주장에 대한 근거로 구약에서 곡물 추수와 포도송이 추수의 이미지를 동시에 사용하는 본문은 요엘서뿐임을 제시한다.[37] 그의 논리에 의하면 요한계시록 14:14-16의 곡물 추수 이미지와 요한계시록 14:17-20의 포도송이 추수 이미지는 모두 요엘 4:13(70인역)의 본문을 근거로 발전한 것이다. 하지만 그의 주장에는 몇 가지 문제가 있다. 첫째, 문자상의 유사성이 요엘 4:13과 요한계시록 14:14-16에 존재하지 않는다.

욜 4:13(70인역) ἐξαποστείλατε δρέπανα ὅτι παρέστηκεν τρύγητος εἰσπορεύεσθε πατεῖτε διότι πλήρης ἡ ληνός ὑπερεκχεῖται τὰ ὑπολήνια ὅτι πεπλήθυνται τὰ κακὰ αὐτῶν

계 14:14-16 [14]Καὶ εἶδον, καὶ ἰδοὺ νεφέλη λευκή, καὶ ἐπὶ τὴν νεφέλην καθήμενον ὅμοιον υἱὸν ἀνθρώπου, ἔχων ἐπὶ τῆς κεφαλῆς αὐτοῦ στέφανον χρυσοῦν καὶ ἐν τῇ χειρὶ αὐτοῦ δρέπανον ὀξύ. [15]καὶ ἄλλος ἄγγελος ἐξῆλθεν ἐκ τοῦ ναοῦ κράζων ἐν φωνῇ μεγάλῃ τῷ καθημένῳ ἐπὶ τῆς νεφέλης· πέμψον τὸ δρέπανόν σου καὶ θέρισον, ὅτι ἦλθεν ἡ ὥρα

---

36 Beale, 앞의 책(1999), 770-78, 특히 775.

37 Beale, 앞의 책(1999), 775. Beale & McDonough, "Revelation," 1133도 이와 비슷하다.

θερίσαι, ὅτι ἐξηράνθη ὁ θερισμὸς τῆς γῆς. ¹⁶καὶ ἔβαλεν ὁ καθήμενος ἐπὶ τῆς νεφέλης τὸ δρέπανον αὐτοῦ ἐπὶ τὴν γῆν καὶ ἐθερίσθη ἡ γῆ.

물론 두 본문에 공히 낫(δρέπανον)이라는 단어가 등장하지만, 그 이상의 연결고리가 존재하지 않는다. 추수를 의미하는 단어가 요엘 4:13(70인역)에서는 τρύγητος인 반면 요한계시록 14:14-16에서는 θερισμὸς이다. 앞서 지적했듯이 요엘 4:13(70인역)의 단어는 포도 추수를 의미하는 단어로 사용되고 있고, 요한계시록 14:14-16에서 추수에 해당하는 단어는 곡물 추수를 뜻하는 단어이다. 둘째, 문맥상 곡물 추수의 이미지를 사용하고 있는 요한계시록 14:14-16과 포도송이 추수 상징을 사용하고 있는 요한계시록 14:17-20을 비교해보면 내용상 하나의 상황이 아니다. 앞 단락의 경우 곡물을 추수하는 주체는 "구름 위에 앉으신 이"(16절)이며, 또한 14절에 의하면 "인자와 같은 이"라고 심판의 주체가 암시된다. "인자와 같은 이"라는 표현은 요한계시록 1:13에 의하면 요한이 밧모 섬에서 주의 날에 환상 가운데 본 부활하신 예수 그리스도시다. 반면에 포도송이 추수 이미지를 사용하는 요한계시록 14:17-20에서 심판의 주체는 예리한 낫을 든 자(18절)이며 이 주체는 19절에 의하면 천사(ὁ ἄγγελος)다. 또한 이미 17절에서 이 주체가 천사임을 명시하고 있다. 심판의 주체가 앞 단락에서는 예수 그리스도이고 뒷 단락에서는 천사로서, 이 차이점은 분명히 곡물 추수와 포도송이 추수를 한 사건이나 상황으로 볼 수 없음을 암시하고 있다. 따라서 곡물 추수가 요엘 4:13(70인역)에 근거하고 있다는 비일의 주장은 재고되어야 한다. 다시 말해 요한계시록 14:14-16은 요엘 4:13(70인역)의 본문을 사용하고 있다고 볼 수 없다.

곡물 추수의 이미지는 요한계시록 14장의 문맥에서 그 해석의 빛을 발견할 수 있다. 요한계시록 14장의 십사만 사천 명은 사람들 가운데서 속량함을 받은 처음 열매(ἀπαρχή)다(계 14:4). 이 처음 열매라는 단어는 인자 같은 이가 예리한 낫을 휘둘러 거두어들이는 곡물을 연상시킨다(14:15). 곡물 추수를 하는 이유는 곡물이 모두 다 익었기 때문이다(계 14:15). 따라서 계 14:14-16의 첫 열매인 십사만 사천 명이 상징하고 대표하는 모든 구원받을 자들을 한데 모으는 구원의 완성 성격을 가진 추수가 이 단락(계 14:14-16)에서 말하는 곡물 추수라고 볼 수 있다.[38]

요약하면, 요한은 세상 끝날에 있을 하나님의 구원과 심판을 설명하기 위해 곡물 추수 상징과 포도송이 추수 상징을 사용하고 있다. 그리고 포도송이 추수를 다루고 있는 요한계시록 14:17-18의 단락에서 요엘 4:13(70인역)의 본문을 가져다 사용하며 심판의 이미지를 강화하고 있다.

(3) 여호사밧 골짜기 심판과 마지막 추수

요엘 4:13(70인역)의 포도송이 추수 이미지를 가져다 사용하는 요한계시록 저자의 의도는 무엇인가? 요한계시록 14장과 요엘 4장(70인역)의 문맥을 비교해 보면 저자의 의도를 파악할 수 있다. 요한계시록 14:17-20에 사용되고 있는 요엘 4:13(70인역)의 문맥은 여호와의 날에 하나님이 여호사밧 골짜기에서 이스라엘의 대적자들인 만국을 모아 심판하는 내용이

---

38 Bauckham, 앞의 책(1993), 289-96. M. Eugene Boring, *Revelation* (Louisville: John Knox Press, 1989), 171도 비슷한 입장이다.

다. 그리고 이 심판은 하나님의 백성과 만국 민족들 간의 전쟁 이미지로 그려지고 있다. 하나님이 만국 민족들을 여호사밧 골짜기로 불러 모으시는데, 그 목적은 전쟁을 위해서다(욜 4:9. 70인역). 그리고 동시에 열국과 싸울 하나님의 백성들이 이 장소로 모여드는데, 요엘 4:11(HB)의 히브리어 본문은 이때 하나님의 백성을 가리켜 주의 용사들이라고 칭한다.[39] 반면에 70인역 본문은 하나님이 직접 사방의 민족들과 싸워 이들을 심판하실 것이라고 말한다.

욜 4:11(HB)

עוּשׁוּ וָבֹאוּ כָל־הַגּוֹיִם מִסָּבִיב וְנִקְבָּצוּ שָׁמָּה הַנְחַת יְהוָה

גִּבּוֹרֶיךָ׃

욜 4:11(70인역) συναθροίζεσθε καὶ εἰσπορεύεσθε πάντα τὰ ἔθνη κυκλόθεν καὶ συνάχθητε ἐκεῖ ὁ πραῢς ἔστω μαχητής

요엘 4:11의 히브리어 본문(HB)과 그리스어 본문(70인역) 사이의 차이점은 히브리어 본문에서는 하나님이 자기 용사들과 함께 민족들과 싸우는 전쟁을 하시지만, 70인역에서는 심지어 하나님을 대적하러 나오는 모든 민족 중에서 약한 자들도 자신을 힘이 강한 자라고 여기며(ὁ πραῢς ἔστω μαχητής) 하나님을 대적하러 전쟁터에 나오게 하라고 한다는 것이다. 히브리어 본문이든 70인역 본문이든 전쟁을 통해 하나님이 결국 사방의 민족

---

39   참고. Stuart, 앞의 책(1987), 265.

들을 심판하신다는 데 주된 강조점이 있다.

의미심장한 것은 요한계시록 14장의 문맥이 전쟁 모티프가 사용되는 단락이라는 점이다. 요한계시록 14장은 요한계시록 12장에서 시작하는, 한편으로는 붉은 용(12장), 바다에서 올라온 짐승(13:1-10), 땅에서 올라온 짐승(13:11-18), 그리고 이들을 추종하는 무리와, 다른 한편으로는 십사만 사천 명으로 상징되는 하나님의 백성 사이의 전쟁을 다루는 문맥에 위치한다. 요한계시록 12:17에서 이미 붉은 용이 하나님의 계명을 지키며 예수의 증거를 가진 자들과 더불어 "싸우려고" 바닷가 모래 위에서 있다는 전쟁의 이미지를 사용하고 있다. 이 전쟁 모티프는 요한계시록 13:4에서 한 번 더 '붉은 용과 누가 싸워 "이길" 수 있는가?'라는 질문을 통해 반복된다. 이 전쟁 모티프는 요한계시록 14장에 이르면 십사만 사천 명의 등장으로 더 분명해진다. 십사만 사천 명의 정체는 요한계시록 7장에서 암시되는데, 거기서 인구조사를 통해 이스라엘의 열 두 지파에서 십사만 사천 명이 나오는 것으로 제시된다. 보컴은 이 인구조사가 구약시대 때 전쟁을 치르기 위해 성인 남성의 인원수를 파악하는 상황을 배경으로 한다고 주장한다.[40] 십사만 사천 명이 군대라는 점은 이들에 대한 설명 가운데 여자들과 더불어 더럽히지 아니한 자들(계 14:4)이라는 대목에 이르러 더 강화된다. 보컴의 주장대로 구약에서는 이스라엘 남자들에게 거룩한 전쟁을 치르기 위해서 정결 준수가 요구되었다. 성과 관련된 정결법 준수가 성전(holy war)을 치르는 자들이 준수해야 할 규정이었다.[41] 따라서

---

40 Richard Bauckham, *The Theology of The Book of Revelation*, (Cambridge: CUP, 1993), 77
41 Bauckham, 앞의 책(*Theology*, 1993), 78.

십사만 사천 명은 명백하게 전쟁에 싸우러 나가는 군대다. 또 요한계시록 자체의 문맥에서도 십사만 사천 명은 일종의 군대다. 요한계시록 19:14에서 백마를 탄 예수 그리스도를 "뒤따르는" 자들을 "하늘에 있는 군대들"(τὰ στρατεύματα [τὰ] ἐν τῷ οὐρανῷ)이라고 부른다. 이들이 예수 그리스도를 '뒤따르고' 있는 장면은 어린양을 뒤따르는 십사만 사천 명을 연상시킨다(계 14:4). 다시 말해 십사만 사천 명은 하늘에 속한 군대들이다. 요엘 4:13(70인역)이 사용되고 있는 요한계시록 14:17-20의 바로 다음 단락에는 하나님의 종 모세의 노래, 어린양의 노래를 부르는 사람들이 유리 바닷가에 서 있는 장면이 등장한다(계 15:2). 그런데 이들은 짐승과 그의 우상과 그의 이름의 수를 "이긴" 자들이다. 여기서 전쟁용어인 '이기다'는 동사가 사용되며, 전쟁 모티프로써 이들이 소개되고 있다. 전쟁 모티프가 지배적인 요한계시록 14장에서 요엘 4:13(70인역)이 사용되고 있다는 점은 의미심장하다. 앞서 설명했듯이 요엘 4장(70인역)은 하나님의 백성을 핍박하던 사방의 민족들이 전쟁을 위해 여호사밧 골짜기에 모여들지만, 이들은 결국 하나님께 패해서 심판을 맞이한다. 따라서 요한계시록 14:17-20에서 요엘 4:13(70인역)을 사용하는 요한계시록 저자의 의도가 분명해진다. 하나님의 백성을 핍박하고 죽이기까지 하는, 하나님을 대적하는 자들의 마지막 운명은 구약 요엘서에 나오는, 자기의 운명을 내다보지 못하고 여호와의 날에 여호사밧 골짜기에서 패배와 죽음을 맞이하게 되는 군대들의 운명과 같음을 암시하는 것이다. 물론 요엘서에서는 하나님이 사방의 민족들을 여호사밧 골짜기에서 심판하시지만, 요한계시록에서는 진노의 큰 포도주 틀을 밟는 이의 정체가 금방 제시되지는 않고, 단지 수동태 형태로 성 밖에서 포도주 틀이 밟힌다(ἐπατήθη ἡ ληνός)라

고만 언급된다. 그러나 이 포도주 틀을 밟는 이는 재림하시는 예수 그리
스도시다(계 19:15).

요약하면, 요한계시록 저자는 14:17-20의 최후 심판의 문맥에서 요
엘 4:13(70인역)의 포도송이 추수의 이미지를 사용하고 있다. 요엘 4장
(70인역)은 하나님의 백성을 대적하는 사방의 민족들이 하나님과 전쟁하
기 위해 여호사밧 골짜기에 모여들지만, 그 전쟁의 결과는 이미 정해져
있으며 그들은 패배하기 위해서 전쟁하는 어리석은 자들임을 보여준다.
이들이 심판받는 이유는 그들이 하나님 백성의 피를 흘렸기 때문이다. 요
한계시록 14:17-20은 하나님의 백성을 핍박하며 하나님을 대적하는 자
들이 이미 패배라는 결과가 정해진 전쟁을 위해 소집된다는 요엘서의 주
제 및 이들이 하나님의 백성의 피를 흘린 것에 대해 하나님이 복수하시는
심판(욜 4:19-21, 70인역)이라는 주제를 가져다 사용하고 있다.

4. 여섯째 대접 재앙(계 16:14)

(1) 요엘과 여섯째 대접 재앙

대접 재앙은 나팔 재앙과 마찬가지로 출애굽의 열 가지 재앙을 모델로 삼
고 있다. 그러나 여섯째 대접 재앙은 출애굽 재앙의 개구리 재앙과 더불
어 요엘 3장(70인역)에 나오는 여호와의 큰 날 본문과 요엘 4장(70인역)에

등장하는 여호사밧 골짜기 전쟁의 본문을 가져다 사용하고 있다.[42] 첫째, 여호와의 큰 날에 관한 문자적 유사성을 두 본문 모두 가지고 있다.

욜 3:4(70인역) ὁ ἥλιος μεταστραφήσεται εἰς σκότος καὶ ἡ σελήνη εἰς αἷμα πρὶν ἐλθεῖν ημέραν κυρίου τὴν μεγάλην καὶ ἐπιφανῆ

계 16:14 εἰσὶν γὰρ πνεύματα δαιμονίων ποιοῦντα σημεῖα, ἃ ἐκπορεύεται ἐπὶ τοὺς βασιλεῖς τῆς οἰκουμένης ὅλης συναγαγεῖν αὐτοὺς εἰς τὸν πόλεμον τῆς ημέρας τῆς μεγάλης τοῦ θεοῦ τοῦ παντοκράτορος.

요엘 3:4에서는 하나님이 구원과 심판을 위해 이스라엘 역사에 최종적으로 개입하시는 날을 "여호와의 큰 날"이라고 칭한다. 요한계시록 16장의 여섯째 대접 재앙의 내용은 개구리 같은 세 더러운 영들이 이적을 행하며, 세상 왕들을 미혹해서 하나님과 하나님의 백성을 대적하기 위해 전쟁을 일으키게 하는데, 이 전쟁은 하나님의 큰 날에 일어날 전쟁이다. 주의 큰 날(ημέραν κυρίου τὴν μεγάλην)과 하나님의 큰 날(τῆς ημέρας τῆς μεγάλης τοῦ θεοῦ)은 문자적으로 일치한다.

둘째, 최후 심판의 날에 전쟁을 위해서 사람들이 모여드는 상황이

---

42 Beale and McDonough, 앞의 논문(2007), 1136. 이들은 계 16:14에서 욜 3:4(70인역)이 사용된다는 주장과는 달리 여러 구약 본문들인 출 8:3-4, 시 104:30(=105:30, 70인역 ET), 슥 12-14장, 습 3장 그리고 욜 2:11과 욜 2:31(=욜 3:4, 70인역) 등이 계 16:14의 구약적 배경이라고 소개한다. 반면 요한계시록에서 요엘을 비교적 종합적이고 체계적으로 분석하고 있는 Jauhiainen("The Minor Prophets in Revelation")과 Strazicich("Joel's Use of Scripture")는 둘 다 아예 요한계시록의 이 단락에서 요엘서가 사용되었을 가능성을 논의하지도 않는다.

요한계시록 16:14과 요엘 4:9(70인역) 모두 흡사하다. 요엘 4:9(70인역)
은 이스라엘과 하나님을 대적하는 사방의 민족들이 용사와 병사들을 다
소집해서 전쟁을 준비하는 내용을 담고 있다. 이와 흡사하게 요한계시록
16:14도 미혹된 왕들이 최후 전쟁을 위해 소집되고 있다.

> 욜 4:9(70인역) κηρύξατε ταῦτα ἐν τοῖς ἔθνεσιν ἁγιάσατε πόλεμον
> ἐξεγείρατε τοὺς μαχητάς προσαγάγετε καὶ ἀναβαίνετε πάντες ἄνδρες
> πολεμισταί

> 계 16:14 εἰσὶν γὰρ πνεύματα δαιμονίων ποιοῦντα σημεῖα, ἃ
> ἐκπορεύεται ἐπὶ τοὺς βασιλεῖς τῆς οἰκουμένης ὅλης συναγαγεῖν αὐτοὺς
> εἰς τὸν πόλεμον τῆς ἡμέρας τῆς μεγάλης τοῦ θεοῦ τοῦ παντοκράτορος.

전쟁을 가리키는 단어인 πόλεμον이 두 본문에서 공통으로 사용되고 있
다. 요엘서의 경우 이방인들이 전쟁을 위해 여호사밧 골짜기에 모여드는
데, 이들은 심판의 골짜기에서 하나님에 의해 패배하고 최후 심판을 맞이
하게 된다.

셋째, 두 본문은 주제가 매우 유사하다. 요엘서 본문은 결국 하나님
의 심판을 피하기 위해서는 하나님께로 돌아오라는 회개의 초청에 응
답해야 한다고 밝혔다(욜 2:12-13). 마찬가지로 요한계시록의 대접 재앙
도 요엘서의 회개 주제를 반영하고 있다. 대접 재앙 중 넷째 재앙과 다섯
째 재앙을 설명하는 단락에서 두 번에 걸쳐 재앙에도 불구하고 사람들이
"회개하지 않음"에 대해 언급한다(계 16:9, 10). 결국 요한계시록 저자는

나팔 재앙도 회개를 촉구하려는 의도의 재앙임을 암시하면서, 동시에 하나님의 최후 심판을 받는 자들이 심판받는 이유가 재앙들을 통한 회개의 촉구에도 불구하고 그들이 회개하지 않았기 때문이라는 멸망의 이유를 제시하려는 의도의 재앙임을 보여준다.

지금까지의 논의를 요약하자면 나는 (1) "여호와/주의 큰 날"이라는 단어, (2) 전쟁을 위해 사람을 소집한다는 개념, 그리고 (3) 문맥상 회개의 주제가 등장한다는 근거를 바탕으로 요한계시록 16장의 여섯째 나팔 재앙에서 요엘 3-4장(70인역)의 본문이 사용되고 있다는 논지를 펼쳐왔다. 물론 "여호와의 큰 날"이라는 표현이 구약에서 요엘서에만 등장하는 것은 아니다. 요엘서와 비슷한 종말론적 문맥에서 스바냐 1:14과 말라기 4:5이 "여호와의 큰 날"이라는 표현을 사용하고 있음을 우리는 간과할 수 없다. 또 종말에 사람들이 하나님을 대적하기 위해 사람들을 모아 전쟁을 일으키며, 이에 대항하여 하나님이 이들과 전쟁하신다는 사상은 스가랴 14장에서도 발견된다(14:1, 2, 8). 그러나 구약에서 "여호와의 큰 날"이라는 표현과 종말에 있을 전쟁을 위해 사람들이 모인다는 두 개념이 동시에 근접문맥에서 사용되는 성경은 요엘서뿐이다.

(2) 여호와의 큰 날과 전쟁 소집

그렇다면 여섯째 나팔 재앙에서 요한계시록 저자가 요엘 3-4장(70인역)을 사용하는 의도는 무엇인가? 저자 요한은 요한계시록 16:14에 제시된 여호와의 큰 날에 있을 전쟁의 성격을 요엘서의 본문을 통해 말하고자 하는 것 같다. 요엘서에서 열방이 하나님과 전쟁하려고 한데 모이는 싸움은 이들이 하나님과 대등해서 하나님을 이길 힘이 있음을 보여주는 전쟁이 아니다. 이 전쟁은 사람들이 하나님의 심판을 받아 멸망하기 위해서 벌이는 전쟁이다. 이 전쟁은 싸우기도 전에 그들의 패배가 결정지어진 전쟁이다. 더구나 마지막 날에 있을 전쟁을 위해 사람을 소집한다는 개념은 요한계시록에서 반복적으로 등장한다(계 19:19; 20:8). 따라서 요한계시록 저자는 종말에 있을 큰 전쟁을 언급하는 문맥인 요한계시록 16:14에서 요엘 4장(70인역)의 여호사밧 골짜기에서의 전쟁 본문을 사용해서 이 전쟁이 성도들이 두려워해야 할 전쟁이 아니라는 점과, 이 전쟁에서 하나님이 적들을 철저하게 무찌를 것이라는 점을 보여주어 그들로 하여금 끝까지 신앙을 견지하도록 권면하는 의도가 있다.

동시에 앞에서 논증했듯이, 우리는 요한계시록 16:14에서 요엘 4장(70인역)뿐만 아니라 요엘 3:4(70인역)도 사용하고 있다는 사실을 주목해야 한다. 요엘 3:4(70인역)의 바로 다음 구절인 5절(70인역)에서 요엘은 여호와의 크고 두려운 날이 되기 전에 여호와의 이름을 부르는 자들은 구원을 얻는다고 설명한다. 요엘서의 문맥상 "여호와의 이름을 부르는"(καὶ ἔσται πᾶς ὃς ἂν ἐπικαλέσηται τὸ ὄνομα κυρίου σωθήσεται) 행동은 요엘 2:12-17에서 설명되는 애통함을 통해 하나님께로 돌아오는 회개를 의미한다.[43] 또 요엘서는 여호와의 이름을 부르는 자들만이 "시온 산과 예루살렘"에 거주하게 될 것이라고 설명한다(욜 3:5; 4:16-21, 70인역).

요엘 3-4장(70인역)이 말하는 회개의 촉구와 신실한 자들에 대한 격려의 내용이 저자 요한이 여섯째 나팔 재앙을 통해 말하려는 의도였다는

---

43 Stuart, 앞의 책(1987), 261.

점은 여섯째 재앙을 설명하는 단락의 마지막 구절인 요한계시록 16:15
이 권면의 내용으로 이루어졌음에 의해 확실하게 뒷받침된다. 거기서 요
한은 예수 그리스도의 갑작스러운 재림을 말한 후 요한계시록의 수신자
들을 향해 깨어서 자기 옷을 지켜 맨몸으로 다니지 않는 자들은 복이 있
다고 말한다. 요한계시록 저자는 로마 황제 숭배와 이를 통한 경제적 이
득을 추구하려는 신앙의 타협이라는 유혹에 빠진 자들에게는 회개를 촉
구하고, 다른 한편으로 끝까지 믿음을 견지하는 자들은 앞으로 다가올 전
쟁의 위협 속에서도 자기 옷을 지키는 영적 긴장감을 늦추지 말라고 권면
하고 있다.[44] 요엘서에 나타난 회개의 촉구와 하나님의 이름을 부르는 자
들에게 주어질 미래 회복의 약속이 여섯째 나팔 재앙에서 요한이 암시적
으로 말하고자 하는 바이다.

5. 결론

요한계시록에서 요엘서는 인 재앙(계 6장), 나팔 재앙(계 9장) 그리고 대접
재앙(계 16장)에 골고루 사용되고 있다. 또한 인 재앙과 나팔 재앙의 막간
(interlude)에 해당하는 요한계시록 14장에서도 요엘서가 포도 수확 이미
지와 더불어 사용되고 있다. 요한계시록에서 사용되고 있는 요엘서의 본
문들은 (1) 황충 재앙을 묘사하는 대목, (2) 여호와의 큰 날 그리고 이 날

---

44 Osborne, 앞의 책(2002), 593-4. 그는 계 16:15의 경고와 권면의 말을 일곱 교회, 특히
사데 교회와 라오디게아 교회의 상황과 관련짓는다.

과 관련된 우주적 대혼돈에 관한 구절, (3) 마지막 전쟁을 위해서 사람들이 여호사밧 골짜기로 모여드는 대목 등이다. 또한 요한계시록에서 요엘서를 사용할 때 요한계시록 저자는 단순히 위에서 언급한 몇 가지 단어나 표현만을 사용하는 것이 아니라, 요엘서에서 암시하고 있는 구절이 포함된 더 넓은 단락과 문맥의 의미를 끌어다 사용하고 있다. 또한 스트라지치치의 주장과 달리 요한계시록 저자는 요한계시록에서 요엘서를 사용할 때 거기에 새로운 의미를 부여하거나, 요한계시록의 상황에 맞게 그것을 완전히 변용하는 것이 아니라, 요엘서의 문맥과 원래 의미를 충분히 고려하며 요엘서의 주제들을 가져다 사용하고 있음이 분명해졌다. 특히 요엘서에서 하나님의 진노의 날을 피하기 위해 사람들이 보여야 할 반응인 하나님께로 돌아옴이라는 회개 주제가 요한계시록의 요엘서 사용 단락들에 나타나고 있다. 자우히아이넨은 그의 연구에서 요엘서의 이 주제의 중요성을 충분히 관찰하지 못했다. 요한계시록에서는 요엘서 본문을 사용하는 본문들의 앞뒤로 회개라는 주제가 반복적으로 대두되면서 재앙들이 회개를 촉구하는 성격을 가진 것임을 보여주었다. 동시에 요한계시록의 요엘서 사용 단락들에서 하나님의 경고와 회개의 기회를 거부한 자들에게 임하는 여호사밧 골짜기에서의 심판에 대한 주제가 등장하고 있다.

결론

신약 저자들은
구약 본문을 제대로 읽었는가?

우리가 신약성경을 학문적으로 해석하기 위해서뿐만 아니라 강단에서 설교하거나 성경을 공부하기 위해 자세히 들여다보면, 우리는 심심치 않게 구약을 품고 있는 신약 본문들을 마주하게 된다. 우리는 이럴 때 대체로 두 가지 태도를 보인다. 첫 번째 태도는 인용된 구약성경 본문의 의미를 따져보지 않고, 눈앞에 있는 신약성경 저자의 논증을 그저 따라가는 것이다. 우리가 저 멀리 있는 구약성경 본문의 의미보다는 눈앞에서 펼쳐지는 신약 본문의 논증이나 설명을 먼저 이해하고 따라가기를 선호하기 때문이다. 이 경우 우리는 무의식적으로 구약성경을 단지 신약성경 저자의 논증을 위한 장식품 정도로 취급하는 셈이다. 두 번째 태도는 신약성경이 품고 있는 구약성경 본문의 원래 자리로 찾아 들어가서 신약성경 저자가 차용한 구약성경 본문의 원래 의미를 분석하는 것이다. 그런데 이 과정에서 구약성경의 원래 문맥과 신약성경 저자가 말하는 내용이 다르다는 느낌을 받는 사람들이 있다. 이런 부류의 사람들은 신약성경과 그것이 품고 있는 구약성경 본문 사이에 존재하는 연결고리가 어색하다고 생각한다. 그럼에도 이들은 신약성경 저자들에게 중요한 점은 예수께서 구약성경에 약속된 메시아임을 증명하는 일이었다고 생각하기에, 신약 본문과 구약성경 본문간의 다소 아리송하고 어색한 관계를 대수롭지 않게 여기며 넘어간다.

과연 신약성경 저자들은 구약성경을 제대로 읽었을까? 이 질문은 단순히 학자들만의 현학적인 질문이 아니라 기독교 신앙 그리고 성경의 권위와도 깊은 관련이 있는 매우 중요한 질문이다. '신약성경 저자들이 구약성경 본문을 사용할 때, 이들은 구약성경과 신약성경 간의 관계를 어떻게 보고 있는가?'라는 질문은 '신약의 구약 사용' 분야를 연구하는 학자들의 중요한 관심사다. 가장 큰 논쟁거리는 '과연 신약성경 저자들이 구약성경의 원래 의미와 문맥을 존중하고 사용하는가?' 아니면 '그들이 구약성경의 문맥과 원래 뜻과는 상관없이 오직 기독교 신앙만을 변증할 목적으로 구약성경을 마음대로 가져다 귀에 걸면 귀걸이, 코에 걸면 코걸이 식으로 사용하는가?'의 논쟁이다.

그렇다면 어떤 사람들이 주장하듯이, 신약성경 저자들이 구약성경의 원래 문맥이나 의미를 무시하고 기독교 신앙의 변증을 위해서 구약성경 본문을 자기 마음대로 사용한다고 보는 이유는 무엇일까? 가장 흔하게 제시되는 몇 가지 이유가 있다. 첫째, 학자들은 신약시대 당시 초기 유대교의 관습을 그 이유로 든다. 이 견해를 내세우는 사람들은 신구약 중간기 유대교에서 구약성경을 사용할 때 그것의 원래 문맥과 뜻을 무시하고 마구잡이식으로 가져다 사용하는 문화가 있었다고 주장한다. 따라서 이들은 신약성경 저자들도 그 시대의 사람이었기 때문에 당시 유대교의 관습을 따라 구약성경을 자기 마음대로 가져다 사용했다고 본다. 즉 그들은 신약시대 유대교가 구약성경을 문맥을 벗어나 사용했다는 당시 문화적 환경에 호소한다. 이 견해는 신약성경 저자들만이 구약성경 본문의 뜻을 왜곡한 것이 아니라 이미 당시의 유대인들도 구약성경을 마구잡이식으로 사용했기 때문에 우리가 구약성경을 문맥을 벗어나 사용하는 신약 저자들을 비난할 수 없다고 본다. 이는 나름대로 신약성경 저자들의 문맥을 벗어난 구약사용을 옹호하려는 입장이다. 나는 이 견해를 이 책에서 깊이 다루지는 못했지만, 나의 박사학위 논문에서 시편 62편에 관한 초기 유대교 문헌들의 해석을 분석하면서 이런 식의 견해를 간접적으로나마 반박한 바가 있다.[1] 또한 비일같은 학자도 초기 유대교가 구약성경을 마구잡이식으로 사용하지 않고, 그 문맥을 철저히 염두에 두면서 사용하고 있다고 주장한다. 그는 문맥을 벗어난 구약성경 해석은 신약성경 저자들과 동시대 유대교의 현상이 아니라, 오히려 신약시대 이후 랍비 유대교에 나타나는 일반적인 현상이라고 반박한다.[2]

신약성경 저자들이 구약성경의 문맥이나 원래 의미에 별 관심이 없다고 주장하는 이들이 내세우는 두 번째 이유는 초기 교회의 신학과 관련이 있다. 즉 이들은 신약성경 저자들에게 중요했던 점은 그리스도 완결적 (christotelic) 사상으로 구약성경을 보는 일이었다고 주장한다.[3] 좀 더 쉽게 설명하자면, 이들은 초기 교회에서 초미의 관심사는 예수께서 구약성경

---

[1] Kyoung-Shik Kim, *God Will Judge Each One According to Works: Judgment According to Works and Psalm 62 in Early Judaism and the New Testament*, BZNW 178 (Berlin: de Gruyter, 2010). 69-144.

[2] G. K. Beale, *Handbook on the New Testament Use of the Old Testament: Exegesis and Interpretation* (Grand Rapids: Baker, 2012), 3. Beale의 이 책 1장 중 유대교의 구약성경 해석이 신약성경에 미친 영향에 관한 그의 비평적 설명을 참고하라.

[3] Beale, 앞의 책, 7-9.

에 약속된 메시아라는 사실이었지, 구약성경 본문의 원래 의미와 문맥이 아니었다고 생각하는 것이다. 이 견해는 구약성경 전체가 예수께서 약속된 메시아이심을 예언하고 있다고 간주한다. 이 견해에 따르면 구약성경은 '종'(slave)으로 비유되는데, 종은 아무 때나 주인이 부르면 즉각 달려와서 심부름을 한다. 결국 그들은 신약성경이라는 '주인'이 부르면 구약성경은 언제든지 달려와서 기독교 신앙을 변증해 줄 '종'의 역할을 한다고 보는 것이다.[4] 이 견해에서 중요한 것은 '종'이 아니라 '주인'이다. 결국 이 견해는 구약성경의 문맥이 중요한 것이 아니라 신약성경 저자들이 증명하려고 했던 기독교 신학, 즉 예수께서 약속된 메시아임을 증명하는 일이 최우선 과제였다고 보는 것이다. 이 견해의 문제점은 구약성경 전체가 메시아를 예언하는 내용이라고 본다는 데 있다. 물론 구약성경은 메시아를 예언한다. 하지만 구약성경의 모든 구절이 다 메시아를 예언하는 것은 아니다. 우리는 또한 초기 교회가 구약성경을 기독론적이거나 종말론적으로만 사용한 것이 아니라 교회론적, 구원론적, 윤리적 권면의 기초로 사용하기도 한다는 점을 기억할 필요가 있다. 다시 말해, 우리는 신약성경 저자들이 불신자들을 설득하기 위해서 구약성경을 사용하기도 하지만, 또한 이미 기독교 신앙을 가진 사람들을 교육하고 신앙 공동체를 세우기 위해서도 그것을 사용하고 있다는 점을 간과해서는 안 된다.

신약성경 저자들이 구약성경의 문맥과 원래 의미를 무시했을까? 나는 그렇게 보지 않는다. 그리고 이 책에서 나는 신약성경 저자들이 구약

---

4   Barnabas Lindars, "The Place of the Old Testament in the Formation of New Testament Theology," *NTS* 23 (1977), 66.

성경 본문의 문맥을 존중하고 있음을 증명했다. 특히 바울과 요한계시록 저자인 요한이 구약성경 본문의 문맥과 원래 의미를 어떻게 존중하며, 왜 사용하는지를 주의 깊게 살펴보았다. 신약성경은 구약을 품은 것이지 그 것을 삼킨 것이 아니다.

　'신약성경 저자가 구약성경의 원래 의미와 문맥을 존중했는가?'에 관한 논쟁은 신학적인 측면과 목회적인 측면에서 매우 중요하다. 우선, 신약성경 저자들이 구약성경의 원래 문맥과 뜻을 철저하게 무시했다면 이것은 신학적 측면에서 신약성경과 구약성경 간의 연속성에 급제동을 거는 결과를 가져온다. 즉 신약성경의 복음은 구약성경과 아무런 관계가 없게 된다. 그렇게 되면 우리는 구약성경이 예언하고 신약성경이 성취하는 신구약의 역동적 관계와 연속성을 말할 수 없게 된다. 다시 말해 기독교 복음은 구약성경과 관계없이 하늘에서 우연히 떨어진 것이 되어 버리고 만다. 하지만 초기 교회는 구약성경으로 복음을 설명한다(막1:1-3; 롬 1:2, 3:21; 고전 15:3-4). 그리고 초기 교회가 구약성경을 가지고 복음을 설명할 때 당시 유대인들은 틀림없이 해당 구약성경 본문의 의미를 따졌을 것이다(행 17:2-3, 11). 또 신약성경 저자들은 구약성경을 통해 설명되는 복음의 내용에 유대인들과 구약성경을 아는 '하나님을 경외하던' 이방인들이 고개를 끄덕일 수 있도록 설득하는 작업을 꾸준히 했을 것이다. 따라서 신약성경 저자들의 구약성경 해석이 구약성경의 문맥과 원래 의미에서 출발했을 것이라고 가정하는 것은 지극히 합리적이고 자연스럽다.

　둘째, 신약성경의 구약성경 문맥 존중 여부는 목회 실천적 측면에서도 중요하다. 만일 신약성경 저자들이 구약성경의 문맥과 원래 의미를 존중하지 않았다면, 오늘날 설교자들도 강단에서 자기가 하고 싶은 말을 다해 놓고 성경의 원래 의미나 문맥과 관계없는 성경 구절을 하나 읽어 주면서 자신의 말은 성경에 근거한 것이라고 거리낌 없이 주장할 수 있게 되기 때문이다. 그렇게 되면 신약성경 저자들이 구약성경을 마구잡이식으로 읽고 해석했는데 오늘날 우리라고 똑같이 하지 못할 이유가 어디 있느냐는 주장이 정당화되어 버린다.

그렇다면 구약을 품은 신약 본문을 만날 때 우리는 이 신약 본문을 어떻게 해석해야 하는가? 우리는 두 가지 질문을 던져야 한다. 첫째는 '무엇'(what)이라는 질문이고, 두 번째는 '왜'(why)라는 질문이다. 먼저 우리는 신약성경이 품고 있는 구약성경 본문이 구약성경 어디에서 왔는가를 질문해야 한다. 이 질문은 신약성경에 구약성경의 무엇(what)이 사용되고 있는가를 질문하는 것이다. 다시 말해 구약을 품은 신약 본문을 해석할 때는 신약 본문에 어떤 구약성경 본문이 사용되고 있는가를 먼저 증명해야 한다.[5] 그러고 나서 던져야 할 두 번째 질문은 '왜'(why)라는 질문이다. 우리는 신약성경 저자가 다른 구약성경 본문(들)이 아닌 하필 이 본문을 가져와서 사용하고 있는지 그 이유(why)를 답해야 한다. 결국 '왜?'라는 질문은 신약성경 저자의 구약성경 사용 의도와 관련된 질문이다. '구약을 품은 신약 본문에 구약성경의 무엇이 사용되는가?'라는 질문보다 더 중요한 질문은 '왜 하필 그 구약 본문이 신약의 이 대목에서 사용되는가?'란 질문이다. 이 두 질문이 구약을 품은 신약 본문을 해석하면서 던져

---

5   신약성경에 구약성경의 어떤 본문이나 어구가 암시적으로 사용되는지를 판단하는 기준을 제시하는 사람이 Richard Hays다. 암시(allusion) 판단 기준에 대해서는 반드시 리처드 B. 헤이스,『상상력의 전환: 구약성경의 해석자 바울』(성남: QTM, 2020), 78-94를 참고하라.

야 할 중요한 질문이고, 이 두 질문이야말로 해석의 첫걸음이다.

이제 두 번째 질문인 '왜(why)?'에 답하는 방법을 좀 더 살펴보자. 신약성경에 인용되거나 사용되는 구약성경 본문의 의미가 때때로 신약성경에서 명백하게 드러날 때가 있다. 이런 경우는 문제가 되지 않는다. 하지만 문제는 첫눈에 보기에 신약성경에 사용된 구약성경 본문의 의미와 신약 본문의 의미가 서로 잘 통하지 않는 경우다. 이때는 저자의 의도(why)를 파악하기 위해 두 가지 방법을 함께 써야 한다. 첫째는 '빙산의 일각' 비유로 이름을 붙일 수 있는 방법론이고, 둘째는 '심긴 씨앗'의 비유로 부를 수 있는 방법론이다.[6]

먼저 '빙산의 일각'으로 불리는 방법론을 살펴보자. 이 방법론은 구약을 품은 신약 본문을 해석하기 위해 구약성경의 원래 문맥으로 돌아가 구약성경의 문맥이라는 렌즈로 신약 본문을 보는 방법이다. 우리는 신약성경에서 직접 사용되고 있는 구약성경 본문 몇 구절이나 몇 개의 단어들만 볼 것이 아니라 구약성경 본문의 문맥, 즉 앞뒤 근접 단락, 더 넓은 단락, 혹은 한 장 또는 인용된 구약성경 구절이 포함된 특정 구약성경 한 권의 전체 신학까지도 살펴봐야 한다.[7] 그때에야 비로소 의미가 통한다. 이렇게 신약성경에 사용된 구약성경 본문을 해석하는 접근 방식을 비유적으로 '빙산의 일각' 방법론이라고 부를 수 있다. 신약성경이 품고 있는 구

---

6 나는 '빙산의 일각'(tip of the iceberg)이라는 비유로 설명될 수 있는 방법론을 Richard Hays가 사용하는 metalepsis(대체용법, 이미 그 자체에 있어서 비유적·상징적으로 쓰인 말을 환유적으로 바꿔놓는 용법) 개념에서 차용했고, '심겨진 씨앗'의 비유로 대변되는 방법론을 G. K. Beale의 신·구약 관계 설명에서 빌려왔다.

7 Richard B. Hays, *Echoes of Scripture in the Letters of Paul* (New Haven: Yale University Press, 1989), 20. G. K. Beale, *Handbook of the New Testament Use of the Old Testament* (Grand Rapids: Baker, 2012), 44-46.

약성경 본문은 물 위로 드러난 빙산의 일각이다. 우리가 잘 알듯이, 빙산은 눈에 보이는 부분이 아니라 눈에 보이지 않는 물 밑의 몸통이 더 크다. 마찬가지로 우리는 신약 본문이 품고 있는 구약성경의 한두 구절이나 어구, 즉 눈에 드러난 부분만 볼 것이 아니라 눈에 보이지 않는 부분, 즉 구약성경으로 돌아가 신약에 사용된 구절이나 어구가 포함된 구약 본문의 더 큰 문맥을 살펴야 한다. 그러면 우리는 신약성경의 저자가 왜(why?) 특정 구약성경 본문을 사용하고 있는지, 즉 신약성경 저자의 구약성경 사용 의도를 알 수 있게 된다. 눈에 드러난 빙산의 일부(신약성경이 품은 구약성경 구절이나 어구)가 아니라 눈에 보이지 않는 빙산의 몸통(구약성경의 더 큰 문맥)이 더 중요한 부분이라는 뜻이다.

두 번째 방법론은 '심긴 씨앗' 비유로 설명될 수 있는 방법론이다. 구약성경의 의미가 신약성경에 와서 변형된 것처럼 보일 때라도, 신약성경이 품고 있는 구약성경 본문의 앞뒤 문맥을 꼼꼼히 따져보면, 우리는 이미 구약성경 본문 안에 신약성경 저자가 말하는 의미가 암시되거나 내포되어 있음을 발견할 수 있다. 신약성경이 품고 있는 구약성경 본문은 처음에는 서로 어울리지 않거나 어색해 보일 수 있다. 하지만 구약성경 본문에는 신약성경 저자들이 그런 식으로 해석하고 말할 수 있도록 만드는 '의미의 씨앗'이 심겨 있다. 신약성경 저자들은 구약성경과 전혀 무관한 의미를 새로 만들어 내는 것이 아니라, 이미 구약성경 본문에 심겨 있던 의미의 씨앗을 발견한 후 이를 차용해서 신약성경에 사용한다. 다시 말해 구약성경 본문에는 이미 의미확장 가능성이 포함되어 있고, 신약성경 저자들은 이 의미확장 가능성이라는 씨앗을 키워 열매로 성장시킨 것이다.[8] 구약성경의 A라는 의미가 신약성경에 와서 B, C, D로 바뀌는 것이 아니다. 구약성경의 A라는 의미는 신약성경에 오면 A라는 의미를 그대로 지니거나, 혹은 A′가 된다. 다시 말해 구약성경과 신약성경 사이에는 연속성과 불연속성(발전성)이 있다. 구약을 품은 신약 본문은 구약성경의 의미를 발전시킨다. 신약성경 저자는 구약성경에 없는 전혀 엉뚱한 의미를 가져다 사용하지 않는다. 이것이 '심긴 씨앗' 비유가 나타내는 의미다. '심긴 씨앗'의 방법론은 A가 A′로 된 과정을 파악하고 분석하는 방법이다.

결국 신약성경에서 사용된 구약성경 본문을 이해하려면, 우리는 신약성경이 품고 있는 구약성경 본문을 펴놓고 더 넓은 구약성경의 문맥을 살펴봐야 한다. 우리는 빙산의 일각에 해당하는, 신약성경에 인용된 구약성경의 특정 구절만 볼 것이 아니라 물 밑에 있어서 보이지 않는 빙산의 더 큰 몸통에 해당하는 구약성경의 원래 문맥 전체를 보아야 한다. 그래야 의미가 통한다. 구약성경 문맥에 신약성경 저자가 말하고자 하는 의미가 심겨져 있기 때문이다. 우리는 신약성경 저자가 특정 구약성경 본문을 사용하는 의도(why)를 이 두 가지 방법을 통해 판단하고 추적해낼 수 있다.

신약성경은 구약성경을 품고 있다. 신약성경이 구약성경을 삼킨 것이 아니다. 이는 마치 닭이 알을 품고 있는 모습과 같다. 구약성경은 그 자체로 의미가 있다. 하지만 구약성경은 신약성경의 품에 들어와서 새롭

---

8   G. K. Beale, *Handbook of the New Testament Use of the Old Testament* (Grand Rapids: Baker, 2012), 27.

게 태어난다. 구약은 신약 본문에 들어와 구약성경에 이미 내포되어 있던 의미가 더 발전된 형태로 드러난다. 결국 구약성경과 신약성경 간에 연속성과 발전성이 함께 존재하는 것이다. 닭이 달걀을 품었는데 거기서 꿩이 나오지는 않는다. 달걀에서는 닭이 나오기 때문이다. 콩 심은 데서 콩이 난다. 둘 사이에는 연속성이 있다. 그렇지만 닭이 달걀은 아니다. 거기에는 발전성이 있는 것이다. 달걀이 부화해서 닭이 되듯이 말이다.

구약을 품은 신약 본문은 구약성경의 원래 '문맥'의 렌즈로 해석하고 읽을 때 비로소 의미가 통한다. 신약성경 저자들은 구약성경 본문을 사용할 때 그 본문의 원래 의미와 문맥을 철저하게 파악하여 제대로 읽고 있다. 따라서 구약을 품은 신약 본문을 이해하려면 구약성경의 문맥으로 돌아가야 한다. 구약을 품은 신약 본문은 구약성경의 '문맥'도 품고 있기 때문이다.

참고문헌

Aageson, James W. "Scripture and Structure in the Development of the Argument in Romans 9-11." Catholic Biblical Quarterly 48 (1986).

Abegg Jr. Martin G. The Dead Sea Scrolls Bible. New York: Harper Collins, 1999.

Abrams, M. H. A Glossary of Literary Terms. 5판. New York: Holt, Rinehart & Winston, 1988.

Allen, L. C. Psalms 101-150. Waco, Texas: Word, 1983.

Andersen, Francis I. & David Noel Freedman. Hosea: A New Translation with Introduction and Commentary. Garden City: Doubleday, 1980.

Anderson, A. A. The Book of Psalms. New century Bible. London: Oliphants, 1972. Vol 1.

Aune, David E. Revelation 6-16. WBC 52b. Nashville: Thomas Nelson, 1998.

_____. Revelation 17-22. WBC 52c. Nashville: Thomas Nelson, 1998.

Barrett, C. K. A Commentary on the Epistle to the Romans. London: Adam & Charles Black, 1962.

Bassler, J. M. Divine Impartiality: Paul and a Theological Axiom. Chico: Scholars Press, 1982.

Battle, Jr. John A. "Paul's Use of the Old Testament in Romans 9:25-26." Grace Theological Journal 2 (1981).

Bauckham, Richard, The Climax of Prophecy. New York: T&T Clark, 1993.

_____. The Theology of The Book of Revelation. Cambridge: CUP, 1993.

Beale, G. K. John's Use of the Old Testament in Revelation. Journal for the Study of the New Testament Supplement Series 166. Sheffield Academic, 1998.

_____. Three Views on the New Testament Use of the Old Testament. Grand Rapids: Zondervan, 2008.

_____. Commentary on the New Testament Use of the Old Testament. G. K. Beale & D.

A. Carson eds. Grand Rapids: Baker, 2007.

_____. The Book of Revelation: A Commentary on the Greek Text, New International Greek Testament Commentary Series, 1999. 『NIGTC 요한계시록』 상, 하. 서울: 새물결플러스, 2016.

_____. "The Purpose of Symbolism in the Book of Revelation." CTJ 41, (2006).

_____. Handbook on the New Testament Use of the Old Testament: Exegesis and Interpretation. Grand Rapids: Baker, 2012.

_____. The Use of Daniel in Jewish Apocalyptic Literature and in the Revelation of St. John. Lanham: University Press of America, 1984.

Beale, G. K. & Sean M. McDonough. "Revelation." Commentary on the New Testament Use of the Old Testament. G. K. Beale and D. A. Carson eds. Grand Rapids: Baker, 2007에 수록된 글.

Bell, Richard H. Provoked to Jealousy: The Origin and Purpose of the Jealousy Motif in Romans 9-11. WUNT 2/63. Tubingen: Mohr Siebeck, 1994.

Best, Ernest. The Letter of Paul to the Romans. Cambridge: CUP, 1967.

Biddle, Mark E. Deuteronomy. Macon, Georgia: Smyth & Helwys, 2003.

Birkeland, H. The Evildoers in the Book of Psalms. Oslo: Dybward, 1965.

Black, Matthew. Romans. Grand Rapids: Eerdmans, 1973; 2판, 1989.

Boring, M. Eugene. Revelation. Louisville: John Knox Press, 1989.

Briggs, C. A and E. G. Briggs. A Critical and Exegetical Commentary on the Book of Psalms. ICC; Edinburgh: T&T Clark, 1907.

Bruce, F. F. 『신약사』. 서울: 기독교 문서선교회, 1978.

Brueggemann, Walter. Isaiah 40-66. Louiseville: Westminster John Knox, 1998.

Bruno, Christopher R. "The Deliverer From Zion: The Source(s) and Function of Paul's Citation in Romans 11:26-27." Tyndale Bulletin 59.1 (2008).

Campbell, Jonathan G. The Use of Scripture in the Damascus Document 1-8, 19-20. Berlin: de Gruyter, 1995.

Carras, George P. "Romans 2, 1-29: A Dialogue on Jewish Ideals." Biblica 73 (1992).

Charles, R. H. Studies in the Apocalypse. Edinburgh, T&T Clark, 1913.

Christensen, Duane L. 『신명기(하)』, WBC 성경주석 시리즈 6(서울: 솔로몬, 2007)

Court, John M. New Testament Writers and the Old Testament: An Introduction. London: SPCK, 2002.

Craigie, Peter C. Psalms 1-50. Waco, Texas, Word, 1983.

Cranfield, C. E. B. A Critical and Exegetical Commentary on the Epistle to the Romans,

구약을 품은 신약 본문 해석

Vol 1. Edinburgh: T&T Clark, 1975, 1998 재발행.

Croft, Steven J. L. The Identity of the Individual in the Psalms. Sheffield: Sheffield Academic Press, 1987.

Davies, G. I. "The Destiny of the Nations." Jacques Vermeylen ed. The Book of Isaiah - Le Livre D'Isaie: Les Oracles et Leurs Relectures Unite et Complexite de L'ouvrage. Leuven: Leuven University Press, 1989에 수록된 글.

Davies, Glenn N. Faith and Obedience in Romans: A Study in Romans 1-4. Sheffield: JSOT Press, 1990.

Davies, P. R. Sects and Scrolls: Essays on Qumran & Related Topics. Atlanta: Scholars Press, 1996.

Davies, Philip R. The Damascus Covenant: An Interpretation of the Damascus Document. Sheffield: JSOT Press, 1982.

Dodd, C. H. According to the Scriptures: the Sub-structure of New Testament Theology. London: Nisbet & Co, 1952.

Donfried, Karl Paul. "Justification and Last Judgment in Paul." Interpretation 30 (1976). 39

Dunn, James D. G. The Theology of Paul the Apostle. Edinburgh: T&T Clark, 1998.

_____. Romans 1-8. WBC. Dallas: Words, 1988.

_____. Romans 9-16. WBC 38B. Dallas: Word, 1988.

_____. "The Law of Faith," "the Law of the Spirit" and "the Law of Christ." Theology and Ethics in Paul and His Interpreters: Essays in Honor of Victor Paul Furnish. Nashville: Abingdon, 1996에 수록된 글.

Ellis, E. Earle. Paul's Use of the Old Testament. Oregon: Wipf & Stock, 1981.

Fee, Gordon. The First Epistle to the Corinthians. Grand Rapids: Eerdmans, 1987.

Fekkes, Jan. Isaiah and Prophetic Traditions in the Book of Revelation. Sheffield: Sheffield Academic Press, 1994.

Fields, Weston W. Sodom and Gomorrah: History and Motif in Biblical Narrative. JSOTSup 231. Sheffield: Sheffield Academic Press, 1997.

Gadenz, Pablo. Called from the Jews and from the Gentiles: Pauline Ecclesiology in Romans 9-11. WUNT 2.267. Tubingen: Mohr Siebeck, 2015.

Gathercole, S. J. Where is Boasting?: Early Jewish Soteriology and Paul's Response in Romans 1-5. Grand Rapids: Eerdmans, 2002.

_____. "A Law unto Themselves: The Gentiles in Romans 2.14-15 Revisited." JSNT 85 (2002).

Glenny, W. Edward. Hosea: A Commentary base on Hosea in Codex Vaticanus. Leiden: Brill, 2013.

Goldingay, John. Isaiah. NIBC; Peabody: Hendrickson, 2001.

Gowan, Donald E. Eschatology in the Old Testament. London:Bloomsbury Publishing, 1998.

_____.『구약 예언서 신학』. 서울: 대한기독교서회, 2004.

Grossman, M. Reading for History in the Damascus Document: A Methodological Study. Leiden: Brill, 2002.

Guthrie, George H. "Hebrews." G. K. Beale and D. A. Carson eds. Commentary on the New Testament Use of the Old Testament. Grand Rapids: Baker, 2007에 수록된 글.

Haacker, Klaus. Der Brief des Paulus an die Römer. Leipzig: Evangelische Verlagsanstalt, 1999.

Hamerton-Kelly, Robert. "Sacred Violence and 'Works of the Law': Is Christ then an Agent of Sin? (Galatians 2:17)". CBQ 52/1 (1990).

Harman, Allan. Isaiah. Fearn, Scotland: Christian Focus, 2005.

Hays, Richard B. Echoes of Scripture in the Gospels. Baylor University Press, 2016.

_____. Echoes of Scripture in the Letters of Paul. New Haven/London: Yale University Press, 1989.

_____. Reading Backwards. Baylor University Press, 2014.

_____. Reading the Bible Intertextually. Waco: Baylor University Press, 2009.

_____. "Who has believed our message?: Paul's Reading of Isaiah." John M. Court ed. New Testament Writers and the Old Testament: An Introduction. London: SPCK, 2002에 수록된 글.

Heiligenthal, Roman. Werke als Zeichen: Unterschungen zur Bedeutung der Menschlichen Taten im Frühjudentum, Neuen Testament und Frühchristentem, WUNT 2/9. Tubingen: J.C.B Mohr, 1983.

Hubner, Hans. Vetus Testamentum in Novo, Band 2: Corpus Paulinum. Gottingen: Vandenhoeck & Ruprecht, 1997.

_____. Law in Paul's Thought: A Contribution to the Development of Pauline Theology. Edinburgh: T&T Clark, 1984.

Jacobson, Rolf A. "Psalm 36:5-11." Interpretation (Jan. 2007).

Jauhiainen, Marko. The Use of Zechariah in Revelation, WUNT. Tübingen: Mohr Siebeck, 2005.

_____. "The Minor Prophets in Revelation." The Minor Prophets in the New Testament.

구약을 품은 신약 본문 해석

Maarten J. J. Menken and Steve Moyise eds. New York: T&T Clark, 2009에 수록된 글.

Jewett, Robert. Romans: A Commentary. Minneapolis: Fortress, 2007.

Jobes, Karen H. 1 Peter. BECNT, Grand Rapids: Baker, 2005.

Keck, L. E. "The Function of Rom 3.10-18. Observations and Suggestions." God's Christ and His People, J. Jervell and W. A. Meeks eds. Oslo: Universites-forlaget, 1977에 수록된 글.

Keck, Leander E. Romans. Abingdon New Testament Commentaries. Nashville, Tenn: Abingdon Press, 2005.

Keiser, Thomas A. "The Song of Moses: A Basis for Isaiah's Prophecy." Vetus Testamentum LV, 4 (2005).

Kim, Kyoung-Shik. God Will Judge Each One According to Works: Psalm 62 and Judgment According to Works in Early Judaism and the New Testament. BZNW 178. Berlin: Walter de Gruyter, 2010.

_____. "God Will Judge Each One According to His Works: the Investigation into the Use of Psalm 62:13 in Early Jewish Literature and the New Testament." University of Aberdeen 박사학위 논문, 2005.

_____. 「로마서 3:9-18에서 바울의 이사야 59장 해석.」「신약논단」(2012년 가을호): 937-979.

_____. "바울의 호세아 인용과 이방인 구원이 무슨 상관이 있는가?: 롬 9:25-26에서의 호세아 사용 연구."「신약연구」(2017년 9월호): 71-109.

_____. "로마서 11:26-27의 'Εκ Σιών에 관한 연구: 바울은 구약 본문을 왜곡하고 있는 가?"「신약연구」(2014년 여름호): 306-334 .

_____. "바울, 모세의 노래, 그리고 유대인과 이방인-로마서에서의 신명기 32장 사용 연구."「신약연구」(2012년 12월호): 930-960.

_____. "바울 윤리의 기원과 배경: 고린도전서 8:1-11:1을 중심으로."「신약연구」7권 3호 (2008): 483-515.

_____. "신약에서의 구약사용에 관한 최근 연구 동향"「성서마당」2011년 여름호.

_____. "요한계시록에서의 소돔 모티프 사용."「신약연구」(2013년 가을호): 605-631.

_____. "요한계시록에서의 요엘서 사용."「신약논단」(2011년 가을호): 925-966.

_____. "요한계시록에서의 구약사용 연구 동향."「성서마당」2016년 겨울호.

Kim, Tae-hyun. "유대주의 보편주의 관점에서 본 종말론적 순례의 전통."「신약논단」(2010 가을호): 772-80.

Kissane, E. J. The Book of Psalms. Dublin: Richview Press, 1953.

Knowles, M. Jeremiah in Matthew's Gospel: the rejected-prophet motif in Matthaean redaction. Sheffield: Sheffield Academic Press, 1993.

Kristiva, Julia. "Word, Dialogue and Novel." The Kristeva Reader. Toril Moi ed. Oxford: Basil Blackwell, 1986에 수록된 글.

Lindars, Barnabas. New Testament Apologetic: The Doctrinal Significance of the Old Testament Quotations. London: SCM, 1961.

_____. "The Place of the Old Testament in the Formation of New Testament Theology," NTS 23 (1977).

Loader, J. A. A Tale of Two Cities: Sodom and Gomorrah in the Old Testament, early Jewish and early Christian Traditions. Contribution to Biblical Exegesis and Theology 1. Kampen: J. H. Kok Publishing House, 1990.

Lynch, Matthew J. "Zion's Warrior and the Nations: Isaiah 59:15b-63:6 in Isaiah's Zion Traditions." CBQ 70 (2008).

M. Bassler, Jouette. "Divine Impartiality in Paul's Letter to the Romans." NT 26, 1 (1984).

Martinez, F. G. & E. J. C. Tigchelaar. The Dead Sea Scrolls: Study Edition. Vol 1. Leiden: Brill, 1997.

Michaels, J. Ramsey. 1 Peter, WBC 49. Waco: Word, 1988.

Moo, Douglas J. The Epistle to the Romans, NICNT. Grand Rapids: Eerdmans, 1996.

Motyer, J. A. The Prophecy of Isaiah: An Introduction and Commentary. Downers Grove: IVP, 1993.

Mounce, Robert H. The Book of Revelation, NICNT. Grand Rapids: Eerdmans, 1977.

Mowinckel, Sigmund. The Psalms in Israel's Worship. Oxford: Blackwell, 1982.

Moyise, Steve. The Old Testament in the Book of Revelation. Sheffield: Sheffield Academic Press, 1995.

_____. The Psalms in the New Testament. London: T&T Clark, 2004.

_____. The Isaiah in the New Testament. London: T&T Clark, 2005.

_____. The Deuteronomy in the New Testament. London: T&T Clark, 2006.

_____. The Minor Prophets in the New Testament. London: T&T Clark, 2009.

_____. "Intertextuality and the Study of the Old Testament in the New Testament." The Old Testament in the New Testament: Essay in Honour of J. L. North. Steve Moyise ed. Sheffield: Sheffield Academic Press, 2000.

_____. "The Use of the Old Testament in the Book of Revelation." University of Birmingham 박사학위 논문, 1993.

_____. "The Psalms in the Book of Revelation." The Psalms in the New Testament. Steve

구약을 품은 신약 본문 해석

Moyise & Maarten J. J. Menken eds. London: T&T Clark, 2004에 수록된 글.

Moyise Steve & Maarten J. J. Menken. Deuteronomy in the New Testament: The New Testament and the Scriptures of Israel. London: T&T Clark, 2007.

Nogalski, James D. "The Day(s) of YHWH in the Book of the Twelve." Thematic Threads in the Book of the Twelve. Paul L. Redditt and Aaron Schart eds. Berlin: de Gruyter, 2003.

Noort, Ed & Eibert Tigchelaar. Sodom's Sin: Genesis 18-19 and its Interpretations. Leiden/Boston: Brill, 2004.

Nygren, Anders & Carl C. Rasmussen. Commentary on Romans. Philadelphia: Muhlenberg Press, 1949.

O'Brien, Peter T. The Letter to the Ephesians. The Pillar New Testament Commentary; Leicester: Apollos, 1999.

Oesterley, W. O. E. The Psalms, trans. with text-critical and exegetical notes. London: SPCK, 1939.

Osborne, Grant. R. Revelation. Baker Exegetical Commentary on the New Testament. Grand Rapids: Baker, 2000.

Oss, Douglas A. "A Note on Paul's Use of Isaiah." Bulletin for Biblical Research 2 (1992).

Oswalt, John N. The Book of Isaiah 40-66. Grand Rapids: Eerdmans, 1998.

Pao, David W. Acts and the Isaianic New Exodus. WUNT II. Tubingen: Mohr Siebeck, 2000.

Park, Hyung Dae. Finding Herem?: A Study of Luke-Acts In the Light of Herem. LNTS 357. London/New York: T&T Clark, 2007.

Paulien, Jon. "Criteria and the Assessment of Allusions to the Old Testament in the Book of Revelation." Studies in the Book of Revelation, Steve Moyise ed. Edinburgh: T&T Clark, 2001에 수록된 글.

Peerbolte, Bert Jan Lietaert. "Sodom, Egypt, and the Two Witnesses of Revelation 11:8." Ed Noort & Eibert Tigchelaar eds. Sodom's Sin: Genesis 18-19 and its Interpreters. Themes in Biblical Narrative 7. Leiden/Boston: Brill, 2004에 수록된 글.

Pietersma, Albert & Benjamin G. Wright. A New English Translation of the Septuagint. New York: Oxford University Press, 2009.

Richard, H. Bell. No One Seeks for God: An Exegetical and Theological Study of Romans 1.18-3.20. Tubingen: Mohr Siebeck, 1998.

Rooker, Mark E. "The Use of the Old Testament in the Book of Hosea." Criswell Theological Review 7.1 (1993).

Rosner, Brian S. Paul, Scripture, and Ethics: A Study of 1 Corinthians 5-7. Grand Rapids: Baker, 1999.

Ruiz, Jean-Pierre. Ezekiel in the Apocalypse: The Transformation of Prophetic Language in Revelation 16:17-19:10. Frankfurt am Main: Peter Lang, 1989.

Sailhamer, John H. 『서술로서의 모세오경』. 서울: 새순, 1994.

Sanday, William & Arthur C. Headlam. A Critical and Exegetical Commentary on the Epistle to the Romans. Edinburgh: T&T Clark, 1900.

Schoeps, H. J. Paul: The Theology of the Apostle in the Light of Jewish Religious History. Philadelphia: The Westminster Press, 1959.

Schreiner, Thomas R. "Did Paul Believe in Justification by Works?: Another Look at Romans 2." Bulletin for Biblical Research 3 (1993).

_____. Romans. BECNT. Grand Rapids: Baker, 1998.

Seifrid, Mark A. "Romans." Commentary on the New Testament Use of the Old Testament. G. K. Beale and D. A. Carson eds. Grand Rapids: Baker, 2007에 수록된 글.

Shepherd, Michael B. The Twelve Prophets in the New Testament. New York: Peter Lang, 2010.

Shum, Shiu-Lun. Paul's Use of Isaiah in Romans: A Comparative Study of Paul's Letter to the Romans and the Sibylline and Qumran Sectarian Texts. WUNT 2/156. Tubingen: Mohr Siebeck, 2002.

Simundson, Daniel J. Hosea, Joel, Amos, Obadiah, Jonah, Micah. Nashville: Abingdon Press, 2005.

Skehan, P. W. The Wisdom of Ben Sira. AB 39. New York: Doubleday, 1987.

Snodgrass, Klyne R. "Justification by Grace - to the Doers: An Analysis of the Place of Romans 2 in the Theology of Paul." NTS 32 (1986).

Sprinkle, Preston M. Law and Life: the Interpretation of Leviticus 18:5 in early Judaism and in Paul. WUNT II. Tubingen: Mohr Siebeck, 2008.

Stanley, Christopher. Arguing with Scripture: the Rhetoric of Quotations in the Letters of Paul. New York: T&T Clark, 2004.

_____. Paul and the Language of Scripture: citation technique in the Pauline Epistles and contemporary literature. Cambridge: Cambridge University Press, 1992.

Starling, David I. Not My People: Gentiles as Exiles in Pauline Hermeneutics. Berlin: Walter de Gruyter, 2011.

Stower, S. K. The Diatribe and Paul's Letter to the Romans. Michigan: Scholar Press.

Strazicich, John. "Joel's Use of Scripture and the Scripture's Use of Joel: A Study in the Appropriation and Resignification of Scripture in Second Temple Judaism and Early Christianity." Fuller Theological Seminary 박사학위 논문. 2004.

Stuart, Douglas. Hosea-Jonah. WBC 31. Waco: Word, 1987.

Stuhlmacher, Peter. Paul's Letter to the Romans: A Commentary. Scott J. Hafemann 역. Edinburgh: T&T Clark, 1994.

Swete, H. B. The Apocalypse of St. John. London: Macmillan, 1917.

Tanner, J. Paul. "The New Covenant and Paul's Quotations from Hosea in Romans 9:25-26." Bibliotheca Sacra, January-March (2005).

Thiessen, Matthew. "The Form and Function of the Song of Moses (Deuteronomy 32:1-43)." JBL 123/3 (2004).

Thompson, Steven. The Apocalypse and Semitic Syntax. Cambridge: Cambridge University Press, 1985.

Wagner, J. Ross. Herald of the Good News: Isaiah and Paul "In Concert" in the Letters to the Romans. Leiden: Brill, 2002.

_____. "Isaiah in Romans and Galatians." Isaiah in the New Testament. Steve Moyise and Maarten J. J. Menken eds. London: T&T Clark, 2005에 수록된 글.

Waters, Guy. The End of Deuteronomy in the Epistles of Paul. Tubingen: Mohr Siebeck, 2006.

Watson, Francis. Paul and the Hermeneutics of Faith. London: T&T Clark, 2004.

_____. Paul, Judaism and the Gentiles: A Sociological Approach. Cambridge: Cambridge University Press, 1986.

_____. Paul and the Hermeneutics of Faith. London: T&T Clark International, 2004.

Watson, Nigel M. "Justified by Faith; Judged by Works-An Antinomy?" New Testament Studies 29 (1983): 209-21.

Watts, John, D. W. Isaiah 34-66, WBC 25. Waco, Texas: Word, 1987.

Weiser, A. The Psalms: A Commentary. London: SCM, 1962.

Westerholm, Stephen. Israel's Law and the Church's Faith: Paul and His recent Interpreters. Grand Rapids: Eerdmans, 1988.

Whiteley, D. E. H. The Theology of St. Paul. Oxford: Basil Blackwell, 1974.

Wilckens, Ulrich. Der Brief an die Römer (Romer 1-5), 3판. EKK VI/1, Zürich and Düsseldorf: Benziger, 1997.

Wolff, Hans Walter. Hosea. Philadelphia: Fortress, 1974.

Wright, N. T. "The Letter to the Romans." The New Interpreter's Bible, Vol 10. Nashville,

TN: Abingdon, 2002에 수록된 글.

_____. "The Law in Romans 2." Paul and the Mosaic Law, James D. G. Dunn eds. Tubingen: Mohr Siebeck, 1996에 수록된 글.

_____. The Climax of the Covenant: Christ and the Law in Pauline Theology. London: T&T Clark, 1991.

Yinger, K. L. Paul, Judaism and Judgment According to Deeds. Cambridge: CUP, 1999.

Zeller, Dieter. Der Brief an die Römer. Regensburg: Pustet, 1985.

Ziegler, Joseph. Sapientia Iesu Filii Sirach. Göttingen: Vandenhoeck & Ruprecht, 1980.

Ziesler, John. Paul's Letter to the Romans. London: SCM, 1989.

성구 색인

구약을 품은 신약 본문 해석

집회서

희년서

구약을 품은 신약 본문 해석
신약 저자들은 구약을 어떻게 사용하는가?

Copyright ⓒ 김경식 2020

1쇄 발행 2020년 8월 13일

지은이 김경식
펴낸이 김요한
펴낸곳 새물결플러스

편 집 왕희광 정인철 노재현 한바울 정혜인
        이형일 나유영 노동래 최호연
디자인 윤민주 황진주 박인미 이지윤
마케팅 박성민 이원혁
총 무 김명화 이성순
영 상 최정호 조용석 곽상원
아카데미 차상희

홈페이지 www.holywaveplus.com
이메일 hwpbooks@hwpbooks.com
출판등록 2008년 8월 21일 제2008-24호
주 소 (우) 04118 서울시 마포구 마포대로19길 33
전 화 02) 2652-3161
팩 스 02) 2652-3191

ISBN 979-11-6129-168-0 93230

책값은 뒤표지에 있습니다.

이 도서의 국립중앙도서관 출판예정도서목록(CIP)은 서지정보유통지원시스템
홈페이지(seoji.nl.go.kr)와 국가자료공동목록시스템(nl.go.kr/kolisnet)에서
이용하실 수 있습니다. CIP2020031480